苏轼与苏门六君子

马东瑶 著

生活·讀書·新知 三联书店

Copyright © 2024 by SDX Joint Publishing Company.
All Rights Reserved.
本作品版权由生活·读书·新知三联书店所有。
未经许可，不得翻印。

图书在版编目（CIP）数据

苏轼与苏门六君子 / 马东瑶著. -- 北京：生活·读书·新知三联书店，2024. 10. -- ISBN 978-7-108-07950-3

Ⅰ．K825.6

中国国家版本馆 CIP 数据核字第 2024D688X9 号

责任编辑	唐明星
装帧设计	春　雪
责任校对	陈　明
责任印制	李思佳
出版发行	生活·讀書·新知 三联书店
	（北京市东城区美术馆东街 22 号 100010）
网　　址	www.sdxjpc.com
经　　销	新华书店
印　　刷	北京隆昌伟业印刷有限公司
版　　次	2024 年 10 月北京第 1 版
	2024 年 10 月北京第 1 次印刷
开　　本	880 毫米 × 1230 毫米　1/32　印张 8
字　　数	220 千字
定　　价	79.00 元

（印装查询：01064002715；邮购查询：01084010542）

目录

绪 论 …… 1

第一章 苏门文人集团中的六君子 …… 11

第一节 文学之交 …… 11
第二节 唱酬之盛 …… 30
第三节 困境中的慰藉 …… 64

第二章 苏轼眼中的六君子与六君子眼中的苏轼 …… 78

第一节 苏轼眼中的六君子 …… 78
第二节 六君子眼中的东坡 …… 95

第三章 儒学转型时期的苏门六君子 …… 120

第一节 六君子眼中的"道" …… 120
第二节 文学中的儒家之"道" …… 134
第三节 文学中的苏门之"道" …… 153

第四章 "苏门六君子"的典范化 …… 173

第一节 "最爱元祐" …… 173
第二节 理学崇黜与"苏门六君子"的典范化 …… 176
第三节 "君子""小人"之辨与"苏门六君子"的典范化 …… 186
第四节 后人眼中的苏门六君子 …… 207

结　语 …… 225

苏门六君子交游年表 …… 227

参考书目 …… 241

绪　论

苏门六君子，指苏轼的六个弟子：黄庭坚、秦观、陈师道、晁补之、张耒、李廌。他们以其突出的文学成就而成为苏轼的得意门徒，从而被研究者视为苏门骨干。王水照先生在研究苏轼及苏门文人上用力甚多，论文《"苏门"的形成与人才网络的特点》《"苏门"的性质与特征》《"苏门"诸公贬谪心态的缩影——论秦观〈千秋岁〉及苏轼等和韵词》《论"苏门"的词评和词作》等，对以"四学士""六君子"为主要对象的"苏门"从不同角度进行论述，精见迭出，体现了苏轼及北宋元祐文坛这一学术领域最前沿的研究成果。但是在王水照论文中屡次提到的作为"苏门"骨干的"四学士""六君子"之名颇有令人不解处。众所周知，"四学士"的称号来自于元祐年间黄、秦、晁、张同任馆职，并且这一称呼在当时便已广为人知；那么，"六君子"之名又从何而来？通过搜检资料、阅读文本，我们发现，这一称号的出现不仅与文学有关，也与从北宋中期直至南宋的思想、政治、学术、文化的发展密切相关，故而是一个极有学术价值的课题。

今人对这一称号的认知，多来源于南宋初年传为陈亮所辑的《苏门六君子文粹》，但是这部文粹没有留下任何编纂者的序跋，无法获得关于"苏门六君子"的线索。直到清代，钱谦益在万历重刻本《苏门六君子文粹》序中说："史称黄、张、晁、秦俱游于苏门，天下称为四学士。而此益以陈、李。盖履常元祐初以文忠荐起官，晚欲参诸弟子间；方叔少而求知,事师之勤渠,生死不问,其系于苏门宜也。"[1]他认为苏门六君子是在"四学士"的基础上加了陈师道(履常)和李廌(方叔)。但问题在于:陈师道虽然因文忠之荐而起官,但他并非为苏轼推荐过的唯一之人,为何单单只有他列入六君子?而且序中所说"诸弟子"意思含混,不一定是指四学士,事实上,被认为是苏门弟子的远不止六人之数,且其中不乏文才杰出之士,那么后山又是如何被忽略掉了位列曾巩门墙的事实,而从苏门诸弟子中脱颖成为"六君子"之一的?或许从钱氏对李廌"生死不问"的评价入手更能说明问题。

钱谦益接下来在序中又说:"当是时,天下之学,尽趋金陵,所谓黄茅白苇,斥卤弥望者。六君子者,以雄俊出群之才,连镳于眉山之门,奋笔而与之为异。而履常者,心非王氏之学,熙宁中,遂绝意进取,可谓特立不惧者矣。方党论之再炽也,自方叔外,五君子皆坐党,履常坐越境出见,文潜坐举哀行服,牵连贬谪。其系排苏门之学,可谓至矣。至于今,文忠与六君子之文,如江河之行地。而依附金陵之徒,所谓黄茅白苇者,果安在哉?"按照中国传统的知人论世观念,作家之"文"常常被与"人"和"世"联系起来,钱氏贬王门而褒苏门,是南宋以后否定王安石变法及其新党的普遍态度的体现,但值得关注的是,钱氏此处是将"六君子"作为一个具有相同节操的整体来加以颂扬,联系从孔孟以来对"君子"之义的界定,宜跳出文学的狭窄范围,将苏门六君子放在文化的大视野中,才有可能寻求到问题的真正答案。

一切艺术的演变与发展都离不开其生长的文化环境。对于研究苏门六君子的文学来说,文化学的思维方式尤其重要,因为我们首先需要了解苏门六君子是如何作为一个集体得以存在于当时及以后的文化环境中,才有可能在此基础上去探讨他们的文学。所以本书的出发点是文学,最后的落脚点也仍然是文学,而文化的研究则是这段文学之旅中极为关键

---

[1] [清]钱谦益撰,[清]钱曾笺注,钱仲联标校:《牧斋初学集》卷二十九,上海:上海古籍出版社,2009年,第870页。

的一环。对于本课题的研究来说，它甚至和文学一样重要，否则后者将成为无根之木、无水之萍。

在形成苏门六君子的文化环境中，政治是最重要的因素之一。它并不是仅仅作为六君子进行文学活动的背景存在，而是与"苏门六君子"称号的形成有密不可分的关系。中国古代的文人与政治有联系不足为奇，而宋代"以士大夫治天下"的国策使文人与政治的关系空前密切，在主观上它激发了文人参政的热情，客观上则往往使文人陷于党争之中无法自拔。苏门六君子正是生活在新旧党争、元祐党争、崇宁党祸这样一个与党争相始终的时代之中。这对于六君子的仕途来说，并非施展政治抱负的好时机；而正所谓"国家不幸诗家幸"，比起战火纷飞的年代，北宋中后期其实还算得上是太平之世，但党争的朝局对于文人个人命运的影响却几乎不亚于战乱；所谓"诗家幸"是说如果六君子能够有展现政治抱负的平坦仕途，他们的文学却一定会贫乏很多，我们将无法感受他们在艰难贬谪生涯中的矛盾、痛苦、挣扎与困境中的复杂心路历程，以及守望相助的扶持、关怀和情谊。而要研究这些创作中的精彩之笔，不能只局限于文学本身，尽管文本所体现的纯文学问题同样也是我们关注的重点。

党争对于六君子的另一个重要影响在于文化的意义上，具体来说就是"苏门六君子"的称号实际上是随着党争而产生并逐渐典范化的。所谓"典范化"，指"苏门六君子"成为士人典范的过程，它分为六君子"在场"的北宋时期和"不在场"的南宋时期。通过追索这一过程，我们得以重新考察贯穿北宋始终的"君子""小人"之辨，并解读六君子何以被南宋人树为典范。通过对相关资料的搜检，我们已经确知"苏门六君子"的称号最早并不是来自《苏门六君子文粹》[1]，《文粹》的编纂者只是使用了一个此时已经广为人知的称呼而已。正如六君子中大部分人的文集在崇宁年间被诏毁，是当时旧党在政治斗争中彻底失败的结果，南宋

---

[1] 详见正文第四章第三节第二小节《南宋士风与苏门六君子的典范化》。

出现大量以"六君子"命名的文集显然也与当时的政治取向有关，与靖康之难后南宋王朝对北宋党争的反思有关。还原和解读南宋这一段历史，对于了解"苏门六君子"称号的形成是至关重要的环节之一。

对两宋学术思想相关问题的考索则是探讨"苏门六君子"称号形成的另一重要环节。如前所述，"君子"之名由于孔孟等人的阐释已经成为一种承载着儒家道德理想的指称，而"六君子"的称号是由后人赋予的，所以考察六君子本人对儒家思想的态度，关系到这一称号是否名实相符。我们知道，北宋的新儒学经过"宋初三先生"（孙复、胡瑗、石介）、张载、周敦颐等人的不断完善，到元祐时期渐趋成熟。儒学在中国已历千年，而在北宋中期有了一次大转型。以二程为代表的洛学是理学的前身，也是这次转型的主要力量，其儒学继承者的正统地位，在后世获得认可。那么，以苏轼与六君子为代表的蜀学，作为北宋最大学术论争洛蜀之争中的另一派，与儒学又是何关系？包弼德（Peter K. Bol）先生的《斯文：唐宋思想的转型》在评述中国11世纪中期的思想潮流时[1]，用了"思想家，其次是作家"的题目，他是以欧阳修和他的同时代人为例来阐明这一点的，而作为欧阳修弟子的苏轼及再传弟子的六君子，又如何看待"道"及其与"文"之间的关系？事实上，洛蜀之争并不是一种单纯的学术论争，它与六君子的文学和政治都有深刻关系。对于前者来说，其关系不仅在于学术精神的渗透对文学所造成的影响，还促使我们从学术思想的角度去重新审视文学现象。例如六君子对于"平淡"的追求。如果单从学习以陶渊明为典范的诗歌传统的角度去考虑的话，可能会流于表面，也无法深入理解从宋初到梅尧臣再到苏轼与六君子的"平淡"诗风的流变关系；又如大量存在于六君子"文"中的戏谑之语和侧艳之辞，过去人们常常将之视为文人的游戏笔墨之作，这同样只揭示了一种表象，如果我们从洛蜀之争中去考察两种学派对于"道"的理解的同与异，对于

---

[1] ［美］包弼德（Peter K. Bol）著，刘宁译：《斯文：唐宋思想的转型》，南京：江苏人民出版社，2001年，第223页。

六君子的这些文学现象将会有更深入的体察。至于洛蜀之争与六君子的政治的关系，不仅体现于元祐时期由学术之争而引发的党派之争对六君子政治命运的影响，也体现于南宋时期理学崇黜对六君子典范化的影响。我们知道，南宋是理学在经过曲折发展而终于成为官方正学的时期，蜀学则随着苏轼与六君子的去世已逐渐衰落，在这样一个两种学术力量对比悬殊的时期，"苏门六君子"反而获得了它的典范化地位，这与理学获得统治阶级认可之前，参与政治而浮沉不定的政治命运有关，也与理学家对蜀学与六君子观念的改变有关。追索这一过程，是我们探讨苏门六君子如何在南宋典范化的另一重要环节。

对于六君子的典范化来说，政治与学术是由他们亲自参与其中的北宋而又延续至南宋的两个因素，至于南宋及以后他们被进一步"塑造"成完美典范，则体现了大众对他们"接受"与"阐释"的再创作过程。正如一千个人心中有一千个哈姆雷特，每个人对于他所关注的对象都有其个性化阐释，但在大致相同的背景下，这种阐释也会具有一定的共性，例如我们在相同的时代、相同的意识形态以及占有相同史料的前提下，对于屈原、秦桧、文天祥等会有大致相同的评价；而如果这种阐释出现集体性的转变，那么一定是某种前提或背景发生了变化或是出现了某种新的因素。例如六君子中的秦观，他的同时代人从其诗词作品中读出了贬谪带给他的无限愁苦，南宋人面对同样的作品，读出的却是他贬谪不忘忧国的节操与乐观豁达的性情，这种差异明显的阐释引发了我们若干思考：其一，从史料来看，北宋人对秦观的评价或更接近于他的本来面貌，那么，南宋人所树立的"六君子"的典范形象是否是一个背离历史真实的"伪命题"？如果是，为何南宋以后的元、明、清人都接受了这一看法？其二，作为在"苏门六君子"的典范化过程中主观性最强的一个因素，促使南宋人作出这种阐释的原因何在？它与南宋人因为靖康之难而对士风的反思是否存在某种联系？

不管怎样，南宋人对"六君子"的推崇，带来的客观结果是有利于后者文学作品的传播和保存。如前所述，由于古代文人与政治之间的关系,以及舆论对于人品操守的看重,文人作品的存佚情况往往受此影响,一个典型的例子便是新党作家群文学作品的大量亡佚;而六君子在南宋典范形象的确立使人们乐于传播和保存其作品,这为我们现在能较为全面地研究其创作提供了条件。虽然对"苏门六君子"的研究必须将其放在文化学的大视野中,并且文学归根到底其实也是文化的一个组成部分,但作为一部文学论稿,本书还是以示强调地在第一章便对六君子的文学加以探讨,同时也是希望读者先从文学的角度去了解和感受苏门六君子,因为这符合他们在本质上的文人身份与特征。从个体来说,他们中的每一个人都凭借自己独特的文学风格,在文学史上占有一席之地;而作为一个集合体,他们的普遍特征与"苏门文人集团"这样一个概念紧密相连。"苏门"是一个在文学史上由来已久的称呼,宋人吴曾说:"人才各有所长,虽苏门不能兼全也"[1],指的是黄、陈、秦、张、晁等人。明胡应麟说:"宋世人才之盛,亡出庆历、熙宁间,大都尽入欧、苏、王三氏门下"[2],此处的苏门一共包括了二十三人;《宋元学案》在《苏氏蜀学略》之"东坡门人"下则共列入十一人[3]。今天的研究者谈到"苏门"时,除了"四学士""六君子"等固定称呼,对于"苏门"的人数大多众说纷纭,而对于"苏门"的性质也是各执一词。王水照先生说:"'苏门'是以交往为联结纽带的松散的文人群体。它经历了先由个别交游到'元祐更化'时期聚集于苏轼门下的自然发展过程,形成以苏轼为核心,'四学士''六君子'为骨干的不同层次的人才结构网络。"[4] 此前程千帆先生在《两宋文学史》中亦以"苏轼影响下的作家群"为题来讨论"苏门"文

---

[1] [宋]吴曾撰:《能改斋漫录》卷十一"四客各有所长"条,上海:上海古籍出版社,1979年,第313页。
[2] [明]胡应麟:《诗薮》"杂编"卷五,上海:上海古籍出版社,1979年,第311页。
[3] 此十一人为黄庭坚、秦观、晁补之、张耒、李廌、李之仪、孙觌、孙勴、蔡肇、李格非。[清]黄宗羲著,[清]全祖望补修,陈金生、梁运华点校:《宋元学案》卷九十九《苏氏蜀学略》,北京:中华书局,1986年,第3305页。
[4] 王水照:《论"苏门"的词评和词作》,《苏轼研究》,石家庄:河北教育出版社,1999年,第227页。

人。由是，将"苏门"判定为文人群体并无不妥。由于苏轼乐于奖掖后进，游于其门者甚众，使苏门成为一个开放的、松散的群体——这也正是研究者对其人数无法确定的原因。但是，就六君子与苏轼的关系而言，更符合作为一个"文人集团"而不是"松散的文人群体"的特征。[1]——而他们之所以形成苏门文人集团，正是本书第二章所要探讨的问题。对于苏轼与六君子来说，这是他们之间互相吸引、互相选择的结果，虽然文学是他们形成集团的根本，但并不是唯一的决定因素。追索他们最初结交的过程，解读他们互相选择的原因，我们才能了解苏门文人集团的独特意义。另外，这一章的意义还在于，作为文人的六君子，实际上是联系我们所探讨的文学与文化的纽带。

既然六君子属于文人集团，而文人集团最为突出的特点在于"交游"，那么从交游的角度来考察六君子之文是一个合适的切入点。我们知道，宋诗的很多基本精神与特点都是在庆历诗坛初步形成，而成熟和确立于元祐诗坛。按照文学的一般发展规律，往往是先有艺术实践，后有理论总结，并在此基础上将创作推向成熟。如果说庆历时期是体现宋诗基本精神和特点的创作实践期，元祐时期则因在自觉的理论总结的基础上继续将诗歌创作推向成熟而成为宋诗发展的最高峰。作为元祐诗坛的主力，苏轼与六君子正是通过"交流"而体现出理论总结的自觉性与诗歌创作上有意识的互相推动；并且这种自觉意识普遍地存在于对诗、词、文以及文体本色论等问题的相互沟通和探讨中。对于六君子的文学实践，本书选择了唱酬诗词这种最典型地体现"交游"特点的文类。勃兰兑斯说："文学史，就其最深刻的意义来说，是一种心理学，研究人的灵

---

[1] 郭英德：《中国古代文人集团论纲》（《中国文化研究》1996年第二期）认为，文人集团是一种文化职能集团，它是由知识阶层通过一定的社会关系，为了一定的目的组织起来进行文化活动的社会团体，其主要活动领域是精神文化领域，但由于中国古代政治与文化的密不可分，因而和西方的文人集团作为一种独立的文化职能集团而存在与活动不同，中国古代的文人集团往往兼具政治的和文化的双重功能，同时在政治领域和文化领域中纵横驰骋。本书所讨论的苏门文人集团即如此，而这正是将其与松散的文人群体区别开来的重要特征之一。

魂,是灵魂的历史。"[1]我们正是希望通过唱酬之作来还原六君子作品中的"交游"场景,从而感受他们在当时情境下灵魂最深处的真实声音的。这种研究方式的可行性也许会受到质疑,因为唱酬之作在一般意义上是一种具有应用性功能的诗词类型,常用于酒宴歌会上的往来酬酢,它能否体现作者内心的真实思想与情感似乎很可怀疑。我们认为,这恰恰在对比中体现出六君子唱酬之作的独特意义,而这种独特性与他们作为苏门文人集团成员以及上文所提到的文化因素密切相关;并且唱酬诗所体现的宋诗典型特征也值得我们重新审视这一诗歌类型。需要说明的是,本书选择六君子的唱酬诗词作为研究对象,并不意味着这一创作类型代表了六君子文学的最高成就,而只是以个案的形式管窥六君子之文的一些"有意味"的特征。至于本书对于六君子贬谪文学的研究,其意义不言而喻。贬谪文学不仅在一定程度上代表了六君子的创作成就,而且作为政治影响下的产物显然具有特定时期的文化意义。

  本书的研究从前辈学人的成果中受到许多启发。文化研究方面,罗家祥《北宋党争研究》、沈松勤《北宋文人与党争》、萧庆伟《北宋新旧党争与文学》、卢国龙《宋儒微言》、金中枢《宋代学术思想研究》、关长龙《两宋道学命运的历史考索》、胡昭曦等《宋代蜀学研究》是国内直接以两宋文人文化为研究对象的专著;国外学者则有包弼德《斯文:唐宋思想的转型》和《中国十一世纪的文与道之争》(*Culture, and the Way in Eleventh Century China*)都以北宋思想文化为主要研究对象,后者为其博士论文,是对苏轼及苏门四学士思想的研究;姜斐德(Alfreda Murck)致力于宋代题画文学研究,她的《烟江叠嶂图:破译山水意象的密码》(*Misty River, Layered Peaks: Decoding Landscape Imagery*)等文章对笔者颇有启发。文学研究方面大体分为三类:第一类是群体研究,除了王水照先生对"苏门"的系列研究文章,周义敢先生在八十年代有《苏门四

---

[1] [丹麦] 勃兰兑斯著,张道真译:《十九世纪文学主流·序言》,北京:人民文学出版社,1980年,第2页。

学士〉,对黄、秦、晁、张四人的文学创作一一加以评述,并涉及他们的交游;崔铭的博士论文《苏门研究——苏轼与苏门四学士前期交游》以交游为切入点,关注四学士入苏门的相关问题。第二类是六君子的个体研究,以黄庭坚诗与秦观词最为人关注,关于黄庭坚的专著有黄启华《黄庭坚评传》、张秉权《黄庭坚的交游及作品》、吴晟《黄庭坚诗歌创作论》、钱志熙《黄庭坚诗学体系研究》等。第三类是对本书所涉相关问题的研究。例如徐复观《中国艺术精神》和谢佩芬《北宋诗学中"写意"课题研究》涉及或专门论述了"意"的问题,本色论则有多位研究者从词体角度加以讨论。这些都启发了本书的写作。

第一章 苏门文人集团中的六君子

元祐元年（1086），苏轼与黄庭坚在汴京会面，这虽然是他们的首次相见，此前却早已书信往来多年。二人与随后来到京师的秦观、陈师道、晁补之、张耒、李廌交游酬唱、谈诗论文，形成元祐文坛蔚为繁盛的局面。他们正是本章所探讨的"苏门文人集团"的核心成员。苏轼作为这一集团的领袖，虽然早在熙宁年间已经开始陆续与晁、张等人相识相交，但元丰二年（1079）的贬谪黄州，不仅对于苏轼个人来说是人生的巨大转折点，对于苏门文人集团的形成也具有关键性的意义。在苏轼最为失意的时候，在过去的友朋对他纷纷避之唯恐不及的时候，黄庭坚、秦观、陈师道、晁补之、张耒、李廌六人，或不断致简问候，或亲至黄州探望，从此奠定了他们终生不渝的师友之情。政治的打击使他们客观上有了更多探讨文学的机会，苏门文人集团正是在黄州时期初具雏形，此后得以不断发展成熟。尽管六君子与苏轼是以文相交，但正如黄州在他们的交往中所具有的独特意义，苏门文人集团蕴含了文学以外的更多意涵，这正是苏轼与六君子在此后的人生道路上屡次遭受打击而苏门文人集团却始终得以存在的根本原因之一。

第一节 文学之交

张耒在《明道杂志》中记载了这样一件事：

> 苏长公有诗云："身行万里半天下，僧卧一庵初白头。"黄九云："初日头。"问其义，但云："若此僧负暄于初日耳。"余不然。黄甚不平，曰："岂有用白对天乎？"余异日问苏公，公曰："若是黄九要改作'日头'，也不奈他何。"[1]

苏轼之诗当用"白"还是"日"倒在其次，这则关于诗歌的争论，更富意味的其实是张耒之"不然"、黄庭坚之"不平"，与苏轼之"不奈他何"，三个"不"字具有象征性地体现出苏门文人集团在文学上的自立意识与自由论辩的精神。其中苏轼的态度尤其值得一提。据《却扫编》：

> 东坡初欲为富韩公神道碑，久之，未有意思。一日昼寝，梦伟丈夫，称是寇莱公来访己，共语久之。既寤，下笔首叙景德澶渊之功，以及庆历议和，顷刻而就。以示张文潜。文潜曰："有一字未甚安，请试言之。盖碑之末，初曰：'公之勋在史官，德在生民，天子虚己听公，西戎北狄，视公进退以为轻重，然一赵济能摇之。'窃谓'能'不若'敢'也。"东坡大以为然，即更定焉。[2]

今考《苏轼文集》，《富郑公神道碑》一文中即为"敢"字，可见东坡对言之有理的意见是能爽快接受的，他说对于黄庭坚的改动"不奈他何"其实是委婉地表示了不接受，而在另一方面，他以这种开玩笑的方式对他人发表不同看法表示宽容与鼓励。又，苏轼有《书黄泥坂词后》："余在杭州，大醉中作此词，小儿辈藏去稿，醒后不复见也。前夜与黄鲁直、张文潜、晁无咎夜坐。三客翻倒几案，搜索箧笥，偶得之，字半不得读，以意寻究，乃得其全。文潜喜甚，手录一本遗余，持元本

---

1 [宋] 张耒：《明道杂志》，见程毅中主编：《宋人诗话外编》，北京：中华书局，2017年，第303页。
2 [宋] 徐度撰，尚成校点：《却扫编》卷下，上海：上海古籍出版社，2012年，第144页。

去。……"[1]东坡之文与书法为弟子所喜,自在情理之中;"三客翻倒几案,搜索箧笥"一句,则以寥寥之语写出了苏门师徒亲密无间的关系,这种不为所谓的师道尊严所束缚的和谐感情无疑有利于苏门弟子敢于各抒己见的自立意识的发展。

南宋严羽在《沧浪诗话》中以"元祐体"概称"苏黄陈之诗"并将之作为北宋诗歌的代表,那么"元祐体"与文学史上其他以时而论的诗体如"齐梁体""大历体""晚唐体"等相比,其根本特征又体现在哪些方面?苏轼在给张耒的信中说:"文字之衰,未有如今日者也。其源实出于王氏。王氏之文未必不善也,而患在于好使人同己。自孔子不能使人同,颜渊之仁,子路之勇,不能以相移。而王氏欲以其学同天下。地之美者,同于生物,不同于所生。唯荒瘠赤卤之地,弥望皆黄茅白苇,此则王氏之同也。"[2]这段话正面阐明了苏轼鼓励自由创作的精神,与上述"不奈他何"的玩笑语中所包含的鼓励自由批评的精神相一致。苏轼又曾在《孙莘老求墨妙亭诗》中对王羲之、颜真卿等人的书法艺术进行评论后说:"杜陵评书贵瘦硬,此论未公吾不凭。短长肥瘦各有态,玉环飞燕谁敢憎"[3],对杜甫"书贵瘦硬"的观点表示不赞同,而主张要善于欣赏异量之美、自由表现各种风格。苏轼著名的西湖诗《饮湖上初晴后雨》其二说"晴方好""雨亦奇""总相宜",这些词背后表达出的同样是一种宽广的审美心态。这种文学上的自由创作和批评的观念,实际上体现了自庆历以来文人的强烈自立意识。苏轼在《与张嘉父》中说:"凡人为文,至老,多有所悔。仆尝悔其少作矣,若著成一家之言,则不容有所悔。"[4]

---

[1] [宋]苏轼撰,[明]茅维编,孔凡礼点校:《苏轼文集》卷六十八,北京:中华书局,1986年,第2137—2138页。

[2] [宋]苏轼撰,[明]茅维编,孔凡礼点校:《苏轼文集》卷四十九《与张文潜书》,北京:中华书局,1986年,第1427页。

[3] [宋]苏轼撰,[清]王文诰辑注,孔凡礼点校:《苏轼诗集》卷八,北京:中华书局,1982年,第372页。

[4] [宋]苏轼撰,[明]茅维编,孔凡礼点校:《苏轼文集》卷五十三,北京:中华书局,1986年,第1564页。

对于自己年轻时不成熟的作品表示遗憾，但在文章的创新自立上始终不曾后悔。黄庭坚也一再强调这种自立意识。他说："文章最忌随人后"[1]，"自成一家始逼真"[2]；又说："听他下虎口着，我不为牛后人"[3]，都明确表达了要成一家之言的态度。苏、黄这种强烈的自立意识，深刻影响了苏门文人集团的所有成员，在相互的交流探讨中成为集团的一种共识，体现于他们的理论与创作当中。所以"元祐体"的最根本特征，正在于体现出这种自立意识的自成一家。不仅诗歌如此，文与词也莫不以自成一家为创作旨归。

这种自立意识首先体现于交流中的互相称扬与互相批评，而在褒贬中见出评论者自己的观点和态度。由于集团成员之间频繁地交流，他们对彼此的风格特点都很熟悉，很多评价因其准确中肯而为后世所认可。如晁补之在《题文潜诗册后》后说："君诗容易不著意，忽似春风开百花"[4]，以生动的比喻概括了张耒诗平易流畅的特点，而"不著意"的评价其实也委婉地指出了其诗有过于随意之弊，正如后来朱熹所批评的"重意重字皆不问"[5]。张耒则在《赠李德载二首》中这样评价包括晁补之在内的苏门诸子："黄郎萧萧日下鹤，陈子峭峭霜中竹。秦文倩藻舒桃李，晁论峥嵘走金玉。"[6]与晁补之评价张耒诗的方式一样，这四句全用比喻，将黄庭坚的清雅、陈师道的劲峭、秦观的婉丽和晁补之的奇卓一一呈现，简略而不失为精要之评。对于晁补之的文风特点，张耒又在《祭晁无咎文》中这样解释："公之文章，瑰琦卓荦，割裂锦绣，挥磨矛

---

1 ［宋］黄庭坚著，刘琳等点校：《黄庭坚全集》外集卷十八《赠谢敌王博喻》，北京：中华书局，2021年，第1185页。
2 ［宋］黄庭坚著，刘琳等点校：《黄庭坚全集》卷二十七《题乐毅论后》，北京：中华书局，2021年，第643页。
3 ［宋］黄庭坚著，刘琳等点校：《黄庭坚全集》卷八《赠高子勉》，北京：中华书局，2021年，第182页。
4 傅璇琮等主编：《全宋诗》卷一一三六，北京：北京大学出版社，1995年，第12862页。
5 ［宋］黎靖德编，王星贤点校：《朱子语类》卷一百四十，北京：中华书局，1986年，第3330页。
6 ［宋］张耒撰，李逸安、孙通海、傅信点校：《张耒集》卷十二，北京：中华书局，1990年，第214页。

棨。"[1]称赞其文兼具瑰奇之辞和刚健之气。

对于秦观之文,张耒既称赞"自其少时,文章有声。脱略等辈,论交老成,众誉归之,谁敢改评"[2]、"平生为文不多,而一一精好可传"[3],也不乏批评之辞。他在《送秦观从苏杭州为学序》中说:"秦子善文章而工为诗,其言清丽刻深,三反九复,一章乃成,大抵悲愁悽婉、郁塞无聊者之言也。其于物也,秋蛩寒螿,鸭鹅猿狄之号鸣也,霜竹之风,冰谷之水,楚囚之弦,越羁之呻吟也。嘻!秦子内有事亲之喜,外有朋友之乐,冬裘而夏絺,甘食而清饮,其中宁有介然者,而顾为是耶?世之文章多出于穷人,故后之为文者,喜为穷人之词。秦子无忧而为忧者之词,殆出此耶?吾请为子言之。……"[4]这一批评其实体现了张耒与秦观不同的文学观。前者从儒者之学的角度,认为"文章之工,不可谓其能穷苦而深刻也",他所关注的是"天地发生,雷雨时行",而非"草根之虫,危枝之翼,鸣呼以相求"。事实上,秦观诗的"清丽刻深",与他本人敏感细密的性格特点不无关系,其"悲愁悽婉"之语其实不能说是故作忧者之词的无病呻吟。根据现存的资料,未见秦观对张耒这一批评作出解释或回应,但从其作品来看,"清丽刻深"的风格特点始终没有发生什么变化,可见并未接受张耒的意见。魏庆之《诗人玉屑》倒是记载了一段张、秦二人接受东坡意见而改向黄庭坚学习的佚事:"元祐初,与秦少游、张文潜论诗,二公谓不然。久之,东坡先生以为一代之诗当推鲁直。二公遂舍旧而图新,其初改辕易辙,如枯弦敝轸,虽成声而跌宕不满人耳。少焉遂使师旷忘味,钟期改容也。"[5]不过这段记载的真实性很可

---

1 [宋]张耒撰,李逸安、孙通海、傅信点校:《张耒集》卷五十八,北京:中华书局,1990年,第871页。
2 [宋]张耒撰,李逸安、孙通海、傅信点校:《张耒集》卷五十八《祭秦少游文》,北京:中华书局,1990年,第870页。
3 [宋]张耒撰,李逸安、孙通海、傅信点校:《张耒集》卷五十四《跋吕居仁所藏秦少游投卷》,北京:中华书局,1990年,第825页。
4 [宋]张耒撰,李逸安、孙通海、傅信点校:《张耒集》卷四十八,北京:中华书局,1990年,第752页。
5 [宋]魏庆之著,王仲闻点校:《诗人玉屑》卷十八,北京:中华书局,2007年,第572页。

怀疑，因为苏轼诗中还偶有效仿"庭坚体"之作，[1]张、秦二人却始终与黄庭坚的风格显著不同，说他们"舍旧而图新"，似乎并不可信。

如王直方所记二人称扬黄庭坚并鼓励后学向其学习则很有可能："黄庭坚旧所作诗文，名以《焦尾》《敝帚》。少游云：'每览此编，辄怅望终日，殆忘食事，邈然有二汉之风。今交游中以文墨称者，未见其比。所谓珠玉在傍，觉我形秽也。'有学者问文潜模范，曰：'看《退听稿》。'盖黄庭坚在馆中时，自号所居曰退听堂。"[2]王直方还说张耒曾对他称赞黄庭坚"桃李春风一杯酒，江湖夜雨十年灯"之句"真是奇语"；[3]而秦观在苏轼谪居黄州时便给他写信，感叹黄庭坚"出所为文，尤非昔时所见"，"真所谓豪杰间出之士也"[4]。黄庭坚则有感于秦观与陈师道创作特点上的鲜明对照而在诗中将两人对举："闭门觅句陈无己，对客挥毫秦少游。"[5]人们现在往往将"闭门觅句"解释为"闭门造车"一类的意思，而批评陈师道诗切断生活之源，事实上，黄庭坚只是对陈师道创作习惯的一种总结，并无任何贬斥之意。朱熹解释说："无己平时出行，觉有诗思，便急归，拥被卧而思之，呻吟如病者，或累日而后成，真是'闭门觅句'"[6]，可见陈师道作诗并非闭门造车，其诗思也是来自于生活当中，只是其成诗方式较为特别而已。朱熹又说："如秦少游诗甚巧，亦谓之'对客挥毫'者，想他合下得句便巧。"[7]黄庭坚以"闭门觅句"和"对客挥毫"这

---

1 [宋]黄庭坚著，刘琳等点校：《黄庭坚全集》正集卷第一《子瞻诗句妙一世乃云效庭坚体盖退之戏效孟郊樊宗师之比以文滑稽耳恐后生不解故次韵道之》，北京：中华书局，2021年，第14页。
2 [宋]王直方撰：《王直方诗话》，见郭绍虞辑：《宋诗话辑佚》，北京：中华书局，1980年，第94页。据徐培均笺注《淮海集》卷三十《与黄鲁直简》，并无"邈然有二汉之风"其后几句，但当时苏轼与诸君子常聚于王直方家谈诗论道，秦观对其所语或有不同于书简者。
3 [宋]胡仔撰，廖德明校点：《苕溪渔隐丛话》前集卷四十七引《王直方诗话》，北京：人民文学出版社，1981年，第321页。
4 [宋]秦观著，徐培均笺注：《淮海集笺注》卷三十《与苏公先生简》，上海：上海古籍出版社，2000年，第992页。
5 [宋]黄庭坚著，刘琳等点校：《黄庭坚全集》卷九《病起荆江亭即事》其八，北京：中华书局，2021年，第203页。
6 [宋]黎靖德编，王星贤点校：《朱子语类》卷一百四十，北京：中华书局，1986年，第3330页。
7 [宋]黎靖德编，王星贤点校：《朱子语类》卷一百四十，北京：中华书局，1986年，第3330页。

样两个典型场景来表现陈、秦二人诗思之快慢,使他们成为苏门文人集团中一组有趣的对照并常为后人所引用。

至于黄庭坚诗所表现的对象陈师道和秦观,相互之间也自有品评。秦观称赞师道之文"妙绝当世"[1];陈师道则表示"少游之文,过仆数等,其诗与楚词,仆愿学焉"[2],但他同时又自信地说:"余他文未能及人,独于词,自谓不减秦七黄九。"[3]要知道,秦七黄九在他眼中是"唐诸人不迨"的"今代词手"。[4]虽然这一评价并未得到后世认可[5],不过这些互相品评却都体现出苏门文人集团成员之间一种和谐而健康的文学交流:既能欣赏异量之美,又能宽容地对待批评;既借鉴吸收他人特点,又坚持保留自我风格。

虽然这种交流在集团内常常是多向度的,但经历、地缘、友谊、思想等种种因素的影响会使不同成员之间有交流的多寡、深浅之分。如李廌《师友谈记》录苏轼及黄、秦、张诸君子言论,而其中记载秦观之语尤详,二人的交流也明显较多,而这有助于我们从个案的角度更深入地了解秦、李的文学思想及对其创作的影响。如李廌对秦观说:"比见东坡,言少游文章如美玉无瑕,又琢磨之功,殆未有出其右者。"后者则回答:"某少时用意作赋,习惯已成,诚如所谕,点检不破,不畏磨难。然自以华弱为愧。邢和叔尝曰:'子之文铢两不差,非秤上秤来,乃等子上等来也。'"[6]此处的"文章"当为包括诗、文、赋等在内的广义之辞,过去人们常将秦观"女郎诗"的特色与其词的风格联系起来,却鲜有人从

---

1 [宋]邹浩《道乡集》卷二十八《送郭照赴徐州司理序》:"顷在广陵,秦观少游为仆言,彭城陈师道履常者,高士也。其文妙绝当世,而行义称焉。"见曾枣庄、刘琳主编:《全宋文》第一百三十一册,上海:上海辞书出版社、安徽:安徽教育出版社,2006年,第242—243页。
2 [宋]陈师道撰:《后山居士文集》卷十《答李端叔书》,上海:上海古籍出版社,1984年,第529页。
3 [宋]陈师道撰:《后山居士文集》卷九《书旧词后》,上海:上海古籍出版社,1984年,第521页。
4 [宋]陈师道著:《后山诗话》:"今代词手,惟秦七黄九尔,唐诸人不迨也。"见[清]何文焕辑:《历代诗话》,北京:中华书局,2004年,第309页。
5 陆游《渭南文集》卷二八《跋后山居士长短句》云:"陈无己诗妙天下,以其余作词,宜其工矣。顾乃不然,殆未易晓也。"见[宋]陆游著,钱仲联、马亚中主编:《陆游全集校注》,杭州:浙江古籍出版社,2015年,第206页。
6 [宋]李廌撰,孔凡礼点校:《师友谈记》,北京:中华书局,2002年,第16页。

作赋的习惯来探讨他的同样近于"华弱"的诗歌特点的形成,也很少注意到讲究音韵、辞藻的赋体创作对其散文的影响,秦观没有肤浅地满足于苏轼的称赞,而是对自己创作的长处与短处都进行了冷静的分析,是我们研究秦观诗文特点最直接的材料。虽然《师友谈记》留下大量秦观论赋的作法的记载,并且秦观也承认"用意作赋"对于其创作的影响甚大,但同时他从更深层次上对赋进行了反思。据《师友谈记》:"少游言赋之说虽工巧如此,要之,是何等文字?鹰曰:'观少游之说,作赋正如填歌曲尔。'少游曰:'诚然。夫作曲,虽文章卓越而不谐于律,其声不和。作赋何用好文章,只以智巧钉饤为偶俪而已。若论为文,非同日语也。朝廷用此格以取人,而士欲合其格,不可奈何尔。'"[1]在秦观看来,"赋"是一种偏于形式技巧的东西,大相径庭于承载儒家之道的"文",士子为了应考而花费大量时间在作赋上,实在是无可奈何之举。我们知道,科举中是否设立诗赋一项是重"文"的苏学派与其他党派争论的焦点之一,秦观是站在支持苏轼的立场上的,但同时他也对诗赋取士存在的弊病进行了冷静客观的思考,发出了不同于苏轼的声音。

在苏门文人集团自由宽松的环境中,黄庭坚与陈师道的频繁交流作为另一个个案,对于江西诗派的形成和发展具有极大的促进作用。陈师道在《次韵苏公西湖观月听琴》中说:"公诗端正道,亭亭如紫云。落世不敢学,谓是诗中君。独有黄太史,抱杓挹其樽。韵出百家上,诵之心已醺。黄钟毁少合,大裘摈不文。世事如病耳,蚁斗作牛闻。苦怀太史惠,养豹烟雨昏。后世无高学,举俗爱许浑。"[2]认为黄庭坚传承了东坡之文的高格远韵,超出于流俗之上。又在《赠鲁直》中表达了对其仰慕之意:"见之三伏中,凛凛有寒意";"君如双井茶,众口愿共尝。"[3]黄庭坚则赞扬陈师道说:"陈履常正字,天下士也。读书如禹之治水,知天下

---

[1] [宋]李廌撰,孔凡礼点校:《师友谈记》,北京:中华书局,2002年,第21页。
[2] [宋]陈师道撰,[宋]任渊注,冒广生补笺:《后山诗注补笺·逸诗笺》卷上,北京:中华书局,1995年,第479页。
[3] [宋]陈师道撰,[宋]任渊注,冒广生补笺:《后山诗注补笺·逸诗笺》卷上,北京:中华书局,1995年,第485—486页。

之脉络有开有塞，而至于九州涤源、四海会同者也。其作诗渊源，得老杜句法，今之诗人不能当也。至于作文，深知古人之关键，其论事，救首救尾，如常山之蛇，时辈未见其比"[1]，又说："小诗若能令每篇不苟作，须有所属乃善。顷来诗人，惟陈无己得此意，每令人叹服之。盖渠勤学不倦，味古人语精深，非有为不发于笔端耳。"[2]可以看出，二人的互相称誉并非表面的应酬之辞，而是基于创作上的共同追求。《后山诗话》便记载了很多陈、黄二人对诗歌艺术的探讨。如："黄鲁直谓白乐天云'笙歌归院落，灯火下楼台'，不如杜子美云'落花游丝白日静，鸣鸠乳燕青春深'也。孟浩然云'气蒸云梦泽，波撼岳阳城'，不如九僧云'云中下蔡邑，林际春申君'也。""欧阳永叔不好杜诗，苏子瞻不好司马《史记》，余每与黄鲁直怪叹，以为异事。"从黄庭坚赞陈师道"作诗渊源得老杜句法"，到黄庭坚关于白不如杜的评价，再到陈、黄二人对欧阳修不好杜诗的"怪叹"，杜甫的典范意义正是这样在庆历之后由黄庭坚和陈师道进一步确立起来，并在南宋以后被尊为江西诗派的"一祖三宗"之"祖"。有人对黄、陈二人身列苏门文人集团表示疑惑，因为他们同时是以江西诗派"三宗"中的二宗知名于世，在一个文人集团内部却衍生出另外一个著名文学流派并始终没有与原来的文人集团脱离关系，这在文学史上并不常见，但它正是苏轼倡导文学上的自立与自由发展的必然结果。

六君子不仅在小范围内分散地探讨一些问题，他们也有很多共同关注的话题，例如关于文体本色与出位之思的讨论。"本色"一词，出自陈师道《后山诗话》："退之以文为诗，子瞻以诗为词，如教坊雷大使之舞，虽极天下之工，要非本色。"[3]指的是不同文体所具有的基本特征。虽然《四库提要》对这句话是否出自陈师道之口所提出的疑义不无

---

[1] ［宋］黄庭坚著，刘琳等点校：《黄庭坚全集》卷十八《答王子飞书》，北京：中华书局，2021年，第417页。
[2] ［宋］黄庭坚著，刘琳等点校：《黄庭坚全集》卷二十一《与王立之四帖》，北京：中华书局，2021年，第1244页。
[3] ［宋］陈师道著：《后山诗话》，见［清］何文焕辑：《历代诗话》，北京：中华书局，2004年，第309页。

道理,[1] 但同书陈师道还以赞同的语气引世人语曰:"苏明允不能诗,欧阳永叔不能赋。曾子固短于韵语,黄鲁直短于散语。子瞻词如诗,少游诗如词。"最后两句同样谈到文体的本色问题。这一问题之所以受到关注,是由于文学发展到元祐时期,各种文体都日益成熟,文人面临着守成与新变的选择和思考,关于本色与出位之思的争论也就日益增多。在相关的文体类型上,争论较多的有三种:一是诗与文,二是诗与词,三是文的不同体类之间。就苏轼与六君子而言,前者是一个勇于尝试的新变派,他在《评韩诗》中说:"书之美者,莫如颜鲁公,然书法之坏自鲁公始;诗之美者,莫如韩退之,然诗格之变自退之始。"[2] 对于韩愈以文为诗的变革持肯定态度。不唯如此,苏轼还身体力行,屡屡打破诗文词的界限,创作出具有新的文体特征的作品。相比之下,六君子抱着更加谨慎的态度,从而使中唐以来在打破文体界限的创作实践上最为突出的杜甫、韩愈和苏轼等成为他们讨论的重要对象。据《后山诗话》:"黄鲁直云:'杜之诗法出审言,句法出庾信,但过之尔。杜之诗法,韩之文法也。诗文各有体,韩以文为诗,杜以诗为文,故不工尔。'"[3] 陈师道虽然是记录黄庭坚的观点,但他对此是持赞同态度的。吴坰《五总志》说:"馆中会茶,自秘监至正字毕集,或以谓少陵拙于为文,退之窘于作诗,申难纷然,卒无归宿。独陈无己默默无语,众乃诘之,无己曰:'二子得名,自古未易定价。若以谓拙于文、窘于诗,或以谓诗文初无优劣,则皆不可。就其已分言之,少陵不合以文章似吟诗样吟,退之不合以诗句似做文样做。'于是议论始定,众乃服膺。"[4] 这段记载正是对黄庭坚"韩以文为诗,

---

1 郭绍虞引四库提要所举《后山诗话》可疑之处:"谓苏轼词如教坊雷大使舞,极天下之工而终非本色。案蔡絛《铁围山丛谈》称雷万庆宣和中以善舞隶教坊,轼卒于建中靖国元年六月,师道亦卒于是年十一月,安能预知宣和中有雷大使借为譬况。"认为此证甚有力。见郭绍虞辑《宋诗话考》,北京:中华书局,1979年,第16页。
2 [宋]魏庆之著,王仲闻点校:《诗人玉屑》卷十五引,北京:中华书局,2007年,第466页。
3 [宋]陈师道著:《后山诗话》,见[清]何文焕辑:《历代诗话》,北京:中华书局,2004年,第303页。
4 [宋]吴坰撰:《五总志》,北京:中华书局,1985年,第8页。

杜以诗为文,故不工尔"的解释,可见黄、陈二人相当一致地在诗文是否可以互相借鉴的问题上坚持本色的观点。黄庭坚又在《题苏子由黄楼赋草》中说:"铭欲顿挫崛奇,赋欲弘丽。故子瞻作诸物铭,光怪百出;子由作赋,纡徐而尽变"[1],对于文的不同体类的不同特点加以区别,同样是对文体本色论的坚持。相比之下,晁补之和张耒对于"本色"的态度似乎没有黄、陈那么鲜明。如张耒说:"韩退之穷文之变,每不循轨辙。"[2]是一种很难看出褒贬之意的客观评价。又,据《王直方诗话》:"东坡尝以所作小词,示无咎、文潜曰:'何如少游?'二人皆对曰:'少游诗似小词,先生小词似诗。'"[3]虽然与《后山诗话》所引世人语相似,但陈师道是抱着否定的态度,晁、张二人则是以更客观的态度陈述他们眼中的事实。晁补之又在《评本朝乐章》中说:"苏东坡词,人谓多不谐音律,自然,居士词横放杰出,自是曲子中缚不住者。黄鲁直间作小词,固高妙,然不是当行家语,是著腔子唱好诗。……近世以来,作者皆不及秦少游,如'斜阳外,寒鸦万点,流水绕孤村',虽不识字,亦知是天生好语言。"[4]可见晁补之对"先生小词似诗"并非贬斥,事实上,他的态度更为复杂,一方面对东坡词的不谐音律表示宽容而赞赏其词之"横放杰出";另一方面又在对黄庭坚与秦观词的评价中透出其"本色"观:所谓"当行家语",是指具有词体特征的语言,而所举"天生好语言"的秦少游词,正是与黄庭坚的"著腔子唱好诗"作为对照的本色当行之句。在晁补之的态度中,虽然他对词的"本色"问题有宽容的一面,但这主要体现于是否谐音律上,而对词的语言的坚持本色则持较鲜明的态度。所以当把词作为案头文学来看的时候,晁补之与黄、陈一样,也是倾向

---

1 [宋]黄庭坚著,刘琳等点校:《黄庭坚全集》别集卷六,北京:中华书局,2021年,第1452页。
2 [宋]张耒:《明道杂志》,见程毅中主编:《宋人诗话外编》,北京:中华书局,2017年,第136页。
3 [宋]胡仔撰,廖德明校点:《苕溪渔隐丛话》前集卷四十二引,北京:人民文学出版社,1981年,第284页。
4 [宋]吴曾撰:《能改斋漫录》卷十六"黄鲁直词谓之著腔诗"条,上海:上海古籍出版社,1979年,第469页。

于"本色论"的。

不过,苏门六君子虽然大多在理论上赞成"本色论",他们的创作实践却常常体现出与理论的矛盾。《后山诗话》说:"退之作记,记其事尔;今之记乃论也。少游谓《醉翁亭记》亦用赋体。"[1]指出韩愈尚能遵循"记"的文体特征,而到北宋时期的"记"已经变成"论"或"赋"。确乎如此,不仅苏轼的"记"体文有很多"论"或"赋"的成分,六君子文中也常可见到。如张耒的《伐木记》,以议论始,以议论终,而伐木之事只是作为作者的一个论据存在,是一篇议论性极强的记体散文。[2]陈师道的《归亭记》则多用排比对句,很有赋体特征。至于黄庭坚的"以文为诗""以诗为词",秦观的诗如小词、以赋法作诗,更是我们所熟知的。朱弁《风月堂诗话》说:"晁冲之言作诗从韩退之杂文受到启发,后山首允之曰:'东坡言杜甫似司马迁,世人多不解,子可与论此矣。'"[3]从陈师道坚持本色论的态度来看,这条材料的真实性似乎颇值得怀疑,因为它与《后山诗话》《五总志》中的观点完全矛盾,但从陈师道的创作实践来看,有此言论又不无可能。事实上,这种矛盾普遍地存在于六君子当中,他们不像苏轼那样明确提倡打破文体界限并进行多方实践,而是抱着一种更为谨慎的态度,既在理论上坚持文体的本色当行,又在创作中小心翼翼地尝试打破文体界限。这并不能说明他们比苏轼更保守,事实上,一味地打破文体界限并不是文学的发展方向,坚持文体本色的冷静态度自有其可取的一面,苏轼与六君子在本色问题上的分歧,或者说六君子自己在理论与创作上的矛盾,是随着元祐文坛各种文体繁荣发展而出现的必然现象,它在打破文体界限的创新意识与保持文体特征的本色意识之间所形成的张力,对于文学的发展具有健康的促进作用。

---

[1] [宋]陈师道著:《后山诗话》,见[清]何文焕辑:《历代诗话》,北京:中华书局,2004年,第309页。

[2] [宋]张耒撰,李逸安、孙通海、傅信点校:《张耒集》卷五十,北京:中华书局,1990年,第770—771页。

[3] [宋]朱弁撰,陈新点校:《风月堂诗话》卷上,北京:中华书局,1988年,第103页。

本色论体现了六君子对于文章形式的思索，而他们更为关注的其实是文章的内容方面，于是创作理念与实践上的重"意"问题就逐渐在他们的交流中凸显出来。我们从苏轼的两首题画诗和晁补之的和诗谈起：

高邮陈直躬处士画雁二首
苏　轼

　　野雁见人时，未起意先改。君从何处看，得此无人态。无乃槁木形，人禽两自在。北风振枯苇，微雪落璀璀。惨澹云水昏，晶莹沙砾碎。弋人怅何慕，一举渺江海。

　　众禽事纷争，野雁独闲洁。徐行意自得，俯仰若有节。我衰寄江湖，老伴杂鹅鸭。作书问陈子，晓景画苕雪。依依聚圆沙，稍稍动斜月。先鸣独鼓翅，吹乱芦花雪。[1]

和苏翰林题李甲画雁
晁补之

　　画写物外形，要物形不改。诗传画外意，贵有画中态。我今岂见画，观诗雁真在。尚想高邮间，湖寒沙璀璀。冰霜已凌厉，藻荇良琐碎。衡阳渺何处，中沚若烟海。

　　萧条新湖秋，霜落洲渚洁。莲垂兰杜死，菖莆见深节。惨澹沙砾姿，清波侣群鸭。往时吴兴守，看画忆苕雪。为仪尚不污，孤高比云月。闻在雪堂时，满堂唯画雪。[2]

晁补之的和诗先以开篇四句表达了他的绘画理论，即对于"形"的重视和强调；接下来切入和苏轼之诗的正题，而目的仍是要以苏轼"传画外

---

[1] ［宋］苏轼撰，［清］王文诰辑注，孔凡礼点校：《苏轼诗集》卷二十四，北京：中华书局，1982年，第1286—1287页。
[2] 傅璇琮等主编：《全宋诗》卷一一二五，北京：北京大学出版社，1995年，第12787页。题目将原唱中的"陈直躬"改为了"李甲"，《苏诗补注》认为是讹误。

意"之诗,来证明"贵有画中态"一句所表达的"形"的重要性。但事实上,无论苏轼原唱还是晁补之自己的和作,注重的都是画之"意"而非"形"。东坡之诗丝毫没有提到野雁之"形"是否逼真,一开始便以作画者如何捕捉到野雁在无人时的神态来表达对其画出野雁之"意"的赞赏;其后又具体描写了野雁闲洁自得的意趣神态,并由此联想到人的江海之思。补之和作则是对苏诗"画外意"的进一步生发,在"衡阳渺何处"等充满感性的想象中阐发了他自己所理解的"画外意";"往时吴兴守"六句更因画而及人,由画之孤清意境而赞东坡之高洁人品,将"画外意"进行了更加个人化的生发。既然苏轼和晁补之事实上都很重视画之"意",那么补之为何又要在开篇强调画之"形"并不惜"误解"东坡之诗呢?

原因在于如杨慎所说"盖欲以补坡公之未备也"[1]。就是说,晁补之是为了弥补苏轼之轻"形",而在此特意对"形"加以强调。从绘画的角度来看,这种强调很有其必要性;但东坡之重"意",无论是对文人画的发展,还是对广义的"文"来说都更具里程碑式意义。自欧阳修在《盘车图》中提出"古画画意不画形"[2],重"意"的特点便由此产生,并在苏轼手中得到大力发扬,他提出的王维优于吴道子论,以及"论画以形似,见与儿童邻"[3]等观点被广为引用、阐发,并得到六君子的普遍赞同。晁补之虽然强调了"形"的重要性,但这是对苏轼重"意"说的补充而非站在其对立面,事实上,晁补之在上述和诗中存在的理论与实践上的矛盾正体现了他与苏轼一样对"意"的重视;而他更在《跋李遵易画鱼图》中明确表示了重意轻形的态度:"然尝试遗物以观物,物常不能庚其形……大小惟意,而不在形。"[4]陈师道在《后山谈丛》中记载了苏轼"孙

---

1 [明]杨慎著:《升庵诗话》卷十三,见丁福保辑:《历代诗话续编》,北京:中华书局,2006年,第897页。
2 [宋]欧阳修著,李逸安点校:《欧阳修全集》卷六,北京:中华书局,2001年,第99页。
3 [宋]苏轼撰,[清]王文诰辑注,孔凡礼点校:《苏轼诗集》卷三《王维吴道子画》、卷二十九《书鄢陵王主簿所画折枝二首》,北京:中华书局,1982年,第108、1525页。
4 曾枣庄、刘琳主编:《全宋文》第一百二十六册,上海:上海辞书出版社、安徽:安徽教育出版社,2006年,第145页。

知微之画,工匠手尔"的批评[1],而苏轼《跋汉杰画山二则》可视为对这句话的解释:"观士人画,如阅天下马,取其意气所到。乃若画工,往往只取鞭策、皮毛、槽枥、刍秣,无一点俊发,看数尺许便倦。汉杰真士人画也。"[2]可见"工匠"指的便是徒写物之"形"而不知取其"意"的画工。《后山谈丛》中还有一段话,表明了陈师道对苏轼重"意"的认同:"欧阳公像,公家与苏眉山皆有之,而各自是也。盖苏本韵胜而失形,家本形似而失韵。夫形而不韵,乃所画影尔,非传神也。"[3]所谓"传神",对于肖像画来说即东坡在《传神记》中所说,画其"意思所在而已"。苏轼指出:"凡人意思各有所在,或在眉目,或在鼻口。"[4]意谓只有抓住人物典型特征加以表现,才能把人物画得传神;而这往往与作画者"萧然有意于笔墨之外"有关,也就是说不能像画工那样徒画其影而要表达出一定的"意"。这样的"意",在绘画来说是与"形"相对的作品的神韵或作画者想要表达的意蕴;在诗文来说就是指作品独特的构思或作者蕴含于文字中的意理。

张耒在《与友人论文,因以诗投之》中说:"文以意为车,意以文为马","区区为对偶,此格最污下",[5]明确表达了对"文"的重意轻形思想。而张耒对黄庭坚诗"一扫古今,出胸臆,破弃声律"[6]的褒扬,也正体现了他们在重"意"这一点上的志同道合。黄庭坚自然很重视诗歌的表现方式——苏轼其实也并不真的轻"形",但他是要以"形"达"意",选择与他的表现对象最为切合的音声意象,来体现出他的"一家之言";

---

1 [宋]陈师道撰,李伟国校点:《后山谈丛》卷二,上海:上海古籍出版社,1989年,第19页。
2 [宋]苏轼撰,[明]茅维编,孔凡礼点校:《苏轼文集》卷七十,北京:中华书局,1986年,第2216页。
3 [宋]陈师道撰,李伟国校点:《后山谈丛》卷一,上海:上海古籍出版社,1989年,第13页。
4 [宋]苏轼撰,[明]茅维编,孔凡礼点校:《苏轼文集》卷十二,北京:中华书局,1986年,第401页。
5 [宋]张耒撰,李逸安、孙通海、傅信点校:《张耒集》卷八,北京:中华书局,1990年,第128页。
6 据[宋]胡仔《苕溪渔隐丛话》前集卷四十七:"张文潜云,以声律作诗,其末流也,而唐至今诗人谨守之,独鲁直一扫古今,出胸臆,破弃声律,作五七言,如金石未作,钟磬声和,浑然有律吕外意。"北京:人民文学出版社,1981年版,第319页。

既然语言声律只是为"意"服务，就不必拘于常规而影响"意"之表达。又，晁补之曾在《跋鲁直所书崔白竹后赠汉举》中引黄庭坚语曰："吾不能知画，而知吾事诗如画，欲命物之意审。"¹ 徐复观以此解释黄庭坚诗之重视句法："山谷诗重句法，其基本用心，乃在'欲命物之意审'，即是言情写景，皆欲恰如其情，恰如其景，使句的组成，能随物之曲折而曲折，使句中之字，能与物之特性相符而加以凸显。此即'太新''太巧'之所由来。陈腔旧调，常常朦胧了物的特性，所以山谷必加以破除。"² 从黄庭坚对描写对象的揣摩体贴来解释其所重之"意"，诚为精辟之见。而黄庭坚作诗不论是破弃声律，还是重视句法，显然都是出自同一目的。

同样体现出张、黄等人在形意问题上的一致性的，还有他们对"好作奇语"的共同反对。如上所述，虽然黄庭坚被人批评在语言声律上有求奇之病，但"形"并不是他追求的最终目的，而且其本意是反对形式上的为奇而奇的。他在《与王观复书》中说："好作奇语，自是文章病，但当以理为主，理得而辞顺，文章自然出群拔萃。"³ "以理为主"的"理"，在苏轼及诸君子的文章中经常被提到，它在不同地方的含义并不完全相同，有时指事物的内部规律，如苏轼《净因院画记》中"虽无常形，而有常理"的"理"；有时则与"意"相通，指文章所要表达的意思或道理，如黄庭坚"以理为主"的"理"便是后者。张耒在《答李推官书》中所表达的意思可算是对黄庭坚反对"好作奇语"以及主张"以理为主"的详细注解。他批评李推官说："足下之文，可谓奇矣。捐去文字常体，力为环奇险怪，务欲使人读之，如见数千载前科斗鸟迹所记弦匏之歌、钟鼎之文也。足下之所嗜者如此，固无不善也，抑某之所闻，所谓能文者，岂谓其能奇哉？能文者固不能以奇为主也。夫文何谓而设

---

1 曾枣庄、刘琳主编：《全宋文》第一百二十六册，上海：上海辞书出版社、安徽：安徽教育出版社，2006年，第146页。
2 徐复观：《中国艺术精神》，沈阳：春风文艺出版社，1987年，第329页。
3 [宋]黄庭坚著，刘琳等点校：《黄庭坚全集》卷十八，北京：中华书局，2021年，第420页。

也？知理者不能言，世之能言者多矣，而文者独传。岂独传哉？因其能文而言益工，因其言工而理益明，是以圣人贵之。自《六经》以下，至于诸子百氏、骚人辩士论述，大抵皆将以为寓理之具也。是故理胜者文不期工而工，理诎者巧为粉泽而隙间百出。……故学文之端，急于明理。夫不知为文者，无所复道；如知文而不务理，求文之工，世未尝有是也。"[1] 张耒并不否定"形"的重要性，但强调"言"之工是为"理"之明服务的，而不能一味追求语言之奇。与黄庭坚一样，张耒反对以"形"害"意"，则其正面的主张便是"以意为主"。有意思的是，黄庭坚反对"好作奇语"，他自己却被陈师道批评为"过于出奇，不如杜之遇物而奇也"[2]。且不论黄庭坚是否存在理论与创作上的矛盾，这句话却正体现了陈师道也是反对求奇的。他在批评扬雄之文时表达过同样的观点："扬子云之文，好奇而卒不能奇也，故思苦而词艰。善为文者，因事以出奇，江河之行，顺下而已。至其触山赴谷，风搏物激，然后尽天下之变。子云惟好奇，故不能奇也。"[3] 所谓"因事以出奇"，与上述"遇物而奇"是同一意思，都是强调不能为奇而奇，而须出于内容表达的需要，所谓"事""物"，都是作者之"意"的承载体。

　　黄庭坚在《与王观复书》中还列举了自建安以来没有"好作奇语"之病的若干人，其中本朝的有苏轼、秦观等，他们也都在理论上公开反对求奇，体现出苏门从这一角度来表示对"意"的重视的一致性。如秦观在《会稽唱和诗序》中说："或曰：昔之业诗者，必奇探远取，然后得名于诗。今二公之诗，平夷浑厚，不事才巧，而为事贵重如此，何邪？窃尝以为激者辞溢，夸者辞淫，事谬则语难，理诬则气索，人之情也。二公内无所激，外无所夸，其事核，其理富，故语与气俱足，不待

---

[1]〔宋〕张耒撰，李逸安、孙通海、傅信点校：《张耒集》卷五十五，北京：中华书局，1990年，第828—829页。
[2]〔宋〕陈师道著：《后山诗话》，见〔清〕何文焕辑：《历代诗话》，北京：中华书局，2004年，第307页。
[3]〔宋〕陈师道著：《后山诗话》，见〔清〕何文焕辑：《历代诗话》，北京：中华书局，2004年，第309页。

繁于刻画之功而固已过人远矣。"[1] 秦观所赞赏的是平夷浑厚、事核理富之作，而对奇探远取、繁于刻画之功的诗歌不以为然，这明显体现了重意轻形的观念。就"意"而言，秦观肯定了"事核""理富"两个方面，所谓"事核"是指表达"意"所用的材料合乎事实，而"理富"是指作者充分表达出了心中之"意"，秦观认为只要做到了这两点，不需卖弄言辞的才巧，诗歌也自然能远胜他人。李廌则在《师友谈记》中称赞秦观之文说："人之文章，阔达者失之太疎，谨严者失之太弱。少游之文，词虽华而气古，事备而意高，如钟鼎然，其体质规模，质重而简易；其刻画篆文，则后之铸师莫仿佛。宜乎东坡称之为天下奇作也。非过言矣。"[2] 所谓"体质规模""刻画篆文"，其实就是指文章的内容和形式两个方面，而李廌在内容上称赏的是"事备而意高"者，与秦观所说"事核""理富"有类似之处，而更明白地突出了对"意"的要求。

至于苏轼反对求奇的观点更是早已为苏门诸君子所熟知。他曾因后学晁载之追求奇怪而写信给黄庭坚，让后者以"朋友讲磨之语"规劝之。他说："凡人文字，当务使平和，至足之余，溢为奇怪，盖出于不得已也。晁文奇丽似差早。……"[3] 苏轼此处之所以对求奇抱着较为宽容的态度，大约还是从形意关系的角度出发，对于服务于"意"的主旨而不得不"奇怪"的文字并不一棍子打死；只是多数的求奇仍然是出于形式的追求，所以苏轼不得不强调："诗须要有为而作，用事当以故为新，以俗为雅。好奇务新，乃诗之病。"[4] "有为而作"一般有两个意思，一是指诗歌要反映社会现实，另一个则是指诗歌须以意为主，后者其实是包括前者在内的更为宽泛的概念。苏轼此处即为第二种意思。而在形式上，苏

---

1 [宋] 秦观著，徐培均笺注：《淮海集笺注》卷三十九，上海：上海古籍出版社，2000年，第1265页。
2 [宋] 李廌撰，孔凡礼点校：《师友谈记》，北京：中华书局，2002年，第16页。
3 [宋] 苏轼撰，[明] 茅维编，孔凡礼点校：《苏轼文集》卷五十二，北京：中华书局，1986年，第1532页。
4 [宋] 苏轼撰，[明] 茅维编，孔凡礼点校：《苏轼文集》卷六十七，北京：中华书局，1986年，第2109页。

轼一面表示对"好奇务新"的反对，一面提出"以故为新""以俗为雅"的解决办法。我们知道，黄庭坚曾经在《再次韵杨明叔并序》中提出："盖以俗为雅，以故为新，百战百胜，如孙吴之兵，棘端可以破镞，如甘蝇飞卫之射，此诗人之奇也。"[1] 陈师道则在《后山诗话》中记载了前辈诗人梅尧臣的一段话："闽士有好诗者，不用陈语常谈。写投梅尧臣，答书曰：'子诗诚工，但未能以故为新，以俗为雅。'"[2] 如此看来，"以故为新""以俗为雅"最早是由梅尧臣明确提出，而在庆历时期，一方面重"意"的特点已经在梅尧臣、欧阳修等的倡导下初步形成，另一方面他们已经面临着在唐诗之后"开辟真难为"的困境，"以故为新""以俗为雅"正是在这样的背景下成为庆历诗人的创作原则之一；而"不用陈语常谈"的闽士极有可能是走上求奇务新之路并影响了"意"的表达，才遭致梅尧臣的上述批评。但是，人们最常将"以故为新""以俗为雅"归之于黄庭坚，他在上述《再次韵杨明叔并序》的序中所谈到的那段没有具体背景的话，常常被与"点铁成金""夺胎换骨"之说联系起来并认为是剽窃的"罪证"而受人指摘。事实上，从梅尧臣到苏轼再到黄庭坚，"以故为新""以俗为雅"从来就不是一种纯粹只与"形"有关的创作手法，而是正如苏轼所首先强调的"诗须有为而作"，是出于反对求奇好新以致影响"意"的表达而提出的，因此是服务于"意"这个主旨的。

苏门诸君子接受并发挥了苏轼重"意"的观念，而他们对于"意"的一致强调同样体现了其自立意识，因为每个人心中具体的"意"各不相同，见之于文便体现出百花齐放的风格特色。在六君子之文中，唱酬诗词作为最能体现文人集团交流特点的创作类型，在苏门文人集团的创作中具有特殊的意义，考察六君子如何在交流中抒"情"、表"意"，并在体现各自风格的同时促进宋诗特色的发展，这正是笔者在下一节选择唱酬之作进行探讨的原因。

---

1 ［宋］黄庭坚著，刘琳等点校：《黄庭坚全集》卷十二，北京：中华书局，2021年，第441页。
2 ［宋］陈师道著：《后山诗话》，见［清］何文焕辑：《历代诗话》，北京：中华书局，2004年，第314页。

第二节　唱酬之盛

邵浩在《坡门酬唱集·引》中说:"……既又念两公之门下士黄鲁直、秦少游、晁无咎、张文潜、陈无己、李方叔所谓六君子者,凡其片言只字,既皆足以名世,则其平日属和两公之诗与其自为往复决非偶然者,因尽摭而录之,曰苏门酬唱。……无事展卷,则两公六君子之怡怡偲偲,宛然气象在目,神交意往,直若与之承欢接辞于元祐盛际,岂特为赓和助耶。"[1] 张叔椿在序中亦曰:"诗人酬唱,盛于元祐间。自鲁直、后山宗主二苏,旁与秦少游、晁咎、张文潜、李方叔驰骛相先后,萃一时名流,悉出苏公门下。嘻,其盛欤!……"[2] "怡怡偲偲",指在一种愉悦的氛围中互相督促,形象地描绘了当时诗坛欢会与诗人之间的唱和对于诗歌艺术的促进作用。但以此形容坡门酬唱的特点并不全面,它注重的是唱和在诗歌艺术方面的促进作用,而苏轼与六君子之间的唱和不仅在艺术上推动了宋诗特色的发展,更重要的是,它摆脱了以往的唱酬之作中大量存在的虚与委蛇的应酬和抒写闲情逸致的浅俗功能,而成为他们深层思想和真实情感的沟通方式,从而也使他们在文人集团中的交游活动,因诗词酬唱的意义而更体现出它的多重价值。

一　诗意的沟通方式

元祐三年(1088),李廌在苏轼知贡举的科考中下第,次年离京之前,苏轼怜其贫寒无马可乘,将所得天厩马赠予李廌,并写下马券,申明李廌他年如另得嘉马,此马或将售出,故立马券为据[3]。黄庭坚为之作跋,曰:"翰林苏子瞻所得天厩马,其所从来甚宠,加以妙墨作券,此马价应十倍。方叔豆羹不继,将不能有此马,御以如富贵之家,辄曰非良

---

[1] 曾枣庄主编:《宋代序跋全编》,济南:齐鲁书社,2015年,第1097—1098页。
[2] 曾枣庄主编:《宋代序跋全编》,济南:齐鲁书社,2015年,第1133页。
[3] 〔宋〕苏轼撰,〔明〕茅维编,孔凡礼点校:《苏轼文集》佚文汇编卷五《赠李方叔赐马券》,北京:中华书局,1986年,第2539页。

马也,故不售。夫天厩虽饶马,其知名绝足,亦时有之尔,岂可求赐马尽良也。或又责方叔受翰林公之惠,当乘之往来田间,安用汲汲索钱。此又不识蚌痛者从傍论砭疽尔,甚穷亦难忍哉。使有义士能捐二十万,并券与马取之,不惟解方叔之倒悬,亦足以豪矣。众不可,盖遇人中磊磊者,试以予书示之。"[1] 苏轼将御赐之马慷慨赠予李廌,又为之书马券,不单是立作凭据,同时也是以其千金难求的书法为之增值;黄庭坚则为马券作跋,替李廌不得不卖掉此马作设身处地之想。苏轼之券颇为委婉,称李廌恐"别获善嘉马,不免卖此";黄庭坚则更为务实,短短一篇跋中语意数转:先说此马因御赐之物加东坡书法,身价当十倍于前;次陈李廌贫寒,将不得不出售此马;再则自设二问并自答:或问马非良马,要价是否过高,答曰有御赐身份便值此价,或问李廌怎能卖师长之馈赠,答曰贫寒之人先得生存下去;最后直接为李廌报价二十万,期待有"义士"来解李廌之困顿。作为赠礼之人的苏轼小心翼翼不伤害李廌自尊,作为同门好友的黄庭坚周到细密地为李廌考虑生计问题,苏、黄二人对李廌的殷殷情意,于此可见。

与此同时,苏轼又为李廌赋诗一首,黄庭坚和之。正如御赐马、马券、跋文作为物质的表达方式体现深厚的师友之情,苏、黄的唱和则作为精神的沟通方式而超越了普通的赠别酬唱之意,同样体现出师友之间的真挚情谊。诗歌说:

余与李廌方叔相知久矣,领贡举事,而李不得第,愧甚,作诗送之
苏 轼

与君相从非一日,笔势翩翩疑可识。平生谩说古战场,过眼终迷日五色。我惭不出君大笑,行止皆天子何责。青袍白纻五千人,知子无怨亦无德。买羊酤酒谢玉川,为我醉倒春风前。

---

[1] [宋] 黄庭坚著,刘琳等点校:《黄庭坚全集》卷二十五,北京:中华书局,2021年,第583页。

归家但草凌云赋，我相夫子非癯仙。[1]

次韵子瞻送李廌
黄庭坚

骥子堕地追风日，未试千里谁能识。习之实录葬皇祖，斯文如女有正色。今年持橐佐春官，遂失此人难塞责。虽然一哄有奇偶，博悬于投不在德。君看巨浸朝百川，此岂有意潢潦前。愿为雾豹怀文隐，莫爱风蝉蜕骨仙。[2]

苏轼与黄庭坚在这次的礼部试中，一为知贡举，一为参详官，共同参与了录拔工作，故而他们对于李廌的落第有相似的感受，即对于不能拔廌于士林表示惭愧，而在肯定其才华出众的同时，鼓励其继续努力。苏轼曾在给李廌的信中说："足下之文，过人处不少，……笔势翩翩，有可以追古作者之道。"[3] 原唱第二句正由此而来，表示对李廌文才过人的肯定；"平生"两句则用《唐摭言》李缪公典，对李廌有才而终被遗贤表示叹惋。黄庭坚和作在正面赞扬李廌之文如女有正色、又如李翱名篇一样瑰奇可观的同时，一再劝慰他说偶然的失手并不能长久掩盖其才华。在这两首唱和诗中，唱者与和者所关注和谈论的其实是一个"第三者"，而抛开次韵者有意"戴着脚镣跳舞"的形式上的追求，唱和的方式在此处正凸显出它的意义，它将在这件事中相关的人更紧密地勾连在一起，形成一种多向度而非仅仅是双向度的情感交流。李廌在几年以后的次韵诗则进一步延伸了这种情感交流的时间长度。据诗题，这首诗是李廌再次落第、将要归耕颍川时告别苏、黄诸公所作：

---

1 ［宋］苏轼撰，［清］王文诰辑注，孔凡礼点校：《苏轼诗集》卷三十，北京：中华书局，1982年，第1570页。
2 ［宋］黄庭坚著，刘琳等点校：《黄庭坚全集》卷四，北京：中华书局，2021年，第89页。
3 ［宋］苏轼撰，［明］茅维编，孔凡礼点校：《苏轼文集》卷四十九《与李方叔书》，北京：中华书局，1986年，第1420页。

> 半生虚老太平日，一日不知人不识。鬓毛斑斑黑无几，渐
> 与布衣为一色。平时功名众所料，数奇辜负师友责。世为长物
> 穷且忍，静看诸公树勋德。欲持牛衣归颍川，结庐抱耒箕隗前。
> 只将残龄学农圃，试问瀛洲紫府仙。[1]

"鬓毛斑斑黑无几，渐与布衣为一色"两句，在与苏、黄诗的对照中显得尤为沉痛。苏诗的"日五色"，既是指李缪公的《日有五色赋》，也可以理解为李廌才华的绚烂夺目；黄诗的"斯文如女有正色"更是对李廌之文的直接称许，李廌则说自己鬓毛斑白，已经与布衣的颜色相同，是暗寓"白衣秀才"之意来表达屡试不第的失落之感。李廌在第一次落第时未见次韵苏、黄之诗，不能确知他当时的心境，不过在失望之外应当还与苏、黄诗中所写一样，相信自己只是偶然失手并对自己的才华仍然充满信心，否则也不会有再次的应试之举；而第二次的打击显然要沉重得多。"鬓毛斑斑"既是指样貌之苍老，更是指心态之苍老，而苏、黄唱和诗中对李廌贤才遗落的愧疚之意在此变为了李廌深感辜负师友厚望的惭愧之情。方叔最后说从此要归耕农圃、求仙问道，不过"瀛洲"二字，既可指"烟涛微茫信难求"的仙境之地，也可说是唐太宗时"十八学士登瀛洲"的建功立业之所在，于苍凉消沉的语言中还是不经意泄露了他并不甘于终老山林的心境。

　　作为一个关系融洽的文人集团，这种以诗歌唱和的形式进行多向度情感与思想交流是非常普遍的现象。例如张耒的《赠无咎以既见君子云胡不喜为韵八首》与黄庭坚的《奉和文潜赠无咎篇末多见及以既见君子云胡不喜为韵》。[2]这类组诗的韵脚字往往如作者特意在题中所标示，以

---

[1] ［宋］李廌《某顷元祐三年春礼部不第蒙东坡先生送之以诗黄鲁直诸公皆有和诗今年秋复下第将归耕颍川辄次前韵上呈编史内翰先生及乞诸公一篇以荣林泉不胜幸甚》，见傅璇琮等主编：《全宋诗》卷一二〇二，北京：北京大学出版社，1995年，第13609页。
[2] 分见［宋］张耒撰，李逸安、孙通海、傅信点校：《张耒集》卷七，北京：中华书局，1990年，第90页；［宋］黄庭坚著，刘琳等点校：《黄庭坚全集》卷一，北京：中华书局，2021年，第12页。

某古诗名句为韵,既是选择韵脚字的便利之法,亦是一种类似诗经时代的赋诗致意。较早用此法的当为苏轼。元丰四年(1081),他有《伯父〈送先人下第归蜀〉》诗云:"人稀野店休安枕,路入灵关稳跨驴。"安节将去,为诵此句,因以为韵,作小诗十四首送之》[1],用其伯父诗句十四字为韵,做组诗十四首送别侄安节,同时也有用此两句诗以慰远途之意。张耒诗题亦如此。以"既见君子,云胡不喜",表达了视交流对象为知己的愉悦之情。原唱是张耒写给晁补之的一组诗,在表达与后者的深厚情谊的同时,以大量篇幅评价了正始以来的诗歌发展,称誉黄庭坚是继李杜之后的诗坛奇才:"诗坛李杜后,黄子擅奇勋。平生执羁鞘,开府与参军。举诗秉笔徒,吟哦谩云云。安知握奇律,一字有风云。"又由诗及人,谈到黄庭坚的生活状况,于微带谑弄的口气中传达出作为多年知交的亲密友谊:"黄子少年时,风流胜春柳。中年一钵饭,万事寒木朽。室有僧对谈,房无妾持帚。此道人人事,谁令予独不。"正因"篇末多见及",故而虽是写给晁补之的诗,和者却是黄庭坚。黄诗对原唱谈到的文学与友情作了进一步的发挥,有对文学与学术现状的批判,对荆公之学的反思,对友人的怀想和对友情的描绘。例如其四:"北寺锁斋房,尘钥时一启。晁张登然来,连璧照书几。庭柏郁葱葱,红榴鲱多子。时蒙吐佳句,幽处万籁起。"其八:"吾友陈师道,抱独门扫轨。晁张作荐书,射雉用一矢。吾闻举逸民,故得天下喜。两公阵堂堂,此士可摩垒。"前一首写在一片绿柏红榴的葱茏景象中,晁、张二人登然来访,二三知己吟诗论句,好不惬意。后一首则由晁、张引申到另一好友陈师道,赞扬陈具有高洁的操守,是他们志同道合的朋友。正如张耒原唱的交流对象并不限于诗题所示,黄庭坚和作所涉及的对象也非原唱一人而是整个集团内的人,从而明显体现出文人集团多向度交流的特点。

关于苏门诸君子之间的交游,还曾留下许多充满诗意的故事,令

---

[1] [宋]苏轼撰,[清]王文诰辑注,孔凡礼点校:《苏轼诗集》卷二十一,北京:中华书局,1982年,第1098页。

后世文人回想不已。元祐元年（1086），陈师道作《晁无咎张文潜见过》诗："白社双林去，高轩二妙来。排门冲鸟雀，挥壁带尘埃。不惮除堂费，深愁载酒回。功名付公等，归路在蓬莱。"[1]罗大经《鹤林玉露》记载了其诗本事："……陈后山在京师，张文潜、晁无咎为馆职，联骑经过，后山偶出萧寺，二君题壁而去。后山亦谢以诗'白社双林去'云云。"[2]而晁补之又有《次韵履常见贻》，答之曰："人皆爱陈子，新雨尚能来。但使门多客，何嫌室自灰。弓旌无远野，城郭有遗才。底日常侯舍，传声四辈催。"[3]罗氏以"范二员外、吴十侍御访杜少陵于草堂，少陵偶出不及见，谢以诗"，之事相比，认为"杜、陈一时之事相类"，事实上，范、吴之访少陵只是为后者提供了一种诗材，对于杜甫来说，因生活中偶发的小事而付诸于诗是十分普遍的现象，这正是他的生活的艺术化的体现；张、晁之访师道却使交游本身充满诗意，从"二君题壁而去"到"后山谢以诗"，再到晁补之和答之，因访友不遇而留下的缺憾，在诗歌的往来唱和中得到弥补。在这一组唱和中可看出，晁诗名为"次韵"，却并非如苏黄之间的"诗战"那般严格，仅体裁和"来"字韵相同，其余则在"十灰"韵中自由择字。这表明即使在苏门文人集团内部，对于"次韵"的理解和运用也有宽严之别，晁、陈之间的这组唱和，交际功能居于首位，"次韵"的目的是在交游者之间形成更紧密的关联，而非争诗艺之高下。

另一方面，苏门诸君子之间的交流并不仅限于表达知己相交的愉悦之情，而是常常有更深刻的思想沟通。例如上述黄庭坚《奉和文潜赠无咎篇末多及以既见君子云胡不喜为韵》其七："荆公六艺学，妙处端不朽。诸生用其短，颇复凿户牖。譬如学捧心，初不悟己丑。玉石恐俱焚，公为区别不。"[4]这组诗作于元祐元年（1086），正是旧党重新主政的"元

---

1 ［宋］罗大经撰，王瑞来点校：《鹤林玉露》卷六，北京：中华书局，1983年，第334页。
2 ［宋］罗大经撰，王瑞来点校：《鹤林玉露》卷六，北京：中华书局，1983年，第334页。
3 傅璇琮等主编：《全宋诗》卷一一三三，北京：北京大学出版社，1995年，第12840页。
4 ［宋］黄庭坚著，刘琳等点校：《黄庭坚全集》卷一，北京：中华书局，2021年，第13页。

祐更化"之始，王安石的新学由官方正学变为人人讳言之学，在熙丰年间因倾向于旧党而受到排挤打击的黄庭坚，此时却能以冷静客观的态度反思荆公之学，认为其妙处实将不朽于世，其弊端的产生，责在效颦之后学，而今将新学一律废弃，实乃玉石俱焚之举。黄庭坚对于荆公之学的态度，充分体现了他独立不随的品格，并在与苏门其他君子的沟通中成为整个文人集团共同的思想基础，与苏轼的"不容于元祐"体现出同一政治节操。证明此点的还有苏轼与黄庭坚的六首著名唱和诗：

西太一见王荆公旧诗，偶次其韵二首
苏　轼
其一
秋早川原净丽，雨余风日清酣。从此归耕剑外，何人送我池南。
其二
但有樽中若下，何须墓上征西。闻道乌衣巷口，而今烟草萋迷。[1]

次韵王荆公题西太乙宫壁二首
黄庭坚
其一
风急啼乌未了，雨来战蚁方酣。真是真非安在，人间北看成南。
其二
晚风池莲香度，晓日宫槐影西。白下长干梦到，青门紫曲尘迷。[2]

1　[宋]苏轼撰，[清]王文诰辑注，孔凡礼点校：《苏轼诗集》卷二十七，北京：中华书局，1982年，第1449—1450页。
2　[宋]黄庭坚著，刘琳等点校：《黄庭坚全集》卷八，北京：中华书局，2021年，第175—176页。

有怀半山老人再次韵二首

黄庭坚

其一

短世风惊雨过,成功梦迷酒酣。草玄不妨准易,论诗终近周南。

其二

啜羹不如放麑,乐羊终愧巴西。欲问老翁归处,帝乡无路云迷。[1]

王安石原唱抒写故地重游的沧桑之感和思乡之情,苏、黄二人的次韵诗则主要是由王安石的生前身后事而有所感触。黄庭坚之作虽云次韵荆公诗,实际在内容上与苏轼诗更相呼应,《坡门酬唱集》中便直接以"鲁直次韵"为题将此诗算作东坡诗的次韵之作。这几组诗同样作于元祐元年(1086),此时王安石已去世,有着政敌与朋友的双重身份的苏轼自然心情复杂。开篇写风清日朗的秋景,与王安石的春景自是不同,但都由景而生思乡之情。宋代士大夫的思乡,背后往往牵系着政治的因素。正如王安石的"春风又绿江南岸,明月何时照我还"(《泊船瓜洲》)实是表达出矛盾和功成身退的期待,此时的苏轼,在刚刚回到朝堂的元祐元年,竟生归耕剑外之念,体现的既有熄新旧党争之焰的政治冷静,大约也有因旧党内部亦纷争不已而产生的政治倦怠。这种倦怠也体现在其二对王安石的评价中。诗歌既是用王谢之典表达历史观照,也暗指王安石的一场忙碌终归于虚无。其中虽体现了苏轼始终不赞成王安石新法的立场,更对王安石如此有才之人却一无所成表达了惋惜之情。

黄庭坚同样对王安石的文章学术十分尊崇,如"荆公六艺学,妙处端不朽","草玄不妨准易,论诗终近周南",评价不可谓不高;同时,黄庭坚由东坡诗生发开去,表达了对于政治、党争等问题的看法。东坡诗

---

1 [宋]黄庭坚著,刘琳等点校:《黄庭坚全集》卷八,北京:中华书局,2021年,第176页。

中的"风""雨"既是描写自然界的风雨，同时也暗喻了政治上的风雨；而黄庭坚诗中的政治隐喻色彩更为突出，所谓"短世风惊雨过"，显然是指实施新法的风风雨雨。黄庭坚又在和作中回应东坡"从此归耕剑外"之句，以更冷静客观的态度对党争进行反思。"风急啼乌未了，雨来战蚁方酣"，作者以"鹊先识岁之多风"及"蚁战酣，山雨来"描述党争之激烈，同时暗含着他在另一首诗中"白蚁战酣千里血，黄粱炊熟百年休"之句所表达的对党争的否定态度[1]，在黄庭坚看来，这种造成朝局长期动荡不安的争斗所带来的结果只是"真是真非安在，人间北看成南"。与苏轼一样，黄庭坚始终站在旧党立场，但在旧党刚刚执掌朝政之时，黄庭坚并未进行党同伐异的攻讦，而称党争只是立场不同，难定真是真非。这种冷静的剖析，与苏轼的反对尽废新法一样，都是旧党阵营中不协调的声音，却也正是其"君子"之风的体现。

如前所述，李鬳对苏、黄诗的追和是在经过了一段较长的时间之后，而这常常是在历经更多世事沧桑后重睹原唱所兴起的今昔之叹，或是对自身命运多舛的感慨，或是对友人逝去的怀想，又或二者兼而有之，因而往往具有一种更深沉的情感意蕴。例如黄庭坚曾有《追和东坡壶中九华》诗："有人夜半持山去，顿觉浮岚暖翠空。试问安排华屋处，何如零落乱云中。能回赵璧人安在，已入南柯梦不通。赖有霜钟难席卷，袖椎来听响玲珑。"其序道出和诗原委："湖口人李正臣蓄异石九峰，东坡先生名曰壶中九华并为作诗。后八年，自海外归湖口，石已为好事者所取，乃和前篇以为笑，实建中靖国元年四月十六日。明年当崇宁之元五月二十日，庭坚系舟湖口，李正臣持此诗来。石既不可见，东坡亦下世矣。感叹不足，因次前韵。"[2] 苏轼原唱以"壶中九华"为表现对象，而这也是作者关注的中心所在；黄庭坚和作中的"壶中九华"则成为情感的寄托物，诗歌句句写物，而又句句含情，最后更以东坡曾游览过的石

---

1 ［宋］黄庭坚著，刘琳等点校：《黄庭坚全集》外集卷十，北京：中华书局，2021年，第1016页。
2 ［宋］黄庭坚著，刘琳等点校：《黄庭坚全集》卷七，北京：中华书局，2021年，第154页。

钟山与"壶中九华"作比，无论是"霜钟"之存，还是"九华"之亡，其中都寄托了作者对东坡的无限哀思。同年，黄庭坚还有《次苏子瞻和李太白浔阳紫极宫感秋诗韵追怀太白子瞻》，[1]诗歌说："不见两谪仙，长怀倚修竹"，"平生人欲杀，耿介受命独"，表达了对于历史上两位具有相同耿介不阿性格的天才诗人的敬意，而作者的目的仍在于感怀东坡。两年以后，黄庭坚又有追和秦观《千秋岁》词，表达了对同门挚友秦观的怀念之情。

千秋岁
秦　观

水边沙外，城郭春寒退。花影乱，莺声碎。飘零疏酒盏，离别宽衣带。人不见，碧云暮合空相对。　忆昔西池会，鹓鹭同飞盖。携手处，今谁在？日边清梦断，镜里朱颜改。春去也，飞红万点愁如海。[2]

千秋岁·次韵少游
苏　轼

岛边天外，未老身先退。珠泪溅，丹衷碎。声摇苍玉佩，色重黄金带。一万里，斜阳正与长安对。　道远谁云会？罪大天能盖。君命重，臣节在。新恩犹可觊，旧学终难改。吾已矣，乘桴且恁浮于海。

千秋岁
黄庭坚

少游得谪，尝梦中作词云："醉卧古藤阴下，了不知南北。"竟以元符庚辰，死于藤州光华亭上。崇宁甲申，庭坚窜宜州，

---
1 ［宋］黄庭坚著，刘琳等点校：《黄庭坚全集》卷三，北京：中华书局，2021年，第58页。
2 唐圭璋编：《全宋词》，北京：中华书局，1965年，第460页。

道过衡阳。览其遗墨,始追和其《千秋岁》词。

  苑边花外,记得同朝退。飞骑轧,鸣珂碎。齐歌云绕扇,赵舞风回带。严鼓断,杯盘狼藉犹相对。 洒泪谁能会?醉卧藤阴盖。人已去,词空在。兔园高宴悄,虎观英游改。重感慨,波涛万顷珠沉海。

据王水照先生考证,秦观此词当作于绍圣四年(1097)以前,他在该年贬谪横州途经衡阳时重又写赠给孔平仲[1]。——这正是黄庭坚次韵词序中所说在衡阳看到此词的原因。秦观原唱以极哀婉的语言抒写了遭到放逐的去国怀乡之痛,昔日诏赐馆阁花酒、游金明池、琼林苑的踌躇满志,与今日春尽朱颜改的万千愁苦适成鲜明对比。苏轼和黄庭坚先后次韵了秦观此作。苏轼词大约作于元符二年(1099)贬居海南时,作品抒发了由原唱抚今追昔的贬谪之痛而引发的无限感慨;黄庭坚词则作于崇宁三年(1104),此时秦观已卒,黄庭坚自己也遭到更加严酷的贬谪,再睹秦观遗作,当有恍如隔世之感。王水照先生认为,苏轼此词"对整个社会和政治,交织着抗争和超越,是他经历早年的积极入世、中年的一度消极出世后的思想升华,标志着贬谪心态的最高层次"[2],诚为精辟之论,但东坡词是与秦观一样,通过抒写自己对于贬谪的感慨来作为对原唱的回应,黄庭坚词更增加了对于挚友逝去的痛惜之情,故而苏词以思想的深刻为特点,黄词则有更复杂的内蕴和更深沉的情感。据曾敏行《独醒杂志》:"秦少游之子湛,自古藤护丧北归,其婿范温候于零陵,同至长沙,适与山谷相遇。温,淳夫之子也。淳夫既没,山谷亦未吊其子,至是与二子者执手大哭,遂以银二十两为赙。湛曰:'公方为远役,安能有力相及。且某归计亦粗办,愿复归之。'山谷曰:'尔父,吾同门友也,相与之义,几犹骨肉。今死不得预敛,葬不得往送,负尔父多矣。是姑见吾

---

[1] 王水照《"苏门"诸公贬谪心态的缩影——论秦观〈千秋岁〉及苏轼等和韵词》,收于氏著《苏轼研究》,上海:上海人民出版社,2019年,第94页。
[2] 王水照:《北宋三大文人集团》,上海:上海古籍出版社,2021年,第416页。

不忘之意，非以贿也。'湛不堪辞。既别，以诗寄二子。……"[1] 黄、秦二人同门之谊、挚友之情，于斯可见。黄庭坚这首次韵之作正是饱含了与秦观的友爱之情并以此贯穿全词。上片回忆同在京师为官时的欢乐；下片以词在人去表达对友人的无限怀念。而作者"波涛万顷珠沉海"的重重感慨，并不仅仅因为秦观的逝去而发，"兔园""虎观"，与原唱中的"西池"一样，都是他们当年欢会的场所，同时也代表着他们政治上的顺利之时，而今"高宴悄""英游改"，友人已逝，自己则正一步步远离京师、踏向那前途茫茫的贬谪之地。这种双重的苦痛，在黄庭坚词中却反而没有原唱表现得那么愁苦，这大约是二人性格不同所致。其实三首词都体现了面对人生的沉重打击时的痛苦一面，但同时又体现出各自的性格特点，大略来说，秦词悲苦，苏词旷达，黄词深沉。

在秦观和黄庭坚词中，实指的"西池"和虚指的"兔园""虎观"这类地名，正是他们交游的见证，包含着原唱者与次韵者对于相关的人和事的共同回忆，是他们某种情感与思想的寄托。例如黄州在苏门就是一个蕴含了很多复杂情感的地方。我们知道，苏轼因为"乌台诗案"被贬为黄州团练副使，在该地居住近五年，黄州对于东坡的思想和文学可谓是一个发生根本性转折的地方。此外，张耒与黄州也有着"不解之缘"，曾遭到三次贬谪黄州的命运：哲宗绍圣四年（1097），坐党籍贬监黄州酒税，后徙复州；元符三年（1100）徽宗即位，改为黄州通判，后知兖州等；徽宗崇宁元年（1102），闻苏轼去世，为之举哀行服，责授房州别驾，黄州安置。黄州那些与苏轼有关的地名如东坡、四望亭等以及相似的生活，屡屡勾起张耒对其师的深情回忆，并且他也常常在诗中回应苏轼。例如苏轼曾作《岐亭五首》，其四开头云："酸酒如齑汤，甜酒如蜜汁。三年黄州城，饮酒但饮湿。"[2] 张耒则有《斋中列酒数壶，皆齐安村

---

[1] ［宋］曾敏行撰，朱杰人整理：《独醒杂志》卷三"黄山谷秦少游死生交友之义"，上海：上海古籍出版社，2012年，第106—107页。
[2] ［宋］苏轼撰，［清］王文诰辑注，孔凡礼点校：《苏轼诗集》卷二十三，北京：中华书局，1982年，第1208页。

醨也，今旦亦强饮数杯，戏成呈邠老昆仲二首》，其一说："饮湿先生今已矣，啜醨留得与门徒"，[1] 在戏谑的口吻中表达了对老师真切的怀念之情和对于自己遭受与苏轼相同贬谪命运的无奈苦笑。所以当黄庭坚于徽宗崇宁元年（1102）自贬地放还，经过鄂城（即苏门诗中屡次提到的武昌），过江与张耒在黄州会面时，二人触景生情，自是感慨万千。值得一提的是，黄庭坚在与张耒相会前作了一首《武昌松风阁》诗，其中说："东坡道人已沉泉，张侯何时到眼前"，"安得此身脱拘挛，舟载诸友长周旋"[2]，表达了对逝去的苏轼与即将贬谪黄州的张耒的想念之情，这与稍后所作《次韵文潜》等诗体现了相同的主题，而此诗的独特之处在于，它与苏轼的关系并不仅在于上述简单的一句，还是对苏轼元祐三年（1088）所写《书王定国所藏〈烟江叠嶂图〉》一诗的和作。《烟江叠嶂图》是苏轼好友王诜根据杜甫《秋日夔府咏怀奉寄郑监李宾客一百韵》诗所绘，赠予他们共同的朋友王巩（定国）的。苏轼此诗采用了杜甫《秋日夔府咏怀奉寄郑监李宾客一百韵》的韵脚，由画中之景联想到贬地武昌樊口，从而抒写了贬谪之感[3]。杜甫咏怀诗表达了对政治及时弊的批评，苏轼之诗并没有那么明确的政治倾向性，但他的黄州之贬本就与政治有关，杜诗在内容和韵脚上与此诗的关联无疑加强了这种政治含义。事隔十四年之后，黄庭坚在这首《武昌松风阁》诗中又以相同的韵脚将苏轼以及四百多年前的杜甫联结起来，在表达对苏轼深切怀念的同时，同样暗含了对时政的态度以及对自己与张耒遭贬的感触。

黄、张二人相见之后，张耒写了一首诗给黄庭坚，后者次韵之。原唱惜已不存，只有黄庭坚的《次韵文潜》留下。诗歌说：

1　［宋］张耒撰，李逸安、孙通海、傅信点校：《张耒集》卷三十二，北京：中华书局，1990年，第549—550页。
2　［宋］黄庭坚著，刘琳等点校：《黄庭坚全集》卷五，北京：中华书局，2021年，第106页。
3　［美］姜斐德（Alfreda Murck）：《烟江叠嶂图：破译山水意象的密码》（*Misty River, Layered Peaks: Decoding Landscape Imagery*）对此论述甚详，见《东亚图书馆学报》1998年第2期（*The East Asian Library Journal* 8. 2 (1998), pp. 17-68）。

> 武昌赤壁吊周郎，寒溪西山寻漫浪。忽闻天上故人来，呼船凌江不待饷。我瞻高明少吐气，君亦欢喜失微恙。年来鬼祟覆三豪，词林根柢颇摇荡。天生大材竟何用，只与千古拜图像。张侯文章殊不病，历险心胆原自壮。汀洲鸿雁未安集，风雪牖户当塞向。有人出手办兹事，正可隐几穷诸妄。经行东坡眠食地，拂拭宝墨生楚怆。水清石见君所知，此是吾家秘密藏。[1]

作者对与张耒的相会表示了莫大的高兴，旋即由生者念及逝者，想到了曾经贬居此地的苏轼。"经行东坡眠食地，拂拭宝墨生楚怆"两句可说是全诗的诗眼。作者在苏轼曾经生活过的地方看到他的遗墨，一面睹物思人，一面联想到同门挚友秦观和张耒。所谓"三豪"，指的便是苏轼、秦观和曾经同为太史的范祖禹，三人已于此前相继去世。作者说他们的去世动摇了词林根柢，以此高度评价了他们对于文坛的作用。苏轼屡次对六君子言及将斯文传承之责寄托于他们身上，而今秦观已逝，黄庭坚在诗中以对张耒文章的赞扬表示寄予他这一重任之意，同时也是以此表达对苏轼的怀念与尊敬之情。但作者的"楚怆"中还有更深沉的感慨。"天生大材竟何用，只与千古拜图像"，是说苏轼等人有才却无施展之机，徒然怅恨以终；后人对他们的祭拜怀念却不在其政治作为而只是因为他们的"宝墨"。我们知道，苏门师徒都心怀兼济天下之意，并不甘以笔墨文人自任，黄庭坚所称"张侯文章"诸语，既是赞扬其文，亦是对其重蹈东坡贬谪命运而无法实现政治抱负的叹息，这其中自然也有作者的同病相怜之意，诗歌最后则以"水清石见"之语表达了对苏门诸人无罪遭贬的愤慨。

这首作品以对苏轼的怀念之情贯穿首尾，例如诗歌开篇两句便与苏轼有着密切关系，虽然字面上没有任何涉及苏轼的痕迹。武昌赤壁指的就是苏轼在黄州所游的赤壁（武昌与黄州仅一江之隔），第一句暗含着苏轼《念奴娇·赤壁怀古》词的意思；寒溪西山亦是苏轼贬居黄州时经常

---

[1] ［宋］黄庭坚著，刘琳等点校：《黄庭坚全集》卷五，北京：中华书局，2021年，第107页。

游览的武昌景致,后来他在元祐元年(1086)重回京师后作了《武昌西山》诗,和者达三十余人,成为当时文坛一大盛事。张耒与黄庭坚都有和作,当时他们并未曾到过寒溪西山,而今亲临其境,回想当年师徒唱和的情景,自是别有一番滋味在心头。让我们先回到元祐元年(1086)的京城,感受一下在当时的盛况中诗人们在想些什么:

武昌西山并叙
苏　轼

嘉祐中,翰林学士承旨邓公圣求,为武昌令。常游寒溪西山,山中人至今能言之。轼谪居黄冈,与武昌相望,亦常往来溪山间。元祐元年十一月二十九日,考试馆职,与圣求会宿玉堂,偶话旧事。圣求尝作《元次山洼尊铭》刻之岩石,因为此诗,请圣求同赋,当以遗邑人,使刻之铭侧。

春江渌涨蒲萄醅,武昌官柳知谁栽。忆从樊口载春酒,步上西山寻野梅。西山一上十五里,风驾两腋飞崔嵬。同游困卧九曲岭,褰衣独到吴王台。中原北望在何许,但见落日低黄埃。归来解剑亭前路,苍崖半入云涛堆。浪翁醉处今尚在,石臼抔饮无樽罍。尔来古意谁复嗣,公有妙语留山隈。至今好事除草棘,常恐野火烧苍苔。当时相望不可见,玉堂正对金銮开。岂知白首同夜直,卧看椽烛高花摧。江边晓梦忽惊断,铜环玉锁鸣春雷。山人帐空猿鹤怨,江湖水生鸿雁来。请公作诗寄父老,往和万壑松风哀。[1]

次韵子瞻武昌西山
黄庭坚

漫郎江南酒隐处,古木参天应手栽。石坳为樽酌花鸟,自

---
1 [宋]苏轼撰,[清]王文诰辑注,孔凡礼点校:《苏轼诗集》卷二十七,北京:中华书局,1982年,第1457—1458页。

许作鼎调盐梅。平生四海苏太史,酒浇不下胸崔嵬。黄州副使坐闲散,谏疏无路通银台。鹦鹉洲前弄明月,江妃起舞袜生埃。次山醉魂招仿佛,步入寒溪金碧堆。洗湔尘痕饮嘉客,笑倚武昌江作罍。谁知文章照今古,野老争席渔争隈。邓公勒铭留刻画,刽剔银钩洗绿苔。琢磨十年烟雨晦,摸索一读心眼开。谪去长沙忧鹏入,归来杞国痛天摧。玉堂却对邓公直,北门唤仗听风雷。山川悠远莫浪许,富贵峥嵘今鼎来。万壑松声如在耳,意不及此文生哀。[1]

次韵苏公武昌西山

张　耒

灵均不醉楚人酷,秋兰蘼芜堂下栽。九江仙人弃家去,吴市不知身姓梅。东坡先生笑二子,一丘便欲藏崔嵬。脱遗簪笏玩杖屦,招挥鱼鸟营池台。西山寂寥旧风月,百年石樽埋古埃。洗樽致酒招浪士,荒坟空余黄土堆。但传言语古味在,一勺玄酒藏山罍。邓公叹息为摩抚,重刻文字苍崖隈。五年见尽江上客,两屦踏遍空山苔。谢公富贵知不免,醉眼来为苍生开。长虹一吐谁得掩,六翮故在何人摧。横翔相与顾鸿雁,宝剑再合张与雷。山猿涧鸟汝勿怨,天遣两公聊一来。岂如屈贾终不遇,诗赋长遣后人哀。[2]

对于元祐元年(1086)的黄庭坚和张耒来说,"寒溪西山"还只是一个符号,一个代表着苏轼贬居生活的符号;或者说只是一种朦胧的印象,它来自于东坡之诗和脑海中积淀的历史上与此地有关的人和事的回忆。东坡原唱因贬谪时的武昌故人邓圣求而发,以当年游西山的所见所感与

---

[1] [宋]黄庭坚著,刘琳等点校:《黄庭坚全集》卷四,北京:中华书局,2021年,第84页。
[2] [宋]张耒撰,李逸安、孙通海、傅信点校:《张耒集》卷十五,北京:中华书局,1990年,第262页。

今日重见邓氏于庙堂的今昔之叹为内容，黄、张二人此时在仕途上尚未经历过大的挫折，所以他们的这两首次韵诗不像崇宁年间提及"寒溪西山"时有那么切身的贬谪之痛，作品对于原唱有相当紧密的回应，原因之一也在于他们只能围绕西山与东坡之贬而展开。有趣的是，他们是从揣度东坡之心的角度来作文章，而在表现出东坡思想不同侧面的同时也展露了他们各自不同的个性心态。二诗都写到了东坡贬居时的"崔嵬"之心，不同的是，这一盘桓于心的郁结之气在张耒诗中始终伴随东坡的西山之游，意即伴随着东坡的黄州之贬；而黄庭坚诗的西山之游却体现了东坡从"崔嵬"到"笑"的过程，这正是东坡贬谪黄州时由苦闷到超旷的思想转变历程的象征。

在原唱和两首次韵诗中出现的"浪翁""漫郎""浪士"指的是同一人，即唐代隐居于寒溪的元结元次山，他与西山的关系使得后者由一处单纯的自然景观变为承载着关于远离政治的隐居这样一种充满人文意味的所在。在黄、张二人的次韵诗中，他都被视作了东坡的同道知己，但同时他又被赋予了很不一样的意义，从而体现出黄、张二人的不同思路。在张耒诗中，"浪士"作为一个已经逝去的同道，他所留下的埋于黄埃中的百年古樽只是徒然唤起东坡"念天地之悠悠"的寂寥孤独之感，从而使西山之游成为重回庙堂的苏轼一段不堪回首的往事，"长虹"四句所体现的重新起用后的意气风发，更使今与昔成为云泥之别的鲜明对照。而在黄庭坚诗中，"漫郎"作为东坡超越时间距离的知己被黄庭坚赋予了鲜活的生命力，斯人虽逝，而他当年手植之树已成参天古木，依然矗立于西山；那百年古樽也并未掩埋于黄埃，而是成为花鸟饮酌之杯；更有想象中汀洲之前弄明月的鹦鹉，和翩然起舞、罗袜生尘的江妃，为西山增添了无限意趣。正是在这样令人心旷神怡的人间仙境中，东坡与"次山醉魂"神交意往，终由"酒浇不下胸崔嵬"变为"洗涮尘痕饮嘉客，笑倚武昌江作罍"。张耒意在以今昔对照表达对东坡重回朝廷施展报国之志、而没有遭到屈原、贾谊那样终生不遇的境况的欣喜之情；黄庭坚虽然也表达了"山川悠远莫浪许，富贵峥嵘今鼎来"的入世之心，但更着重于东坡贬谪时期的思想变化过程。事实上，虽然张耒笔下寂寥的西山与原唱更相似，黄庭坚富于浓厚想象色彩的西山却更体现了东坡精神的根本，苏轼《西山诗和者三十余人，再用前韵为谢》一诗正可说明此点。[1]全篇入于佛禅思想，如"饮泉鉴面得真意，坐视万物皆浮埃"，"石中无声水亦静，云何解转空山雷"，"愿求南宗一勺水，往与屈贾湔余哀"等。正如张耒诗中所体现的，苏轼始终具有强烈的儒家入世之心，但佛老思想成为他黄州时期得以从苦闷中解脱出来的工具，而这正是黄庭坚诗所表现的东坡由不平而至放旷自适的转变原因，也是东坡在由贬地入玉堂后却没有张耒所设想的意气风发的原因，此时的东坡已进入一个宠辱不惊的新境界。黄、张二人的次韵诗对于苏轼会有不同的解读，固然在于他们突出的是东坡思想的不同侧面，但同时也可看出二人不同的个性特质，张耒重于入世，黄庭坚则更超然物外。而相同的是，他们与东坡在政治上进退与共，最后都走上了贬谪之路。所以当崇宁年间他们相遇于记录了东坡在黄州的失意和他们在汴京的欢会的"寒溪西山"，自是感慨万端。

当时局再次变化，黄庭坚远贬宜州后，"寒溪西山"仍然会出现于他的梦中。崇宁二年（1103），黄庭坚谪居宜州，其兄前去看望，黄庭坚连作《新喻道中寄元明》《罢姑熟次韵寄元明》《宜阳别元明次韵》《元明留别》等"觞"字韵诗，又作《梦中和觞字韵》，其序曰："崇宁二年正月己丑梦东坡先生于寒溪西山之间，予诵寄元明觞字韵诗数篇，东坡笑曰：'公诗更进于曩时。'因和予一篇，语意清奇，予击节赏叹，东坡亦自喜，于九曲岭道中连诵数过，遂得之：'天教兄弟各异方，不使新年对举觞。作云作雨手翻覆，得马失马心清凉。何处胡椒八百斛，谁家金钗十二行。一丘一壑可曳尾，三沐三薰取刳肠。'"[2] 这首出现于黄庭坚梦境中的"东坡次韵诗"表现了什么内容倒在其次，诗歌的产生过程更为耐人寻味。苏轼于寒溪西山品评诗歌并"和予一篇"，可以说是苏门一个具有经典意

---

1 ［宋］苏轼撰，［清］王文诰辑注，孔凡礼点校：《苏轼诗集》卷二十七，北京：中华书局，1982年，第1459页。
2 ［宋］黄庭坚著，刘琳等点校：《黄庭坚全集》卷七，北京：中华书局，2021年，第140页。

义的画面,"寒溪西山"代表着交游、贬谪、磨砺等共同的记忆,是一个交织了人生苦难与思想升华的地方,而对于诗歌的品评唱和正是往日苏门交游最典型与最真实的反映,黄庭坚以梦境的特殊方式表达了对苏轼的思念与对往昔的感怀。

二 诗艺的沟通方式

苏门诸君子以诗词唱酬的形式表达情感、交流思想,从而使相互之间的沟通成为一种诗意化的举动;而唱酬之作也是他们进行艺术实践的重要文体类型,成为其诗歌艺术的重要沟通方式,其结果是,不但在凸显唱和者各自风格特色的同时使唱酬之作摆脱了类型化模式,同时也促进了宋诗特点在元祐诗坛的成熟。

例如红带诗的唱和便明显体现出诗人各自的特色。元祐三年(1088),苏轼为叔丈人王庆源的辞官归隐赋诗一首,黄庭坚、秦观同和之:

> 庆源宣义王丈,以累举得官,为洪雅主簿,雅州户掾。遇吏民如家人,人安乐之。既谢事,居眉之青神瑞草桥,放怀自得。有书来求红带,既以遗之,且作诗为戏,请黄鲁直、秦少游各为赋一首,为老人光华
>
> 苏　　轼
>
> 青衫半作霜叶枯,遇民如儿吏如奴。吏民莫作官长看,我是识字耕田夫。妻啼儿号刺史怒,时有野人来挽须。拂衣自注下下考,芋魁饭豆吾岂无。归来瑞草桥边路,独游还佩平生壶。慈姥岩前自唤渡,青衣江畔人争扶。今年蚕市数州集,中有遗民怀裤襦。邑中之黔相指似,白髯红带老不癯。我欲西归卜邻舍,隔墙拊掌容歌呼。不学山王乘驷马,回头空指黄公垆。[1]

---

[1] [宋]苏轼撰,[清]王文诰辑注,孔凡礼点校:《苏轼诗集》卷三十,北京:中华书局,1982年,第1580页。

次韵子瞻以红带寄王宣义

黄庭坚

参军但有四立壁，初无临江千木奴。白头不是折腰具，桐帽棕鞋称老夫。沧江鸥鹭野心性，阴壑虎豹雄牙须。鹔鹴作裘初服在，猩血染带邻翁无。昨来杜鹃劝归去，更待把酒听提壶。当今人材不乏使，天上二老须人扶。儿无饱饭尚勤书，妇无复裈且著襦。社瓮可漉溪可渔，更问黄鸡肥与癯。林间醉著人伐木，犹梦官下闻追呼。万钉围腰莫爱渠，富贵安能润黄垆。[1]

和东坡红鞓带

秦 观

君不见相如容貌穷不枯，卓氏耻之分百奴。一朝奉旨使筇筰，驷马赤车从万夫。仲元君平更高妙，寄食耕卜霜眉须。两川人物古不乏，数子风流今可无？参军少年饱经术，期作侍中司御壶。若披青衫更矍铄，上马不用儿孙扶。一朝忽解印绶去，耻将诗礼攘裙襦。悬知百年事已定，却笑列仙形甚臞。东阡北陌西风入，瑞草桥边人叫呼。想见红围照白发，颓然醉卧文君垆。[2]

这组唱和诗的产生颇具意味。先是苏轼赠人红腰带，并作诗一首，这从诗人的独立创作来说已告一段落，但由于苏轼"请黄鲁直、秦少游各为赋一首"，而使创作以唱和的形式又延续了下去。我们不知道苏轼是否对黄、秦提出了比诗题更具体的要求，比如需同韵、次韵还是可自由用韵，而从结果来看，黄、秦二人都选择了难度最大的步步次韵方式。对比前述元祐元年（1086）晁、陈并不严格的"次韵"，随着苏、黄"诗战"的影响渐大，聚集于京城的苏门越来越多地采用了步步次韵的唱和方式。

---

[1]〔宋〕黄庭坚著，刘琳等点校：《黄庭坚全集》卷四，北京：中华书局，2021年，第89页。
[2]〔宋〕秦观著，徐培均笺注：《淮海集笺注》卷五，上海：上海古籍出版社，2000年，第176页。

于是，提出要求的"挑战者"与不甘示弱的"应战者"使原本只是用于应酬的诗歌唱和成为一次凸显自我的文学活动，从而在唱酬诗的功能性上更叠加了文学和审美价值。从苏轼给王庆源的信来看，后者与黄、秦二人并不熟识，那么东坡原唱所刻画的爱民如子、清廉自守、放旷不羁、不事权贵而退隐田园的循吏形象便成为黄庭坚和秦观和作的基础，由于作者的心境不同、思想有别，他们运用不同意象所刻画出的人物形象也就具有了不同的特征。黄庭坚笔下的王宣义突出了他桀骜不驯、淡泊名利的一面，"四立壁""沧江鸥鹭""杜鹃劝归"以及忍饥读书等意象是黄庭坚诗中常出现的，以此表现人物的清贫守志；秦观的和作则以两川杰出人物相映衬，突出了王庆源想仕则仕、想隐则隐的洒脱不羁的一面，"驷马赤车从万夫"与"寄食耕卜霜眉须"的意象代表了入世与出世的两种生活，在秦观的想象中，王庆源固然有过建功立业的理想，但如今自由不羁的生活也未尝不适人意。东坡原唱最后四句所押的"呼"字韵和"垆"字韵，在黄、秦的和作中很具代表性地写出了二人所刻画形象的不同侧面。东坡原唱表现了王庆源对归隐田园、与邻居隔墙笑谈的闲适生活的向往和对山涛、王戎背叛竹林理想、追求世俗显贵生活的否定，黄庭坚和作着重表现的是东坡"垆"字韵的意思，"林间醉著人伐木，犹梦官下闻追呼"两句，以误将醉中听到伐木之声当作上司的呼喝之声来强调仕宦生活的不可留恋和选择归隐的正确；少游和作则着重表现了东坡"呼"字韵的意思，以"想见红围照白发，颓然醉卧文君垆"的狂放洒脱的形象来表现王庆源颇具诗意的归隐生活。这个形象少了几分黄庭坚笔下的遗世独立，而多了几分浪漫写意。这些特点与作者的不同思想以及创作时的心境有关。此时苏、黄、秦等人都在京师任职，是他们仕途最为顺利的时期。对于黄庭坚来说，淡泊名利、超然物外是他一贯的特点，并不因境遇的改变而不同，这首诗也同样体现了他的出世思想；对于秦观来说，仕途的顺利使他心境大好，即使是这样一首送人归隐的诗，也时时能让人感受到其中的豪隽之情。在这两首风格迥异的作品中，作者主要以意象的选择和运用突出了各自的特色。叶燮认为"须知题是应酬，诗自我作"，只要应酬者"不失自家体段，自然有性有情"。[1] 正可看出唱酬之作的意义在于要体现创作者的个人风格。

秦观和苏轼的梅花诗同样在唱和中凸显出各自的风格。先是秦观作了《和黄法曹忆建溪梅花》，相对于黄子理的原唱来说这是一首和诗，但对苏轼的《和秦太虚梅花》来说，它又成为原唱。诗歌说：

和黄法曹忆建溪梅花
秦　观

海陵参军不枯槁，醉忆梅花愁绝倒。为怜一树傍寒溪，花水多情自相恼。清泪斑斑知有恨，恨春相逢苦不早。甘心结子待君来，洗雨梳风为谁好？谁云广平心似铁，不惜珠玑与挥扫。月没参横画角哀，暗香销尽令人老。天分四时不相贷，孤芳转盼同衰草。要须健步远移归，乱插繁华向晴昊。[2]

和秦太虚梅花
苏　轼

西湖处士骨应槁，只有此诗君压倒。东坡先生心已灰，为爱君诗被花恼。多情立马待黄昏，残雪消迟月出早。江头千树春欲暗，竹外一枝斜更好。孤山山下醉眠处，点缀裙腰纷不扫。万里春随逐客来，十年花送佳人老。去年花开我已病，今年对花还草草。不知风雨卷春归，收拾余香还畀昊。[3]

秦诗风致清逸，颇有乐府诗的味道。作者将情思的婉转细腻与宋诗的使事用典结合起来，比乐府有更深的意蕴，而又不同于他人笔下的梅

---

1 ［清］叶燮：《原诗·外篇下》卷四，上海：上海古籍出版社，1978年，第606页。
2 ［宋］秦观著，徐培均笺注：《淮海集笺注》卷四，上海：上海古籍出版社，2000年，第138页。
3 ［宋］苏轼撰，［清］王文诰辑注，孔凡礼点校：《苏轼诗集》卷二十二，北京：中华书局，1982年，第1184页。

花。如与林逋"疏影横斜水清浅,暗香浮动月黄昏"的山园小梅相比[1],仿佛那是清幽高洁的,而这一个则是浓情厚意的。东坡此时尚谪居黄州,其和诗实际是借写梅寄寓自我情怀,表达身世之感和孤高之意。如"江头千树春欲暗,竹外一枝斜更好",以平易之语写尽梅花幽独闲静之态,纪昀认为"在和靖'暗香''疏影'一联上,故无愧色"[2]。应当说,苏诗较林逋之诗意境稍逊,而骨力更甚,体现出更为鲜明的宋诗特色。秦、苏二人不同的诗歌风格也在唱和中显露无遗:一个清丽柔婉,一个韵远格高;而这种不同,在于秦观继承了南朝时期充满女性婉媚色彩的咏梅风格,苏诗之"韵"与"格"则来源于作者因贬谪经历而在咏梅中寄寓的操守情怀。至于黄庭坚在崇宁三年(1104)的追和之作,[3]以梅表达了对已弃世的秦、苏二人的怀念之情,"长眠橘洲风雨寒,今日梅开向谁好?何况东坡成古丘,不复龙蛇看挥扫",洗尽铅华,语浅情深。

关于这组唱和诗还有一段"公案"。苏轼的次韵之作开篇两句回应秦观,高度赞扬其诗胜过西湖处士林逋名动天下的咏梅诗,而问题正出在第二句的韵脚"倒"字上。胡仔认为:"秦太虚《和黄法曹忆梅花》诗,但只平稳,亦无惊人语。子瞻继之,以唱首第二韵是'倒'字,故有'西湖处士骨应槁,只有此诗君压倒'之句,亦是趁韵而已,非谓秦太虚此诗,真能压倒林逋也。"[4] 因苏轼并未在别的场合发表过对于秦观这首梅花诗的评价,我们已无从知道他在次韵诗中的称誉之辞到底是出于真心还是仅为"趁韵而已"。由于次韵诗在韵脚上所受的束缚,使它总是先天不足地被怀疑诗歌意思表达的真实性与贴切性,胡仔的上述批评正是

---

1 《山园小梅二首》其一:"众芳摇落独暄妍,占尽风情向小园。疏影横斜水清浅,暗香浮动月黄昏。霜禽欲下先偷眼,粉蝶如知合断魂。幸有微吟可相狎,不须檀板共金尊。"[宋]林逋著,沈幼征校注:《林和靖集》卷二,杭州:浙江古籍出版社,2012年,第87页。
2 [宋]苏轼撰,[清]王文诰辑注,孔凡礼点校:《苏轼诗集》,北京:中华书局,1982年,第1185页。
3 [宋]黄庭坚著,刘琳等点校:《黄庭坚全集》卷五《花光仲仁出秦苏诗卷思两国士不可复见开卷绝叹因花光为我作梅数枝及画烟外远山追少游韵记卷末》,北京:中华书局,2021年,第108页。
4 [宋]胡仔撰,廖德明校点:《苕溪渔隐丛话》后集卷二十一,北京:人民文学出版社,1981年,第145页。

出于此种心理，而它无疑会获得很多人的认同。但在另一方面，也许有人会以"子非鱼，安知鱼之乐也"来反驳胡仔，因为苏轼是从不吝于奖掖提携后辈的，更何况秦观是他最得意的门生，所以这种赞誉或许是表达他对秦观的欣赏与鼓励之意，而与韵脚的限制无关。这样看来，这段"公案"注定是一段没有结果的争论，但它值得我们思考的地方在于，应当如何看待唱和诗的次韵问题。

元好问《论诗三十首》说："窘步相仍死不前，唱酬无复见前贤。纵横正有凌云笔，俯仰随人亦可怜"，[1]正是从次韵的角度批评唱和诗。其实次韵诗与一般旧体诗并无本质不同，旧体诗的基本特点之一便是押韵，并且它有宽韵和窄韵之分，次韵诗可以理解为是一种特殊形式的窄韵，而这种限制体现出来的是才学的高下。费衮在《梁溪漫志》中说："作诗押韵是一奇。荆公、东坡、鲁直押韵最工，而东坡尤精于次韵，往返数四，愈出愈奇。如作梅诗、雪诗押'曒'字、'叉'字，在徐州与乔太傅唱和押'粲'字，数诗特工。荆公和'叉'字数首，鲁直和'粲'字数首，亦皆杰出。盖其胸中有数万卷书，左抽右取，皆出自然。初不著意要寻好韵，而韵与意会，语皆浑成，此所以为好。若拘于用韵，必有牵强处，则害一篇之意，亦何足称。……后人不晓此理，才到和韵处，以不胜人为耻，必剧力冥搜，纵不可使，亦须强押，正如醉人语言，全无伦类，可以一笑也。"[2]费衮所说"粲"字韵诗，指的是苏轼熙宁年间所作《除夜病中赠段屯田》《乔太傅见和复次韵答之》《二公再和亦再答之》《和顿教授见寄用除夜韵》，与元丰初黄庭坚所和《见子瞻粲字韵和答三人四返不困而愈崛奇辄次韵寄彭门三首》《次韵答尧民》《再和寄子瞻闻得湖州》，以及苏轼再次韵《往在东武与人往反作粲字韵诗四首今黄鲁直亦次韵见寄复和答之》，同一韵脚共一百六十言的五古两人先后唱和了八首。黄庭坚所言"四返不困而愈崛奇辄次韵"道出了隐含着的争胜之心，

---

[1] ［金］元好问著，姚奠中主编：《元好问全集》卷十一，太原：三晋出版社，2015年，第231页。
[2] ［宋］费衮撰，金圆整理：《梁溪漫志》卷七，上海：上海古籍出版社，2012年，第123页。

使诗歌唱和无形中成为一种比试才学高下的方式。费衮一方面将次韵与"胸中有万卷书"联系起来,承认次韵是才学的体现;一方面又强调要"韵与意会",使语意浑成,而不为为韵脚所缚,勉力强押,以致"害一篇之意",如此则唱酬之作亦不乏好诗。这种看法较之元好问的一味否定要通达合理得多。后人批评以苏黄诗为代表的宋诗有逞才使气之弊,而唱酬诗正是招致这一批评的主要诗歌类型,事实上,仅仅为了炫才使博自不能算是好诗,但如果能将才学恰当地融入诗歌之"意",则以才学为诗并不是唱酬诗乃至宋诗的缺点。而作为体现才学的方式之一,次韵确实给诗歌创作带来了更多的束缚和更大的难度,才力不够往往会造成词不达意的生硬牵强;但在另一方面,巧妙的次韵又往往给人带来更加愉悦的艺术享受,这种两面性存在于所有押韵的旧体诗当中,次韵诗不过表现得更加突出而已。

费衮对苏、黄诗"韵与意会,语皆浑成"的评价,体现出苏、黄唱和之作的特点在于:将才学融于诗歌之"意",使语意明白畅达,语言浑成自然。缪钺先生则从超越韵脚束缚、自出己意的角度肯定了苏、黄等人写作次韵诗的积极意义:"宋人喜押强韵,喜步韵,往往叠韵至四、五次,在苏、黄集中甚多。……而步韵及押险韵时,因受韵之限制,反可拨弃陈言,独创新意。"[1] 费衮的"韵与意会"强调形式与意义层面的浑成自然,缪钺的"独创新意"则强调意思或语言表达上的推陈出新,所论虽各有侧重,却正体现了宋调在元祐时期的重要发展特征:才力深厚、思致新奇、语言浑成。而"苏门"诗人在唱酬中对"韵与意会""独创新意"的极力追求,对"宋调"的发展起了良好的促进作用,其中最能体现他们的创作努力的,是唱酬诗中大量古体长篇的存在。前人唱和,多用近体格律,"苏门"则接续庆历诗歌革新的传统,在唱和中也多作气势宏大的古体长篇,[2] 往往不重对仗,以意为主,一气单行,体现出宋调奇

---

[1] 缪钺:《论宋诗》,见《诗词散论》,上海:上海古籍出版社,1982年,第44页。
[2] 秦寰明:"……尤其是在应酬唱和之中,他们多以古体长篇骋其才力,成为一时风气。"见《宋诗元祐体阐论》,《江海学刊》1990年第4期,第155页。

崛健拔的风格。对古体长篇的和韵，其实存在着两面性：如果是不重次序的"同韵"，那么它所受韵脚的束缚较近体为小；但如果是次序亦完全相同的"步韵"和"次韵"，则作者没有"胸中有万卷书"的才力与统御全篇的气势，想要做到"韵与意会"，实为难事。

"苏门"诗人便往往迎难而上，多作步步次韵的古体长篇，而又能因难见巧，体现出"宋调"的种种典型特征。例如黄庭坚的《子瞻诗句妙一世乃云效庭坚体盖退之戏效孟郊樊宗师之比以文滑稽耳恐后生不解故次韵道之》便是一首"独创新意"而又能"韵与意会"的成功之作。它是对苏轼《送杨孟容》诗的次韵，[1] 但这首诗在内容上与原唱关系不大，而是对苏轼"效庭坚体"的回应。黄庭坚诗曰：

> 我诗如曹郐，浅陋不成邦。公如大国楚，吞五湖三江。赤壁风月笛，玉堂云雾窗。句法提一律，坚城受我降。枯松倒涧壑，波涛所舂撞。万牛挽不前，公乃独力扛。诸人方嗤点，渠非晁张双。但怀相识察，床下拜老庞。小儿未可知，客或许敦庞。诚堪许阿巽，买红缠酒缸。[2]

诗歌先将己诗比曹郐小邦，而东坡诗如荆楚大国，以此表示苏轼之效庭坚体只是如退之戏效孟郊、樊宗师；又延续关于邦国的比喻，以"坚城受我降"生动地写出自己对东坡诗的叹服之意。作者在描述苏轼诗才笔力的同时，也表现了其人生经历与品格性情。如"枯松倒涧壑，波涛所舂撞。万牛挽不前，公乃独力扛"，既是写苏轼的文才粲然，为诗坛之中流砥柱；亦写其睥睨当世的傲兀性情。在黄庭坚看来，这与"赤壁风月笛，玉堂云雾窗"所表现的东坡浮沉不定的人生经历，都是其诗具有深厚底蕴的原因所在。最后四句以为小儿求婚作结，看似与前文了不相

---

1 ［宋］苏轼撰，［清］王文诰辑注，孔凡礼点校：《苏轼诗集》卷二十八，北京：中华书局，1982年，第1479页。
2 ［宋］黄庭坚著，刘琳等点校：《黄庭坚全集》卷一，北京：中华书局，2021年，第14页。

干,实际是以这出人意表而又让人会心微笑的方式,再次表达了对苏轼的仰慕之意。诗歌"向老师致敬"的主题并无新意,或者说如何得体地赞美老师其实并不好写,作者却能写得思致新奇、不落俗套,语意上跌宕起伏,语言上骈散结合,或明白如话,或生新奇崛,将"宋调"的讲究思理意趣、章法结构和以才学为诗、以文字为诗等特点突出地表现出来,虽为次韵之作,却完全不受韵的拘系。孙瑞称赞此诗说:"押韵险处,妙不可言","只此一个'降'字,他人如何押到此?奇健之气,拂拂意表。"[1] 他单从韵脚而没有从次韵的角度去评价,所以黄庭坚此诗固然当得起"妙不可言",但最妙的其实是在窄险的韵脚和东坡原韵的限制下,能以出色的想象和巧妙的比喻,将一个文采风流的惊世之人,栩栩呈现于目前。吕本中曾说:"近世次韵之妙,无出苏、黄,虽失古人唱酬之本意,然用韵之工,使事之精,有不可及者。"[2] 所谓"唱酬之本意",指的是前人唱酬时并不像苏、黄那样在用韵使事上大下功夫,而主要着力于诗歌内容的酬酢之意,但吕本中对苏、黄的努力显然抱着肯定的态度。

吕氏所言"用韵之工,使事之精",将押韵与使事用典并举,而这正是最能体现"苏门"唱和诗特色的两个方面。事实上,使事用典与次韵一样,也是在唱和诗中表现才学的重要方式,并且同样遭到炫博一类的批评。这种批评并非空穴来风,例如秦观在《和子瞻双石》中运用了多个典故[3],却有才而无趣,是典型的"掉书袋"。不过他在前引梅花诗中的用典却是成功的。其中"甘心"二句用杜牧作《叹花》诗之典,"谁云"二句用宋璟作《梅花赋》之典,都巧妙地增添了梅花的意蕴;尤其是用典而不使人觉的"月没参横画角哀,暗香销尽令人老"两句,既可认为是描写月落角吹的情境,又暗用了《异人录》所记载的赵师雄遇梅

---

1 [元]刘埙:《隐居通议》卷八引,丛书集成初编本。
2 [宋]胡仔撰,廖德明校点:《苕溪渔隐丛话》前集卷四十九引吕本中《与曾吉甫论诗第一帖》,北京:人民文学出版社,1981年,第333页。
3 [宋]秦观著,徐培均笺注:《淮海集笺注》卷六,上海:上海古籍出版社,2000年,第226页。

仙的典故[1]，更显梅花之美丽风姿与款款深情。这样的用典又不同于苏诗用典的比喻特色，而是将发生在不同时空的梅花故事并置于同一个场景中，从而使"这一枝"梅花成为意蕴丰富的梅花，也正是诗人所着力刻画的浓情厚意的梅花。所以诗歌用典的成功并不依靠于堆砌典故，但用典多也并不意味着炫博，关键在于典故的运用是否恰切地服务于中心意旨。苏、黄关于李公麟为其弟李公寅作旧宅图的吟咏唱和亦多使事用典，但同样可算成功之作：

李伯时画其弟亮工旧隐宅图

苏 轼

乐天早退今安有，摩诘长闲古亦无。五亩自栽池上竹，十年空看辋川图。近闻陶令开三径，应许扬雄寄一区。晚岁与君同活计，如云鹅鸭散平湖。[2]

追和东坡题李亮功归来图

黄庭坚

今人常恨古人少，今得见之谁谓无。欲学渊明归作赋，先烦摩诘画成图。小池已筑鱼千里，隙地仍栽芋百区。朝市山林俱有累，不居京洛不江湖。[3]

---

1 [宋]吴曾："秦少游《和黄法曹梅花诗》：'月落参横画角哀，暗香销尽令人老。'世谓少游用《古善哉行》云：'月没参横，北斗阑干。亲友在门，忘寝与餐。'按《异人录》载：'隋开皇中，赵师雄游罗浮。一日，天寒日暮，于松林间酒肆旁舍见美人，淡妆素服出迎。时已昏黑，残雪未消，月色微明。师雄与语，言极清丽，芳香袭人。因与之叩酒家门共饮。少顷一绿衣童来，笑歌戏舞。师雄醉寝，但觉风寒相袭。久之，东方已白，起视，乃在大梅花树下。上有翠羽啾嘈，相顾月落参横，但惆怅而已。'乃知少游实用此事。"见［宋］吴曾撰：《能改斋漫录》卷六"梅诗用月落参横"条，上海：上海古籍出版社，1979年，第153页。
2 [宋]苏轼撰，[清]王文诰辑注，孔凡礼点校：《苏轼诗集》卷四十四，北京：中华书局，1982年，第2413页。
3 [宋]黄庭坚著，刘琳等点校：《黄庭坚全集》卷七，北京：中华书局，2021年，第155页。

元符三年（1100），东坡从万里海岛流放归来而有此诗。他在这首不长的七律中，连用乐天、摩诘、陶令、扬雄之典，他们的共同之处在于诗题中的一个"隐"字，而这也许正是苏轼此时心境的一种反映。黄庭坚的和诗则作于三年之后，此时东坡已去世，而黄庭坚正准备踏上远贬宜州之路，诗中蕴含了一种更深沉无奈的感慨。"小池已筑鱼千里"，既可认为是实写图中之景，而又暗含归隐之意。据《历代诗话》："关尹子以盆为沼，以石为岛，鱼环游之，不知其几千万里不穷也；……或引陶朱公《养鱼经》云，以六亩地为池，池中有九州，则周绕无穷，自谓江湖也。"[1] 作者在前六句与原唱一样多用典故，似乎也强调了一个"隐"字，但最后两句却如大风陡起，将前面反复表现的归隐之意颠覆，不但在内容上表达了对朝市与山林生活的双重否定，在诗歌形式上也以过程的有意铺陈和结论的悖反所体现的张力来突出作者的真实意思。在这组唱和诗中，使事用典无疑是较为突出的特色，而它们与秦观梅花诗中的典故一样，各自起到了为诗歌之"意"服务的作用。事实上，不管是往复次韵，还是使事用典，其中所体现的"才学"，本身只是一种手段，重要的是它是否有助于诗人在唱酬中表现自己的情感、识见与个人风格；从"苏门"酬唱的成功之作可以看出，诗人往往能在"韵与意会"中拨弃陈言、自出己意，同时努力促进"宋调"在元祐时期的发展，从而鲜明地体现出宋人要在诗歌创作上区别于"唐音"的自立意识。

"苏门"诗人在唱和中对新的审美精神的追求同样体现出"自立"的观念。他们的创作中存在许多题画、咏茶等题材的诗，这些作品与宋初的西昆酬唱诗相比，不仅在于吟咏对象大量地由禽、鸟、风、月等自然之物转变为充满文人气息的琴、棋、书、画、笔、墨、纸、砚等人造之物，更主要的在于苏门唱酬往往于其所表现的对象中蕴含一种人文精神。例如"苏门"对题画诗的唱和。随着文人画的日益发展，在画的品

---

[1] ［清］吴景旭：《历代诗话》卷六十五，北京：京华出版社，1998年，第819页。

评中寄托己意，成为"苏门"唱和的重要特点之一。元祐六年（1091），秦观有《题赵团练江干晚景四绝》，诗歌说："本自江湖客，宦游常苦心。看君小平远，怀我旧登临"；"鸟外云峰晚，沙头草树晴。想初挥洒就，侍女一齐惊"；"公子歌钟里，何从识渺茫？惟应斗帐梦，曾到水云乡"；"晓浦烟笼树，春江水拍空。烦君添小艇，画我作渔翁。"[1] 既然是题画诗，自免不了表现画中景，但这并非秦观关注的重点，诗歌开篇便说，画中的平远之景使他想起了旧日登临之况，从而迅速将主题切入了画外之"意"。"鸟外"两句和"晓浦"两句是对画中景的描绘，而作者的意图重在表现以此兴起的渔翁之念。此时身在颍州的陈师道作《次韵秦少游春江秋野图》："翰墨功名里，江山富贵人。倏看双鸟下，已负百年身"；"江清风偃木，霜落雁横空。若个丹青里，犹须著此翁。"[2] 最后两句正是对秦观渔翁之念的直接回应，这不是应酬的泛泛之词，而是建立在陈师道对秦观境遇充分理解的基础之上。此时的秦观已无复元祐初年的风发意气，而正疲于应付其他党派的轮番攻击。元祐五年（1090），秦观除太学博士时，右谏议大夫朱光庭言其素号薄徒，恶行非一；次年除正字，御史中丞赵君锡、侍御史贾易，交章论其不检，这组题画诗正是产生于这样的背景下，秦观的灰心失意、进而产生归隐之念可谓在情理之中，陈师道则以次韵诗对其表示理解和安慰；同时因秦观"鸟外云峰晚"之句而起"倏看双鸟下，已负百年身"之叹，抒发了因画中景而产生的人生感慨，秦、陈二人正是借画各写己意。画中之"景"虽丰富多彩，诗人却往往将目光投向画外之"意"，也就是说，他们更为关注的始终是"人"本身。

苏轼与黄庭坚唱和的郭熙秋山平远图也每每体现了画外之"意"：

---

1 ［宋］秦观著，徐培均笺注：《淮海集笺注》卷十一，上海：上海古籍出版社，2000年，第479—483页。据徐培均考证，当为赵大年所画；其四"晓"当为"晚"之误。本书从之。
2 ［宋］陈师道撰，［宋］任渊注，冒广生补笺：《后山诗注补笺》卷二，北京：中华书局，1995年，第91—92页。

郭熙画秋山平远

苏 轼

玉堂昼掩春日闲,中有郭熙画春山。鸣鸠乳燕初睡起,白波青嶂非人间。离离短幅开平远,漠漠疏林寄秋晚。恰似江南送客时,中流回头望云巘。伊川佚老鬓如霜,卧看秋山思洛阳。为君纸尾作行草,炯如嵩洛浮秋光。我从公游如一日,不觉青山映黄发。为画龙门八节滩,待向伊川买泉石。[1]

次韵子瞻题郭熙画秋山

黄庭坚

黄州逐客未赐环,江南江北饱看山。玉堂卧对郭熙画,发兴已在青林间。郭熙官画但荒远,短纸曲折开秋晚。江村烟外雨脚明,归雁行边余叠巘。坐思黄柑洞庭霜,恨身不如雁随阳。熙今头白有眼力,尚能弄笔映窗光。画取江南好风日,慰此将老镜中发。但熙肯画宽作程,十日五日一水石。[2]

东坡诗由画中景联想到江南送客之意,将"人"添作了画的主角;又因文彦博作跋尾而设想从其卜居洛阳事,抒发了"立朝而意在东山"[3]之思。黄庭坚和作则抓住"江南送客"之意,将画境与东坡贬谪黄州事联系起来,从而使东坡眼中天马行空于江南和洛阳的秋山平远成为承载着特定含义的特定空间的景致。这正体现了一幅画的画外之意并非固定,而往往是题画者在特定心境、特定场合下的产物,是相当个人化的意思表达;而在唱酬诗中,"唱和"的形式又往往将不同的画外之意勾连起来,使读者在面对同一幅画时因阅读各写己意而又互有关联的一组诗而获得更加

---

1 [宋]苏轼撰,[清]王文诰辑注,孔凡礼点校:《苏轼诗集》卷二十八,北京:中华书局,1982年,第1509—1520页。
2 [宋]黄庭坚著,刘琳等点校:《黄庭坚全集》卷四,北京:中华书局,2021年,第74页。
3 [宋]黄庭坚著,刘琳等点校:《黄庭坚全集》卷十二,北京:中华书局,2021年,第261页。

丰富的艺术感受与人生思考。如苏轼与黄庭坚的这组唱和诗，画外之意大不相同，但黄庭坚诗中画境与黄州的联系显然来自原唱者苏轼，这就使两首诗的画外之意又有了很大关联。值得关注的是，不管诗人如何自出己意，人文关怀是这些作品所共有的特征。苏轼、黄庭坚、张耒、晁补之对李公麟画御马好头赤的唱和同样体现了这一点。[1] 诗人或讽喻统治者不可玩物丧志，或由画而生纵马边关之心，或借写良马不能驰骋战场的悲哀来寄托不遇之叹，或以马喻人，称赞作画者李公麟与题诗者苏东坡二人的非凡之才。作者各写己意，思致上绝无雷同，共同之处则在于：虽为咏马，实则写人，重在表现人文关怀。

琴、棋、书、画等精神产品与作为文化传承者的文人之间本就有着天然的联系，而过去仅被当作日常生活用品的茶，此时也成为"苏门"诗人进行交流的重要媒介而承载了越来越多的人文内涵。例如某天黄庭坚送了一些茶给晁补之，同时还写了一首诗赠他，晁补之则次韵为谢：

以小团龙及半挺赠无咎并诗用前韵为戏

黄庭坚

我持玄圭与苍璧，以暗投人渠不识。城南穷巷有佳人，不索宾郎常晏食。赤铜茗椀雨斑斑，银粟翻光解破颜。上有龙文下棋局，探囊赠君诺已宿。此物已是元丰春，先皇圣功调玉烛。晁子胸中开典礼，平生自期莘与渭。故用浇君磊隗胸，莫令鬓毛雪相似。曲几团蒲听煮汤，煎成车声绕羊肠。鸡苏胡麻留渴羌，不应乱我官焙香。肥如瓠壶鼻雷吼，幸君饮此勿饮酒。[2]

---

[1]〔宋〕苏轼撰，〔清〕王文诰辑注，孔凡礼点校：《苏轼诗集》卷三十《戏书李伯时画御马好头赤》，北京：中华书局，1982年，第1590页；〔宋〕黄庭坚著，刘琳等点校：《黄庭坚全集》卷四《次韵子瞻咏好头赤图》，北京：中华书局，2021年，第261页；〔宋〕张耒撰，李逸安、孙通海、傅信点校：《张耒集》卷十六《次韵苏内相好头赤》，北京：中华书局，1990年，第268页；〔宋〕晁补之：《次韵苏翰林厩马好头赤》，见傅璇琮等主编：《全宋诗》卷一一三二，北京：北京大学出版社，1995年，第12823页。

[2]〔宋〕黄庭坚著，刘琳等点校：《黄庭坚全集》卷四，北京：中华书局，2021年，第85页。

鲁直复以诗送茶云愿君饮此勿饮酒次韵

晁补之

相茶真似石韫璧,至精那可皮肤识。溪芽不给万口须,往往山毛俱入食。云龙正用饷近班,乞与粗官诚腆颜。崇朝一碗坐官局,申旦形清不成宿。平生乐此臭味同,故人贻我情相烛。黄侯发轫日千里,天育收驹自汧渭。车声出鼎细九盘,如此佳句谁能似。遣试齐民蟹眼汤,扶起醉头湔腐肠。颇类它时玉川子,破鼻竹林风送香。吾侪幽事动不朽,但读离骚可无酒。[1]

在他们的唱和中,茶不仅作为一种雅致生活的体现被他们从颜色、形状、气味、口感等方面细细品味,更重要的是它被赋予了某种人性化品格,具有与人的与世不合、磊隗不平相得益彰的孤洁之气,是可以取酒而代之的伴读《离骚》的高雅之物,所以黄、晁二人的唱和之作虽是以茶为主题,诗歌之意却在于通过茶所蕴含的文化内涵来表现人的品格性情。据《诗话总龟》:"山谷有茶诗押肠字韵,和者有数四,而山谷最后有'曲几团蒲听煮汤,煎成车声入羊肠'之句。东坡云:'黄九怎得不穷。'故晁无咎复和云:'车声出鼎细九盘,如此佳句谁能识。'"[2] 晁补之的和答是称赞黄庭坚以车辆盘旋行走在羊肠小道上的声音来描写煮茶声的富于想象力,苏轼却将茶与人的精神品性联系起来。他所指的黄九之穷其实是带着赞叹的语气,既指黄庭坚诗的穷而后工,亦从其瘦硬奇崛的风格看出作者的桀骜之气,这是黄庭坚对晁补之品性的描写,也是自抒己意,而这种相似的人品节操正是他们相交的基础。晁补之作于元祐七年(1092)的《次韵苏翰林五日扬州石塔寺烹茶》亦以茶的特性来称誉东坡:"当年卧江湖,不泣逐臣玦。中和似此茗,受水不易节。轻尘散罗曲,乱乳发瓯雪。佳辰杂兰艾,共吊楚累洁。"[3] 茶色雪白,茶

---

[1] 傅璇琮等主编:《全宋诗》卷一一三〇,北京:北京大学出版社,1995年,第12819页。
[2] [宋]阮阅辑:《诗话总龟》卷九,北京:人民文学出版社,1987年,第102页。
[3] 傅璇琮等主编:《全宋诗》卷一一二四,北京:北京大学出版社,1995年,第12776页。

汤温润，不因火烹水冲而变其品质，正如当年卧于江湖而不改节操的逐臣。

黄庭坚又有《双井茶送子瞻》，同样是以茶作为交流思想的媒介。诗歌说："人间风日不到处，天上玉堂森宝书。想见东坡旧居士，挥毫百斛泻明珠。我家江南摘云腴，落硙霏霏雪不如。为君唤起黄州梦，独载扁舟向五湖。"[1] 诗歌先写东坡在玉堂挥毫泼墨，春风得意，然后切入送茶的主题，黄庭坚意以江南云腴唤起东坡的江湖之思，从而婉劝东坡不要忘记黄州之贬以免重蹈覆辙。苏轼和作则以"磨成不敢付僮仆，自看雪汤生玑珠"表示对黄庭坚馈茶之举中所蕴含情谊的珍视，诗歌后半说自己为病所困而有归去东南之念，正是对黄庭坚之劝的回应与赞同。[2] 黄庭坚又有《和答子瞻》："故园溪友脍腹腴，远包春茗问何如。玉堂下直长廊静，为君满意说江湖。"[3] 再次以玉堂与江湖的对举劝说东坡及早离开是非之地。在当时日益激烈的党争中，黄庭坚的劝诫并非庸人自扰，当他以送茶表达对东坡的关切之意时，双井茶这种产于江南山野间的物品，在此处便被唱和者赋予了与黄州及归隐有关的特定内涵，而体现着一种人文内涵。

唱和诗作为大量存在于"苏门"作品中的创作类型，是元祐文学不可忽视的一部分。就唱和诗本身的特点而言，它使诗人改变了"自说自话"的传统方式而有了具体的交流对象，使诗歌成为一种互动的表现形式，而这并不妨碍诗歌艺术特点与审美精神的发展。虽然大量以应酬为主要目的、从内容到形式都趋于僵化和程式化的唱和诗充斥于诗歌史上，但与任何一种诗歌类型一样，能推动诗歌发展的总是其中一小部分而已。"苏门"酬唱诗大体便具有这样的意义。诗人们将唱和诗亦纳入诗歌革新的范畴之中，一方面在创作中超越应酬俗义，赋予唱和诗以丰富的内容

---

1 ［宋］黄庭坚著，刘琳等点校：《黄庭坚全集》卷四，北京：中华书局，2021年，第80页。
2 ［宋］苏轼撰，［清］王文诰辑注，孔凡礼点校：《苏轼诗集》卷二十八《黄鲁直以诗馈双井茶次韵为谢》，北京：中华书局，1982年，第1482页。
3 ［宋］黄庭坚著，刘琳等点校：《黄庭坚全集》卷四，北京：中华书局，2021年，第80页。

和表现手法,从而使之在唱和诗史上具有突出的实绩和独特的意义;另一方面,将唱和诗作为促进"宋调"成熟的重要诗歌类型,在庆历以来形成的自出己意、不随人后的自立精神指引下,不仅诗人的个人风格得到充分发挥,作为宋诗发展最高峰的元祐诗歌所具有的普遍特点如广泛的题材、新奇的思致、宏大的体势、多变的笔法、深厚的才力学养、精巧的章法结构、畅达的语言文字,以及体现元祐文化的繁盛与丰富内蕴的人文精神等,无不于唱和诗中得到体现,这也许可以部分地解释为何宋代唱酬盛于元祐,而宋诗的典型特色与最高成就也显于元祐。并且唱酬之作还为我们再现了元祐文坛的交游盛况。据米芾《西园雅集图记》,元祐二年(1087)六月,苏轼、黄庭坚、秦观、张耒、晁补之等十六人曾聚集于王诜西园谈诗论道、挥毫泼墨,当时的名画家李公麟将这一文坛盛事画成了《西园雅集图》。[1]虽然这幅画的真伪还存在不少争议,但即使是后人的仿作,也以绘画的形式为我们重温以苏门文人集团为中心的文人雅集提供了视觉感受;唱酬之作则是以文字的形式达到这一目的,它虽然不如绘画那么直观,但我们能更广泛地了解他们交游的场景、更深刻地理解他们的思想、更细腻地感受他们的内心,从而为我们走进苏门文人集团的活动开启了一扇诗意的门。

第三节 困境中的慰藉

元祐八年(1093),随着高太后的去世和哲宗的亲政,新党重新掌握政权,作为旧党的苏门诸君子自然难逃被贬谪的命运,集团内的交游随着他们远贬蛮荒、天各一方而日渐减少,唱酬虽然还存在,但更多的是诸君子自我情感的抒发。面对着贬谪这一相同的人生困境,诸君子都

---

[1] [宋]米芾《西园雅集图记》,见曾枣庄、刘琳主编:《全宋文》第一百二十一册,上海:上海辞书出版社,安徽:安徽教育出版社,2006年,第41页。关于此文与李公麟《西园雅集图》真伪问题的争议,详见衣若芬《一桩历史的公案——"西园雅集"》,收于氏著《赤壁漫游与西园雅集》,北京:线装书局,2001年。

以诗词作为他们痛苦煎熬中的纾解和慰藉，以此表达其矛盾复杂的种种心理，而不同的是他们在作品中体现出各具特色的人生态度和性格特征。

例如陈师道于绍圣元年（1094）在罢官返家途中作《舟中二首》，其一曰："恶风横江江卷浪，黄流湍猛风用壮。疾如万骑千里来，气压三江五湖上。岸上空荒火夜明，舟中坐起待残更。少年行路今头白，不尽还家去国情。"[1] 在陈师道诗中，极少有这样气势如虹、情感激荡的七言之作，意思一气直下，不求使事用典，毫无后山诗一贯的艰深之感，甚至不顾重字，说明作者无暇讲究锻炼，而重在抒发内心情感，表达了行藏进退皆非本心的愤懑之情。张耒则在《东园》中以景物强烈的荣枯对比来营造出一种不和谐的气氛："荒园何所有，落叶与衰丛。含芳未肯吐，惟有木芙蓉。黄菊如佳人，绿萼包金茸。并随重阳酒，娱此憔悴翁。"[2] 在那个充满落叶与衰草的荒园里，木芙蓉含苞待放，菊花争相吐艳，然而黄、绿、金的灿烂颜色，带给人的不是春日的欣欣向荣，而是这些美丽就像园中的落叶衰草一样也将消退的伤感。作者之"憔悴"，既因为美好事物的不能长存，更因为自己那充斥了心胸的苦闷与悲哀，这个带着几分悲剧气氛的荒园，正可看作他内心意绪的象征。

秦观的《题郴阳道中一古寺壁二绝》其一与这一意境有几分相似之处："门掩荒寒僧未归，萧萧庭菊两三枝。行人到此无肠断，问尔黄花知不知？"[3] 此诗的荣枯对比没有张耒诗那么强烈，但作者的情感表达更加充沛，"无肠断"三字，既是以无蟹赏菊来自嘲，亦是表达贬谪的极端痛苦。其二曰："哀歌巫女隔祠丛，饥鼠相追坏壁中。北客念家浑不睡，荒山一夜雨吹风。"则完全抹去了景物中的亮色，以哀歌巫女、坏壁饥鼠、荒山风雨这样充满楚地诡异荒凉气氛的意象来写贬谪之

---

1 ［宋］陈师道撰，［宋］任渊注，冒广生补笺：《后山诗注补笺》卷四，北京：中华书局，1995年，第172页。
2 ［宋］张耒撰，李逸安、孙通海、傅信点校：《张耒集》卷七，北京：中华书局，1990年，第92页。
3 ［宋］秦观著，徐培均笺注：《淮海集笺注》卷十一，上海：上海古籍出版社，2000年，第470页。

苦。《病犬》《陨星石》等诗则是以物写人，寄托作者的身世之感。如前者说："犬以守御用，老矣将何为？踉跄劣于行，累然抱渴饥。主人恩义易，勿为升斗资。黾勉不肯去，犹若恋藩篱。屠脍意得逞，烹炰在须斯。糟糠固非意，豚矢同一时。念昔初得宠，青缁缠毵丝。饲养候饥饱，动止常相随。胡云不终始？委逐在衰迟。犬死不足道，固为主人悲。"[1]诗歌以一只狗在年轻时的得宠和如今的老病遭弃为对照，谴责了主人的薄情寡义，其中显然寄寓着作者的愤慨之情。《陨星石》则以一块降落人间的陨石比喻自己的遭贬，以未陨之星的迫害比喻当年同朝为官者如今趋附章惇一派而对自己落井下石，作者借星宿以喻人事，表达了对世态炎凉的感慨。

晁补之同样在作品中抒发了贬谪之痛。其《答李令》诗曰："知音惭李令，问我复何为。道义惟添睡，功名只有诗。"[2]短短二十个字，以"道义""功名"的反语写出自己不能建功立业的悲哀。他又有《摸鱼儿·东皋寓居》词曰："买陂塘、旋栽杨柳，依稀淮岸江浦。东皋嘉雨新痕涨，沙觜鹭来鸥聚。堪爱处，最好是、一川夜月光流渚。无人独舞。任翠幄张天，柔茵藉地，酒尽未能去。　青绫被，莫忆金闺故步。儒冠曾把身误。弓刀千骑成何事？荒了邵平瓜圃。君试觑。满青镜、星星鬓影今如许！功名浪语。便似得班超，封侯万里，归计恐迟暮。"[3]作品上阕写东皋景致。雨后的夜晚，月光如水，杨柳依稀，绿草如茵，鹭来鸥聚，让人仿佛要忘却机心，融入这美好自然之中；而独舞于江渚之上的词人却未能身心澄澈、忘情世事，当醉意朦胧中往事浮上心头，徒惹来万千怅恨。所谓"儒冠曾把身误"，对于一个毕生以"儒"为理想的士人来说，这种对自我的否定包含了无限痛苦与无奈。作者还在其他诗词中一再表达了这一意思："暗想平生，自悔儒冠误"（《迷神引·贬玉溪，对江山作》）；"儒冠成自误，归去无屋瓦"（《即事一首次韵祝朝奉十一

---

[1] ［宋］秦观著，徐培均笺注：《淮海集笺注》卷六，上海：上海古籍出版社，2000年，第223页。
[2] 傅璇琮等主编：《全宋诗》卷一一三七，北京：北京大学出版社，1995年，第12864页。
[3] 唐圭璋编：《全宋词》，北京：中华书局，1965年，第554页。

丈》),都是溢于言表的愤激之辞。黄庭坚亦有这样的愤激之语。他在元符二年(1099)贬谪戎州时作了三首《鹧鸪天》词酬答志趣相投的朋友史应之,词中说:"万事令人心骨寒,故人坟上土新干";"风前横笛斜吹雨,醉里簪花倒著冠";"黄花白发相牵挽,付与时人冷眼看";"且看欲尽花经眼,休说弹冠与挂冠";"十年一觉扬州梦,为报时人洗眼看。"此时作者被贬于蛮荒之地的西南已近五年,历尽艰辛磨难,心中的郁塞不平灼然可见,而又在对官场的厌倦、对时人的鄙视中透出其愤世嫉俗、傲岸不屈之气。

  无端遭贬在人心中引起愤慨和郁闷是再正常不过的反应,但诸君子更有排遣苦闷的自宽自解,并在冷静的思索与不能忘怀国事的热情中,体现出儒家"君子"之风。如晁补之作《松菊堂读史五首》,其中既有"筹边措国俱无用"的报国无路的愤懑,同时也在"悉怛谋亏一算间"的感慨中有如今终于远离党争的一丝庆幸。[1] 其《满庭芳》词则曰:"乡物牵情,家山回首,浩然归兴难收。报恩心事,投老拼悠悠。却笑当年牛下,轻自许、激烈寒讴。成何事,夷犹桂楫,兰芷咏芳洲。 人生,萍梗迹,谁非乐土,何处吾州?算不须,临岐惝恍迟留。要看香炉瀑布,丹枫乱、江色凝秋。真堪与,潇湘暮雨,图上画扁舟。"[2] 此词作于元符二年(1099)贬赴信州监税任时。上阕开篇便慨叹家山北望,归思难收,使作品罩上了一层薄薄的愁绪。对于士大夫来说,离家赴任本为平常之事,而作者则是因远赴贬地而意绪难平。本想报效国家,谁知到如今年华老去还一事无成,可笑自己当年少不更事,自许得遇明主便会像宁戚那样有所作为。一个"笑"字,在自嘲中含着多少无奈的悲哀;一个"轻"字,则隐隐透出不能得遇明主的失望。但作者并没有让自己的萧索情绪沉迷太久,而是以"成何事"三句将笔调转向楚骚风情,进而在"谁非乐土,何处吾州"的豁达之语以及香炉瀑布、碧水丹枫的贬

---

1 傅璇琮等主编:《全宋诗》卷一一一三九,北京:北京大学出版社,1995年,第12878页。
2 唐圭璋编:《全宋词》,北京:中华书局,1965年,第572页。

地寥廓秋景的描绘中，使抑郁愁绪如轻烟淡雾般消散无迹。事实上，作者"轻自许"的愤慨并不意味着对朝廷的彻底失望和兼济天下理想的消失，入世之思始终是他心底不灭的希望，所以当大观四年（1110）晁补之以近花甲之年重新见用时，他在泗州官舍自画山水留春堂大屏，并题诗曰："胸中正可吞云梦，盏底何妨对圣贤。有意清秋入衡霍，为君无尽写江天。"[1] 在阔大的意境中见出其高迈的襟怀，但这种气概已经不同于少年得志时的意气风发，而是有了历经坎坷后的冷静沉潜，这一点在他不久以后的绝笔之作《洞仙歌·泗州中秋作》词中表现得更加明显："青烟幂处，碧海飞金镜。永夜闲阶卧桂影。露凉时、零乱多少寒螀，神京远，唯有蓝桥路近。 水晶帘不下，云母屏开，冷浸佳人淡脂粉。待都将许多明，付与金尊，投晓共、流霞倾尽。更携取、胡床上南楼，看玉做人间，素秋千顷。"[2] 作者从无月看到有月，从有月看到月满人间，描绘了一个晶莹澄澈的世界，真可谓"冰魂玉魄，气象万千"。[3] 关于中秋词我们自然会想到苏轼的《水调歌头》（明月几时有），这两首作品都具有澄澈无瑕的高远意境，不同的是东坡词蕴含了"起舞弄清影，何似在人间"以及"但愿人长久，千里共婵娟"的不能忘怀世事的深情，晁补之词则表现得更加豁达，虽有"神京远，唯有蓝桥路近"所透出的天意难问的微微慨叹，但都消散在"玉做人间，素秋千顷"的纤尘不染的世界中，作者以其高旷的胸襟，表现出"不以物喜，不以己悲"的宁静释然的终极关怀。

张耒亦在长期的贬谪生活中逐渐由孤寂、苦闷而走向平静、解脱。他在《窥园》诗中说："吾老懒读书，得闲常窥园。爱此千树雪，高低不胜繁。冲风掠之去，颇已随沙尘。感之可奈何，我岂土木人？畏病不饮酒，已惭嵇阮真。淡泊非众嗜，自娱难及宾。独游还独吟，鱼鸟与我亲。

---

1 ［宋］晁补之：《自画山水留春堂大屏题其上》，见傅璇琮等主编：《全宋诗》卷一一四〇，北京：北京大学出版社，1995年，第12883页。
2 唐圭璋编：《全宋词》，北京：中华书局，1965年，第582页。
3 ［清］黄氏撰：《蓼园词评》，词话丛编本，北京：中华书局，2005年，第3064页。

悠哉山林趣，愧此簪缨身。"[1]那个曾经开着黄菊的荒园已是雪压千树，只是诗人所喜爱的这一片洁白也不能长存，很快就被寒风吹入沙尘之中，这仿佛寓示了作者想要洁身自好而不能的悲哀，他在人群中感到了深刻的孤寂，只好与鱼鸟相亲；然而山林虽好，却又"愧此簪缨身"，即使在贬谪当中，作者也并没有放弃其入世之心，而且这一思想至死不变。崇宁年间，张耒寓居陈州，度过了他生命中的最后一段时光。其间作《寓陈杂诗十首》，[2]其三曰："朝雨如梦丝，咫尺不相辨。俄然晨光漏，绀碧出天面。天工易明晦，顷刻俄屡变。今朝事大定，云物卷组练。客有北来说，蝝生被数县。谷穗无一粒，遗秆如立箭。卑田成大泽，投种哀莫见。官人懵不知，犹喜输租办。兴怀及鳏寡，犹愧吾饱饭。"诗歌说，下了好些日子的大雨终于停了，只是百姓已损失惨重，虫害又随之而来，官府却毫不顾念百姓，依然催租不断。作者在对官府的愤怒、对百姓的同情、对自身的惭愧中，已经摆脱了"小我"苦闷愁怨的心绪而将悲悯的目光投向了天下，这正是他使自己获得解脱的方式。其八曰："念昔为吏日，朝夕羡人闲。解印出公府，翛然若归山。衡茅三亩居，无客门常关。早眠而起晏，永日或不冠。故人远寄酒，为致一醉欢。我亦领其意，呼儿具杯盘。长闲贫亦好，安用朱其辀。我生本蓬荜，久已傲饥寒。"诗歌写自己虽然闭门索居，却能过上早眠宴起、永日不冠的闲适生活，虽然轻松之中仍不乏些微苦涩，已是难得的旷达了。而"我生本蓬荜，久已傲饥寒"所体现的傲视贫寒的思想，更可见出作者在逆境之中老而弥坚的风骨。绝句《夜坐》同样体现了此点："庭户无人秋月明，夜霜欲落气先清。梧桐直不甘衰谢，数叶迎风尚有声。"[3]据吴曾《能改斋漫录》，张耒曾说："昔以党人之故，坐是废放。每作诗，尝寄意焉。有云：'最

---

[1] ［宋］张耒撰，李逸安、孙通海、傅信点校：《张耒集》卷七，北京：中华书局，1990年，第99页。
[2] ［宋］张耒撰，李逸安、孙通海、傅信点校：《张耒集》卷八，北京：中华书局，1990年，第107页。
[3] ［宋］张耒撰，李逸安、孙通海、傅信点校：《张耒集》卷二十九，北京：中华书局，1990年，第509页。

怜杨柳身无力,付与春风自在吹';又云:'梧桐直不甘衰谢,数叶迎风尚有声。'"[1]可见,张耒确实在这梧桐树上寄寓着自己的气格精神。

陈师道与晁、张有着大致相同的心路历程。绍圣四年(1097),他有《还里》诗:"旷士爱吾庐,游子悲故乡。慷慨四方志,老衰但悲伤。虚名自成误,失得略相当。暮年还家乐,未觉道里长。闾里喜我来,车马塞康庄。争前借言色,草木亦晶光。向来千人聚,一老独徜徉。手开南阳阡,松柏郁苍苍。永愿守一丘,脱身万里航。平生功名念,倒海浣我肠。款段引下泽,断弦更空觞。尚恐北山南,有文移路傍。"诗歌表达了还家之乐,但在这"乐"里又蕴含着无限伤感之情。于"千人"之中独自徜徉的"一老",和张耒诗一样表达了人群之中的孤寂感,这孤寂来源于理想无法实现的失落;"虚名自成误",正与晁补之的"儒冠成自误"之意略同。虽然作者一再表示要永守一丘,以脱离宦海风波和免于被讥为假隐士的嘲笑,但陈师道既非像周颙那样为求利而隐,内心深处其实也并不愿从此归隐田园。他在元符三年(1100)的《别乡旧》诗中还说:"齿脱心犹壮,秋清意自悲。"效杜诗之"落日心犹壮,秋风病欲苏"(杜甫《江汉》),以老健之笔写出伏枥之心;所以当朝局稍有变化,陈师道得以复除棣学,不禁"喜而成诗"便是很可理解的了[2]。尽管陈师道说自己是养亲而仕,但他其后因任正字而作的《除官》诗更明确地表达了入世之心:"扶老趋严召,徐行及圣时。端能几字正,敢恨十年迟。肯著金根谬,宁辞乳媪讥。向来忧畏断,不尽鹿门期。"陈师道在《谢正字》启中说:"……凡百年名世之士,莫不由是以兴;而一代致平之功,其原盖出于此。名虽文学之选,实为将相之储。"[3]对馆职重要性的强调实透出其雄心再起的慷慨之志,正如谢启最后所说:"老马伏枥,不忘万里之行;

---

1 [宋]吴曾撰:《能改斋漫录》卷十"张文潜寄意"条,上海:上海古籍出版社,1979年,第281页。
2 [宋]陈师道撰,[宋]任渊注,冒广生补笺:《后山诗注补笺》卷十《元符三年七月蒙恩复除棣学喜而成诗》,北京:中华书局,1995年,第375页。
3 [宋]陈师道撰:《后山居士文集》卷十三,上海:上海古籍出版社,1984年,第645—646页。

弱羽冲风，敢期百发之中。"故而诗歌虽然对失却归隐之趣表示遗憾，但更主要的是体现出再展宏图的壮志。陈师道早年因心非王氏新学而绝意进取，可见他不是一个以功名富贵为念的人，但这并不意味着他无报国之志，在经历罢黜之痛后，仍然表示出强烈的入世之心，体现了儒家君子对于兼济天下理想的坚韧不拔的追求。而那些作于罢黜之后的诗歌作品，不仅是陈师道在困境当中的慰藉，也成为他这一艰难心路历程的最好见证。

从愤懑到自宽自解，再到平静面对坎坷和打击的同时仍不乏入世热情，是苏门诸君子在遭贬后普遍的心路历程，黄庭坚与秦观则是这一普遍特色中的两个极端。他们二人在苏门成员中遭受的贬谪最重，磨难最多，最后也都死于贬地。虽然在临终之时，一个于所居城楼之上以足沾雨，笑称"平生无此快也"，一个在光华亭中索水欲饮时"笑视而卒"，都表现出不同寻常的超旷之气，然二人因性格不同，修为不同，面对人生最重大的打击时的态度其实也大不相同。黄庭坚在垂暮之年又被远贬宜州时，先是住在城中一百姓家，被官府赶出，搬到寺院住，复被赶出，最后只能住于城外一个四无遮蔽的残破城楼之上。可黄庭坚并没有被这种几入绝境的打击吓倒，他写了一篇《题自书卷后》："崇宁三年十一月，余谪处宜州半岁矣。官司谓余不当居关城中，乃以是月甲戌，抱被入宿于城南所僦舍喧寂斋。虽上雨傍风，无有盖障，市声喧愦，人以为不堪其忧，余以为家本农耕，使不从进士，则田中庐舍如是，又可不堪其忧耶？"[1] 坦然面对恶劣生活环境，表现出超乎寻常的乐观豁达。

当然，这并不意味着黄庭坚内心没有悲哀苦痛，他曾有《虞美人·宜州见梅作》词："天涯也有江南信，梅破知春近。夜阑风细得香迟，不道晓来开遍、向南枝。　玉台弄粉花应妒，飘到眉心住。平生个里愿杯深，去国十年老尽、少年心。"表达了在僻远的贬地见到梅花开放的喜悦之情，但这喜悦中又有着"老尽少年心"的深沉叹息，这是历经

---

[1] ［宋］黄庭坚著，刘琳等点校：《黄庭坚全集》卷二十五，北京：中华书局，2021年，第582页。

磨难后复杂而又真实的心境的体现。俞陛云说："山谷受谴之日，投床酣卧，人服其德性坚定。此词殊方逐客，重见梅花，仅感叹少年，而绝无怨尤之语，诵其词可知其人矣。"[1]综观黄庭坚之作，其实并非"绝无怨尤之语"，然"德性坚定"正是作品最显出作者人格特色的最显著之词。绍圣二年（1095），黄庭坚在贬赴黔州途中有《竹枝词二首》，其一曰："撑崖挂谷蝮蛇愁，入箐攀天猿掉头。鬼门关外莫言远，五十三驿是皇州。"其二曰："浮云一百八盘萦，落日四十八渡明。鬼门关外莫言远，四海一家皆弟兄。"[2]竹枝词原是巴东三峡一带的民歌，声调多哀怨凄苦，黄庭坚途经三峡，采用这一民歌形式作此二诗，但风调已截然不同。诗歌前两句都是极力渲染山川之险，后两句则表现了作者不惧艰险的乐观情怀和四海一家的超旷胸襟。贬居黔州期间，黄庭坚在《定风波·次高左藏使君韵》词中同样体现出不同寻常的气度襟怀："万里黔中一漏天，屋居终日似乘船。及至重阳天也霁，催醉，鬼门关外蜀江前。　莫笑老翁犹气岸，君看，几人黄菊上华颠？戏马台南追两谢，驰射，风流犹拍古人肩。"作者自嘲地说，黔中一带阴雨连绵，仿佛天空出现了漏洞一般，困居屋中就像整天在乘船。生活条件的极端恶劣于此可见一斑，而作者幽默的语气本身已经体现出对困难的藐视，更何况他还照样在重阳之节饮酒、簪菊、吟诗、驰射，字里行间充溢着虽年华老去、身处逆境而依然傲岸不屈的品节和豪放豁达、不同流俗的襟抱。当黄庭坚在崇宁年间被贬往更遥远的宜州时，有《过洞庭青草湖》诗曰："乙丑越洞庭，丙寅渡青草。似为神所怜，雪上日杲杲。我虽贫至骨，犹胜杜陵老；忆昔上岳阳，一饭从人讨。行矣勿迟留，蕉林追獦獠。"[3]作者说他虽然贫寒彻骨，却比曾在这洞庭之滨、青草湖畔的岳阳城穷得以乞讨为生的杜甫总还要好一点。作者的困顿由此可知，而他自嘲背后的乐观也由此可知。诗歌最后两句有两层意思：其一是说，走吧，到蕉林里去与夷民为伴。因为

---

1 俞陛云撰：《唐五代两宋词选释》，上海：上海古籍出版社，1985年，第89页。
2 ［宋］黄庭坚著，刘琳等点校：《黄庭坚全集》卷九，北京：中华书局，2021年，第196页。
3 ［宋］黄庭坚著，刘琳等点校：《黄庭坚全集》卷三，北京：中华书局，2021年，第63页。

宜州在岭南，地多蕉林，而又与夷獠相接；其二则是表达学佛之意，因为宜州已与被五祖和尚称为"广南獦獠"的六祖圣地相近。[1]第一种意思体现了作者坦然接受现实的勇气；第二种意思则表明作者将学佛作为化解困顿和悲哀的方式，但这并不意味着他有皈依佛门之意，黄庭坚虽然常能超然物外，但与其他苏门君子一样，儒家入世之心始终是他思想的主流。建中靖国元年（1101），朝局因徽宗即位而再次发生变化，尚在贬地的黄庭坚作《病起荆江亭即事十首》，其中两首说："成王小心似文武，周召何妨略不同？不须要出我门下，实用人材即至公。""司马丞相昔登庸，诏用元老超群公。杨绾当朝天下喜，断碑零落卧秋风。"[2]前一首针对党见纷纭的局面，呼吁要从天下百姓的利益出发，消弭朋党派系之争；后一首以唐朝名相杨绾比司马光，通过生前"天下喜"与身后"断碑零落"的强烈对照，表达了对党争的慨叹。黄庭坚关心天下之心在他远贬宜州时亦始终不曾改变，就在他作完《过洞庭青草湖》继续前行时，在湖南永州见到了唐代元结所写、颜真卿所书的《大唐中兴颂》。黄庭坚慨然赋诗，这就是著名的《书摩崖碑后》："春风吹船著浯溪，扶藜上读中兴碑。平生半世看墨本，摩挲石刻鬓成丝。明皇不作苞桑计，颠倒四海由禄儿。九庙不守乘舆西，万官已作鸟择栖。抚军监国太子事，何乃趣取大物为？事有至难天幸尔，上皇局蹐还京师。内间张后色可否，外间李父颐指挥。南内凄凉几苟活，高将军去事尤危。臣结舂陵二三策，臣甫杜鹃再拜诗。安知忠臣痛至骨，世上但赏琼琚辞！同来野僧六七辈，亦有文士相追随。断崖苍藓对立久，冻雨为洗前朝悲。"[3]此诗并不像苏轼《荔枝叹》那样有明显的政治讽喻意味，但作者对当时政事的感喟却与苏轼一样强烈。在黄庭坚的后期作品中，很少有这样情绪激昂的抑扬慨叹之诗，作者显然是在以前朝事浇胸中块垒。尤其"臣结"四句，说元结的《舂陵行》和杜甫的《杜鹃行》都是忠臣忧国爱君的最沉痛之语，可

---

1 参潘伯鹰注：《黄庭坚诗选》，上海：古典文学出版社，1957年。
2 ［宋］黄庭坚著，刘琳等点校：《黄庭坚全集》卷九，北京：中华书局，2021年，第202页。
3 ［宋］黄庭坚著，刘琳等点校：《黄庭坚全集》卷五，北京：中华书局，2021年，第109页。

惜世人只知欣赏他们的美好文辞，这大约也正是黄庭坚自述己怀的肺腑之言吧。

在黄庭坚为摩崖碑题诗之前，秦观已有吟咏此碑的《题浯溪中兴颂》，[1]诗歌表达了对摩崖碑有关的人和事的感慨以及数子已亡、碑亦零落的伤感。诗歌结尾说："百年兴废增叹慨，当时数子今安在！君不见，荒凉浯水弃不收，时有游人打碑卖"，其中所弥漫的浓厚感伤色彩，其实正是作者自己心境的反映。这并不意味着秦观没有入世之心，而是随着贬谪打击的不断加剧，他对未来越来越失去信心，愁苦之意也越来越明显地成为作品的主要特点。绍圣三年（1096），秦观在《自警》诗中说："那堪此地日昏黄，长途万里伤行客！只知恩爱动伤情，岂悟区区头已白？""休言七十古稀有，最苦如今难半百。""闻道蓬宫仙子闲，红尘不染无瑕谪。日月迟迟异短明，三峰秀丽皆仙格。女萝覆石蔓黄花，芝草琅玕知几尺。桃源长占四时春，漾漾华池真水碧。乘槎拟欲扣金扃，巨浪洪波依旧隔。归来芳舍与谁俦？老鹤松间三四只。唳天声动彩云飞，对我时时振长翮。骖鸾未遇且悠悠，尽日琴书还有适。"[2]诗歌隐约有李白《梦游天姥吟留别》的影子，将政治失意的苦闷寄托于对世外仙境的想象当中。此时的作者尚处贬谪之初，故虽有"长途万里"的愁怨，但还能在蓬宫、桃源的想象中以琴书自适。随着家乡故土的日益遥远，聊以自慰的幻想逐渐消失，取而代之的是弥漫在字里行间的哀怨愁苦。例如著名的《踏莎行》："雾失楼台，月迷津渡。桃源望断无寻处。可堪孤馆闭春寒，杜鹃声里斜阳暮。　驿寄梅花，鱼传尺素。砌成此恨无重数。郴江幸自绕郴山，为谁流下潇湘去。"[3]此词作于绍圣四年（1097）的郴州旅舍。在《自警》中"长占四时春"的桃源此时已经"望断无寻处"，唯

1　[宋]秦观著，徐培均笺注：《淮海集笺注·补遗》卷一，上海：上海古籍出版社，2000年，第1575页。此诗或被认为是张耒所作，据徐培均考，当为秦观。本书从之。

2　[宋]秦观著，徐培均笺注：《淮海集笺注》后集卷二，上海：上海古籍出版社，2000年，第1389页。

3　[宋]秦观著，徐培均笺注：《淮海居士长短句笺注》卷中，上海：上海古籍出版社，2008年，第92页。

有春寒中的孤馆、斜阳中的杜鹃声，使形单影只的旅人的寂寞愁苦无所逃遁。唐圭璋先生说："所处者'孤馆'，所感者'春寒'，所闻者'鹃声'，所见者'斜阳'，有一于此，已令人生愁，况并集一时乎！不言愁而愁自难堪矣。"[1] 所见极是。有人认为此词"斜阳暮"为重出，却非少游知音。宋翔凤《乐府余论》以《说文》辩之，颇为有理："莫，日且冥也，从日在草中。是'斜阳'为日斜时，'暮'为日入时，言自日昃至暮，杜鹃之声亦云苦矣。"[2] "斜阳暮"所隐含的时间变化写出了"可堪"两句意境的层次感和丰富性，作者一点一点地感受着那随着暮色的加重而越来越无法抵御的寒意，他的易感的心也在这寒意与杜鹃的悲啼声中越来越肆意地被愁苦啃噬。元符元年（1098），少游贬徙横州时再过潇湘，有《临江仙》词："千里潇湘挼蓝浦，兰桡昔日曾经。月高风定露华清。微波澄不动，冷浸一天星。　独倚危樯情悄悄，遥闻妃瑟泠泠。新声含尽古今情。曲终人不见，江上数峰青。"[3] 作品充满冷寂凄清之感，这不仅与作者多用蓝、青等冷色调词和清、冷一类感觉词有关，也与所用前人语辞中蕴含的意境有关。如"泠泠"形容琴瑟之声，白居易《松声》有"寒山飒飒雨，秋琴泠泠弦"[4]，常建《江上琴兴》有"泠泠七弦遍，万木澄幽阴"[5]，营造的都是幽寒之境。"曲中"二句借用钱起《省试湘灵鼓瑟》诗成句："善鼓云和瑟，常闻帝子灵。冯夷空自舞，楚客不堪听。苦调凄金石，清音入杳冥。苍梧来怨慕，白芷动芳馨。流水传湘浦，悲风过洞庭。曲终人不见，江上数峰青。"[6] 钱诗多情语，"凄""怨""悲"等词一再强调了楚客之愁；秦词多景语，然自有一种冷入骨髓的凄怨。秦观亦有直

---

1 唐圭璋：《唐宋词简释》，上海：上海古籍出版社，1981年，第106页。
2 ［清］宋翔凤：《乐府余论》，见孙克强编：《清代词话全编》第7册，南京：凤凰出版社，2019年，第651页。
3 ［宋］秦观著，徐培均笺注：《淮海居士长短句笺注》卷下，上海：上海古籍出版社，2008年，第40页。
4 ［唐］白居易著，朱金城笺校：《白居易集笺校》，上海：上海古籍出版社，2020年，第302页。
5 ［唐］常建著，王锡九校注：《常建诗歌校注》卷上，北京：中华书局，2017年，第10页。
6 ［唐］钱起撰，王定璋校注：《钱起集校注》卷七，杭州：浙江古籍出版社，2015年，第182—183页。

抒其情的凄怨之作，最甚者莫过于《自作挽词》："婴衅徙穷荒，茹哀与世辞。官来录我橐，吏来验我尸。藤束木皮棺，藁葬路傍陂。家乡在万里，妻子天一涯。孤魂不敢归，惴惴犹在兹。昔忝柱下吏，通籍黄金闺。奇祸一朝作，飘零至于斯。弱孤未堪事，返骨定何时？修途缭山海，岂免从阇维？荼毒复荼毒，彼苍那得知！岁晚瘴江急，鸟兽鸣声悲。空濛寒雨零，惨淡阴风吹。殡宫生苍藓，纸钱挂空枝。无人设薄奠，谁与饭黄缁？亦无挽歌者，空有挽歌辞。"[1] 作者题下自注曰："昔鲍照陶潜自作哀挽，其词哀。读予此章，乃知前作之未哀也。"陶渊明有《拟挽歌辞》三首，其一曰："荒草何茫茫，白杨亦萧萧。严霜九月中，送我出远郊。四面无人居，高坟正嶕峣。马为仰天鸣，风为自萧条。幽室一已闭，千年不复朝。千年不复朝，贤达无奈何。向来相送人，各自还其家。亲戚或余悲，他人亦已歌。死去何足道，托体同山阿。"[2] 可见陶诗虽也不无伤感，却能齐死生，了物我，以达观的态度坦然面对死亡，体现出一种理性的思考；秦观则因"飘零至于斯"的坎坷经历，是借挽词的形式抒写自己极端凄苦的心境，故不重理性思考而重情感的宣泄。诗歌先写藁葬路旁的惨况，次写对家乡亲人的挂念，最后以凄风寒雨、鸟兽悲鸣中的坟场作结，真是字字辛酸泪，句句悲苦情，确乎远过陶诗之"哀"。半年之后，秦观卒于放还途中的藤州，终于没能回到家乡。

  贬谪对于苏门诸君子来说自是人生的惨重打击，对于文学来说却得以增加一批表现"人的灵魂"的作品。苏门诸君子的贬谪文学，是他们复杂心路历程的真实记载，这其中有怨愤、悲哀、愁苦，也有超迈、达观、豁朗，和始终不曾泯灭的儒家入世之心，他们作品中的种种矛盾、挣扎与思想的升华，使我们首先感受到他们是情感丰富的真实的"人"，其次也对他们何以成为"君子"有了初步的感性认识。此期文学虽然更多地体现了诸君子自我心灵的独白而非相互间思想情感的沟通互动，但

---

[1] ［宋］秦观著，徐培均笺注：《淮海集笺注》卷四十，上海：上海古籍出版社，2000年，第1323页。
[2] ［晋］陶渊明著，逯钦立校注：《陶渊明集》卷四，北京：中华书局，1979年，第142页。

贬谪同样与苏门文人集团的存在密切相关，贬谪文学也是苏门文人集团文学中的重要组成部分和典型特色的体现，同时也是将"苏门文人集团"与"苏门六君子"这样两个概念勾连在一起的纽带。不过仅靠文学本身并不能说明一切，有时反而会令人心生疑窦，例如文学中的秦观的愁苦似乎就与"君子"之称相距甚远。而要寻求所有的答案，只有回到元祐，在对历史真实的还原和解读中去探索"苏门文人集团"与"苏门六君子"的形成，同时也是探索其文学特色形成的深层原因。

第二章　苏轼眼中的六君子与六君子眼中的苏轼

一提到苏轼与苏门六君子，我们脑海里便会浮现出对他们的大致印象。这个印象，来自于对他们作品的接受以及历代对他们评价的综合，而这其中也包含了苏轼与六君子互相之间的品评。这种互相品评必然有个性，也有共性。个性体现每个有思想的被接受者的独到特色和接受者多元的认知视角，共性则奠定了他们成为一个文人集团的基础。本章的写作目的是通过还原当时情境，重现苏轼与六君子对于对方的印象——这种印象或许并不比千年之后的我们所了解的更接近真实，从而探讨吸引他们走近对方并形成苏门文人集团的原因。

第一节　苏轼眼中的六君子

苏轼在给李鹰的一封信中说："比年于稠人中，骤得张、秦、黄、晁及方叔、履常辈，意谓天不爱宝，其获盖未艾也。比来经涉世故，间关四方，更欲求其似，邈不可得。以此知人决不徒出，不有益于今，必有觉于后，决不碌碌与草木同腐也。"[1] 以此可知，从东坡游者虽多，他最赏识的还是黄、秦等六君子，并相信以六人之才识，必将流芳后世。这

1　［宋］苏轼撰，［明］茅维编，孔凡礼点校：《苏轼文集》卷五十三，北京：中华书局，1986年，第1581页。

段话概括了苏轼对六君子的总体评价,而他之所以于"稠人"中孜孜以求才,是为了寻找斯文大任的传承者,六君子则正符合了他的期望。据李廌《师友谈记》:"东坡尝言文章之任,亦在名世之士相与主盟,则其道不坠。方今太平之盛,文士辈出,要使一时之文有所宗主。昔欧阳文忠常以是任付与某,故不敢不勉。异时文章盟主,责在诸君,亦如文忠之付授也。"[1]所谓诸君,正是指黄、秦等六君子。在苏轼给张耒的信中我们可以看到类似的意思:"……仆老矣,使后生犹得见古人之大全者,正赖黄鲁直、秦少游、晁无咎、陈履常与君等数人耳。"[2]宋代尚"统"的特色表现得相当突出,欧阳修、苏轼都以文统的传承者自任,也致力于寻找下一代的继任者,所以当苏轼于茫茫人海中发现黄、秦等人时,兴奋之情溢于言表,他在给李昭玘、毛滂等人的信中一再表达了自己的"得意"之情,如《答李昭玘书》曰:"轼蒙庇粗遣,每念处世穷困,所向辄值墙谷,无一遂者。独于文人胜士,多获所欲,如黄庭坚鲁直、晁补之无咎、秦观太虚、张耒文潜之流,皆世未之知,而轼独先知之。"[3]可见在苏轼眼中,六君子首先是以文才获得他赏识的。

一 斯文之美[4]

在六君子中,最早与苏轼结交的是晁补之。补之自述十五岁时,一读苏轼书,便深感钦敬。几年后,他侍父于官所,得见时任杭州通判的苏轼。补之作《七述》,苏轼读后感叹说:"吾可以阁笔矣。"借同在杭州

---

[1] [宋]李廌撰,孔凡礼点校:《师友谈记》,北京:中华书局,2002年,第44页。
[2] [宋]苏轼撰,[明]茅维编,孔凡礼点校:《苏轼文集》卷四十九《答张文潜县丞书》,北京:中华书局,1986年,第1427页。
[3] [宋]苏轼撰,[明]茅维编,孔凡礼点校:《苏轼文集》卷四十九《答李昭玘书》,北京:中华书局,1986年,第1439页。
[4] 北宋是文化发展的繁盛时期,传统意义上的文人此时已不再单纯指写诗作文之人,而往往指"文化"的人。包弼德认为苏轼把文、诗、书、画看作是文化成就的四大分支,因而"文"成为一个更大意义上的类别。笔者同意这一解释,在提到"文"时,指的便是这一宽泛的概念。包氏观点见[美]包弼德著,刘宁译:《斯文:唐宋思想的转型》第八章,南京:江苏人民出版社,2001年。

的地利之便，补之得以常向苏轼请教，在其优游讲析、悉心指导下，学问大进。苏轼欣喜之余，在所撰《晁君成诗集引》中称补之"于文无所不能，博辩俊伟，绝人远甚，将必显于世。"[1] 又，据《宋人轶事汇编》："晁补之与东坡唱和，东坡称之为风流别驾。"[2] 这是到了元祐年间，苏轼出守杭州、而晁补之为通判时的事。师徒得以再次聚首于杭州，此时的晁补之早已如东坡当年所预言"必显于世"而文名满天下，"风流"二字，便是苏轼对补之文采风流的称赞。苏轼又曾赞补之之文乃"富于言而妙于理者"[3]，欣赏之意，溢于言表。当时世人有"晁张"之并称，"晁"即晁补之，"张"则指同为"六君子"之一的张耒。

张耒也是六君子中较早见到苏轼的。他十七岁作《函关赋》，游学于陈州，为学官苏辙所喜爱，而得以传于苏轼之耳。次年，苏轼过陈，与张耒有了第一次会面，从此结下师生之谊。苏轼在给张耒的信中说："惠示文编，三复感叹。甚矣，君之似子由也。子由之文实胜仆，而世俗不知，乃以为不如。其为人深不愿人知之，其文如其为人，故汪洋淡泊，有一唱三叹之声，而其秀杰之气，终不可没。"[4] 苏辙之文并不被认为胜过其兄，苏轼对他的评价不无偏私，但尚属中肯，言语之间透出对"汪洋淡泊"之文的喜爱，而对于"似子由"的张耒，自然也是欣赏有加。苏轼还常常将张耒与自己的另一得意门徒秦观相提并论。他说："张文潜、秦少游此两人者，士之超逸越绝尘者也，非独吾云尔，二三子亦自以为莫及也。"[5] 所谓"超越绝尘"，是指二人为士子中的翘楚，远非流俗之人可比；而此四字在苏轼的观念中几乎已经代表了最高的赞赏之意。

----

1 ［宋］苏轼撰，［明］茅维编，孔凡礼点校：《苏轼文集》卷十《晁君成诗集引》，北京：中华书局，1986年，第320页。
2 丁传靖辑：《宋人轶事汇编》卷六，北京：中华书局，2003年，第241页。
3 ［宋］苏轼撰，［明］茅维编，孔凡礼点校：《苏轼文集》卷六十六《书晁无咎所作杜舆子师字说后》，北京：中华书局，1986年，第2056页。
4 ［宋］苏轼撰，［明］茅维编，孔凡礼点校：《苏轼文集》卷四十九《答张文潜县丞书》，北京：中华书局，1986年，第1427页。
5 ［宋］苏轼撰，［明］茅维编，孔凡礼点校：《苏轼文集》卷六十四《太息一首送秦少章秀才》，北京：中华书局，1986年，第1979页。

后来他更是明确对其子苏过说:"秦少游、张文潜,才识学问,为当世第一,无能优劣二人者。"并对二人的风格特色作了精要评价:"少游下笔精悍,心所默识,而口不能传者,能以笔传之;然而气韵雄拔,疏通秀朗,当推文潜。"[1]苏轼又曾从师徒相授的角度对二人的不同特点予以概括:"秦得吾工,张得吾易。"[2]得意门生已自成一家,作为老师的苏轼自然也不无欣慰之意。虽然有评论说"工可致,易不可致,以君(按,指张耒)为难云",[3]但在苏轼心目中,最为喜爱的弟子应当还是秦观。

苏轼与秦观的初识可以说充满了文人意趣。据《冷斋夜话》:"东坡初未识少游,少游知其将复过维扬,作东坡语,题壁于一山中寺,东坡果不能辨,大惊。及见孙莘老,出少游诗词数百篇读之,乃叹曰:'向书壁者,岂此郎耶?'"[4]此时苏轼虽然还未见到秦观,但后者的才气纵横已深得他好感;秦观的文风与苏轼并无相似之处,而才思之敏捷却是六君子中与苏轼最为接近的,大约正是这一点,使惺惺相惜的苏轼对其赞叹不已。元丰元年(1078),秦观入京应举,过徐,首次见到了时任徐州太守的苏轼,呈诗一首盛赞苏轼的高风远韵,并表达了自己的仰慕之情。苏轼则对秦观屡次褒扬,称赞其诗文"超然胜绝,亹亹焉来逼人矣";[5]他还亲自写信与王安石,希望能借安石之口,传秦观之名于世。[6]甚至在激烈的党争中,苏轼也并不为了有所避讳而掩饰他对秦观的欣赏喜爱之意:"秦观自少年从臣学文,词采绚发,议论锋起,臣实爱重其人。"[7]所以当秦观卒于藤州后,苏轼不仅为之数天食不能下咽,还一再表达了对其痛

---

1 [宋]朱弁撰,孔凡礼点校:《曲洧旧闻》卷五,北京:中华书局,2002年,第155页。
2 [元]马端临撰:《文献通考·经籍考》卷六十四,北京:中华书局,2011年,第6449页。
3 [元]马端临撰:《文献通考·经籍考》卷六十四,北京:中华书局,2011年,第6449页。
4 [宋]释惠洪撰,陈新点校:《冷斋夜话》卷一,北京:中华书局,1988年,第9页。
5 [宋]苏轼撰,[明]茅维编,孔凡礼点校:《苏轼文集》卷五十二《答秦太虚七首》,北京:中华书局,1986年,第1536页。
6 苏轼《与王荆公二首》:"……才难之叹,古今共之。如观等辈,实不易得。愿公少借齿牙,使增重于世,其他无所望也。"见[宋]苏轼撰,[明]茅维编,孔凡礼点校:《苏轼文集》卷五十,北京:中华书局,1986年,第1444页。
7 [宋]苏轼撰,[明]茅维编,孔凡礼点校:《苏轼文集》卷三十三《辨贾昌弹奏待罪札子》,北京:中华书局,1986年,第936页。

惜之意:"少游已矣,虽万人莫赎"[1];"当今文人第一流,岂可复得。此人在,必大用于世,不用,必有所论著以晓后人。前此所著,已足不朽,然未尽也,哀哉!哀哉!"[2] 或大用于世,或著述以传,苏轼以儒家之立功立言评价秦观为第一流文人,而非今天一般以"词人"认知秦观,正体现了苏轼是从斯文正统角度肯定秦观的。

在秦观拜见苏轼之前,徐州人陈师道已因地利之便,先于他见到了"父母官"苏轼。此时的师道尚未入苏门,只是"以民事太守,间见如客",[3] 但心非王氏之学而绝意进取的师道与因反对新法而出守地方的苏轼,因政治态度的相似而奠定了初步的思想基础,对于"文"的共同爱好更使他们一见如故。苏轼尝为陈师道言关朗《易传》等乃阮逸伪撰,[4] 大约正是此时事。苏轼率徐州民众抗洪取得胜利后,建黄楼以兹纪念,陈师道为作《黄楼铭》,又在《次韵黄楼诗》中云:"一代苏长公,四海名未已",仰慕之意表露无遗。当然,同时写下传世之文的还有秦观作骚体《黄楼赋》,苏轼赞为"有屈、宋才"。[5] 元祐年间,苏轼任颍州太守时,陈师道为州学教授,二人唱和极多,后赵令畤编为《汝阴唱和集》,惜已失传。从苏轼《复次韵谢赵景贶、陈履常见和,兼简欧阳叔弼兄弟》一诗的题目,可见出当时往来酬唱的热闹景象。诗歌说:"能诗李长吉,识字扬子云。端能望此府,坐啸获两君。"[6] 所谓"两君"指的便是赵令畤(景贶)、陈师道(履常)二人。苏轼虽以擅长作诗的李贺和擅长为学的扬雄作比,将二人一并夸赞,但从事实来看,这主要体现了苏轼对以诗

---

1 [宋]苏轼撰,[明]茅维编,孔凡礼点校:《苏轼文集·佚文汇编》卷五《书秦少游踏莎行词后》,北京:中华书局,1986年,第2567页。
2 [宋]苏轼撰,[明]茅维编,孔凡礼点校:《苏轼文集》卷五十八《与欧阳元老》,北京:中华书局,1986年,第1757页。
3 [宋]陈师道《秦少游字序》,见曾枣庄主编:《宋代序跋全编》卷八七,济南:齐鲁书社,2015年,第2398页。
4 [宋]陈师道撰,李伟国校点:《后山谈丛》卷二,上海:上海古籍出版社,1989年,第36页。
5 [元]脱脱等撰:《宋史》卷四百四十四《秦观传》,北京:中华书局,1985年,第13112页。
6 [宋]苏轼撰,[清]王文诰辑注,孔凡礼点校:《苏轼诗集》卷三十四,北京:中华书局,1982年,第1791页。

名世而又"通于诸经，尤邃《诗》《礼》"（施元之语）的陈师道的激赏。相比陈师道与黄、秦、张、晁、李等其他五君子共入《宋史·文苑传》，赵令畤是作为宗室入《燕王德昭传》之附传。可见，以文相交是苏、陈二人之间不争的事实。在苏门六君子中，只有两位不是进士出身，陈师道正是其中之一，不过他虽然早年自绝于仕进，后来在旧党执政时还是以苏轼等人之荐而出任教授等职；另一位则是应举而不中的李廌。

李廌虽然在六君子中年岁最少，入苏门却并不晚。据《石林诗话》："李廌，阳翟人。少以文字见苏子瞻，子瞻喜之。"[1] 李廌得见苏轼，大约与其父李惇为苏轼同年有关。元丰四年（1081），苏轼谪居黄州，李廌赶去拜见，而此前二人早已书信往还多次。据《宋史·李廌传》："谒苏轼于黄州，贽文求知。轼谓其笔墨澜翻，有飞沙走石之势。"[2] 又，李之仪在《济南月岩集序》中言："吾宗方叔，初未相识，得其文于东坡老人之座。读之，如泛长江，溯秋月，直欲拿云上汉，不知其千万里之远也，为之愕眙久之而不能释目。东坡笑相谓曰：'子何谛观之不舍耶？斯文足以使人如是。谢安蹈海，至于风涛荡潏而不知返。徐问舟人曰："去将何之？"子岂涉是境界以追谢公乎？'又曰：'吾尝评斯文如大川湍注，昼夜不息，不至于海不止。'余曰：'不腆所得亦几然。'东坡曰：'闻之欧阳文忠公曰："文章如金玉，固有定价。"不能异人之目也。'"[3] 可见东坡对李廌之文是相当欣赏的，他虽与李父有同年之谊，但若不是被李廌之文所打动，恐也不会对其如此厚爱。正如苏轼在为李廌父所写哀词序中说："同年友李君讳惇，字宪仲，贤而有文，不幸早逝，轼不及与之游也，而识其子廌有年矣。……廌年二十五，其文晔然，气节不凡，此岂终穷者哉。"[4] 对李廌之文赞赏有加。遗憾的是李廌在元祐三年（1088）苏

---

1 ［宋］叶梦得《石林诗话》卷中，见［清］何文焕辑：《历代诗话》，北京：中华书局，2004年，第417页。
2 ［元］脱脱等撰：《宋史》卷四四四，北京：中华书局，1985年，第13116页。
3 曾枣庄主编：《宋代序跋全编》卷一六，济南：齐鲁书社，2015年，第429页。
4 ［宋］苏轼撰，［清］王文诰辑注，孔凡礼点校：《苏轼诗集》卷二十五《李宪仲哀词并叙》，北京：中华书局，1982年，第1333页。

轼知贡举的考试中落第，终于蹭蹬终生。苏轼当时曾作诗一首，表示明珠遗落的惭愧之意。[1] 后来李之鼎为李廌文集《济南集》所作跋中亦说："李方叔才气绝人，不可一世，所以诗文足以推倒一时，开阔万古，当日名流莫不交相称许，而苏文忠尤加扇奖，然一第蹉跎，致有'战场目迷'之咏。"[2] 可见，李廌诗文今虽因太半不存而无法评价其文学成就，但当年确曾名冠一时并得到苏轼特别的称扬，而这正是他以布衣而位列六君子的重要原因。

在六君子中，年龄最大的是黄庭坚，而他也是最后一位见到苏轼的，尽管此前他们早已书信相交多年。熙宁五年（1072），苏轼在友人孙觉座上见到其婿黄庭坚的诗文，当即赞为精金美玉。元丰元年（1078），黄庭坚寄书并《古风》二首与苏轼，表达了对其仰慕之情。苏轼回信，盛赞其诗"托物引类，真得古诗人之风"。[3] 同年，黄庭坚次韵苏轼《春菜》诗，从此开始了两人长达二十余年的诗歌唱和。苏轼对黄庭坚诗的评价，最为著名的一则大约是《书黄鲁直诗后二首》其一："读鲁直诗，如见鲁仲连、李太白，不敢复论鄙事，虽若不入用，亦不无补于世也。鲁直诗文如蝤蛑江瑶柱，格韵高绝，盘飧尽废；然不可多食，多食则发风动气。"[4] 既赞其"格韵高绝"，同时又以食物为喻，于戏谑中指出其不足之处。由于黄庭坚后期声名日盛，又学者众多，形成了诗歌史上著名的江西诗派，其追随者遂以"苏黄"并称二人于诗坛上，并对苏轼批评黄庭坚之语表示不满，关于苏黄二人争名之说由此而起，成为诗歌史上一段争论不休的公案。笔者对此种说法持否定意见，通过对"苏门六君子"称号出现的前因后果及苏门文人集团特点的考察，足可证明争名之说并

---

1 ［宋］苏轼撰，［清］王文诰辑注，孔凡礼点校：《苏轼诗集》卷三十《余与李廌方叔相知久矣，领贡举事，而李不得第，愧甚，作诗送之》，北京：中华书局，1982年，第1568页。
2 祝尚书主编：《宋集序跋汇编》卷十九，北京：中华书局，2010年，第899页。
3 ［宋］苏轼撰，［明］茅维编，孔凡礼点校：《苏轼文集》卷五十二《答黄鲁直书一首》，北京：中华书局，1986年，第1532页。
4 ［宋］苏轼撰，［明］茅维编，孔凡礼点校：《苏轼文集》卷六十七，北京：中华书局，1986年，第2122页。

不存在。就苏轼的这则评语而言，应当说是对黄庭坚诗相当中肯的评价；而对其"格"与"韵"的肯定，正体现了东坡所追求的审美理想。苏轼又曾评价黄庭坚诗曰："每见鲁直诗文，未尝不绝倒。然此卷语妙，殆非悠悠者所识能绝倒者也，是可人。"[1]"绝倒"一词在东坡文中有两个意思，其一是让人大笑不止，其二是表示佩服之极，此处指后者；而"可人"是比"绝倒"更高妙一层的境界。苏轼这段话是典型的印象式评点，并没有什么具体的评价，但无疑表达了对黄庭坚诗的激赏之意。黄庭坚不仅以诗知名于世，其书法亦是当时第一流之作，东坡同样推许不已。如《跋山谷草书》："昙秀来海上见东坡，出黔安居士草书一轴，问此书如何，坡云：张融有言：'不恨臣无二王法，恨二王无臣法。'吾于黔安亦云。他日黔安当捧腹轩渠也。"[2]

可见，"六君子"是因仰慕苏轼之文名而聚集于他周围的，而他们能成为苏门一员也在于苏轼对其诗文的欣赏。但是，在人数众多的、开放的苏门作家群中，以文相交是最普遍不过的事情，苏轼与六君子之所以在其中相对独立地形成苏门文人集团，在于他们共同拥有的另一种特质：君子之德。苏轼在《祭欧阳文忠公文》中说："公之生于世六十有六年，民有父母，国有蓍龟，斯文有传，学者有师，君子有所恃而不恐，小人有所畏而不为。……今公之没也，……斯文化为异端，而学者至于用夷，君子以为无为为善，而小人沛然自以为得时。"[3]可见在苏轼看来，"斯文"不仅是一个大文化的概念，而且其中承载着儒家道统。他在《六一居士集叙》中说："孔子曰：'天之将丧斯文也，后死者不得与于斯文也。'……文章之得丧，何与于天？"[4]解经者多将孔子之"文"解为

---

1 ［宋］苏轼撰，［明］茅维编，孔凡礼点校：《苏轼文集》卷六十八《书黄鲁直诗后》，北京：中华书局，1986年，第2135页。
2 ［宋］苏轼撰，［明］茅维编，孔凡礼点校：《苏轼文集》卷六十九，北京：中华书局，1986年，第2202—2203页。
3 ［宋］苏轼撰，［明］茅维编，孔凡礼点校：《苏轼文集》卷六十三《祭欧阳文忠公文》，北京：中华书局，1986年，第1937页。
4 ［宋］苏轼撰，［明］茅维编，孔凡礼点校：《苏轼文集》卷十《六一居士集叙》，北京：中华书局，1986年，第315页。

礼乐制度，苏轼则认为是"文章"之意。《太息一首送秦少章》中也说："昔吾举进士，试于礼部，欧阳文忠公见吾文，……今吾衰老废学，自视缺然，而天下士不吾弃，以为可以与于斯文者，犹以文忠公之故也。"[1]此处的"斯文"显然亦为"文章"之意。苏轼之所以如此解经，正是有意要赋予"文"传承道统的重任，相应地，文人也绝不是肤浅的舞文弄墨之人，而是儒家道统的传承者，即苏轼《祭欧阳文忠公文》中所对举的"君子""小人"之"君子"。苏轼曾在《跋秦少游书》中说："少游近日草书，便有东晋风味，作诗增奇丽。乃知此人不可使闲，遂兼百技矣。技进而道不进，则不可，少游乃技道两进也。"[2]所谓"技"，自是指"文"；而"道"，便是指君子之德。正因为对君子之德的重视，六君子才会在苏门文人中脱颖而出，受到苏轼特别的赏识，也才有苏轼的"更欲求其似，邈不可得"之叹。南宋王十朋有诗曰："斯文韩欧苏，千载三大老。苏门六君子，如籍湜郊岛。大匠具明眼，一一经考选。岂曰文乎哉，盖深于斯道。……"[3]认为韩愈、欧阳修、苏轼是斯文重任的传承者，而苏门六君子，就如同张籍、孟郊之于韩愈，他们是由苏轼精心挑选而出，赋予文统、道统的传承使命之人，所以他们不是单纯意义上的文人，而是深谙儒家之"道"的文人。早于王十朋半个多世纪的苏轼若能看到此诗，想来当引为知己。

二 君子之德

胡仔曾引《元城先生语录》云："士大夫只看立朝大节如何，若大节一亏，则有细行，不足赎也。东坡立朝大节极可观，才意迈峻，唯己之是信。在元丰，则不容于元丰，人欲杀之；在元祐，则虽与老先生议论，

---

1 ［宋］苏轼撰，［明］茅维编，孔凡礼点校：《苏轼文集》卷六十四，北京：中华书局，1986年，第1979页。
2 ［宋］苏轼撰，［明］茅维编，孔凡礼点校：《苏轼文集》卷六十九，北京：中华书局，1986年，第2194页。
3 ［宋］王十朋：《梅溪后集》卷十九《喻叔奇采坡诗一联云今谁主文字公合把旌旄为韵作十诗见寄某惧不敢和酬以四十韵》，四部丛刊本。

亦有不合处，非随时上下人也。"¹ 元城先生指刘安世，就政治立场而言，他是站在"老先生"司马光一方的，但上述对苏轼的评价无疑为公允之语。"惟己之是信""非随时上下人也"，指出了苏轼独立不随的品格。苏轼的不盲从于任何一党，遭到了新旧两党的夹击，但这正是苏轼所追求的具有独立人格的"君子"的道德理想。元祐二年（1087），苏轼在给杨绘的信中谈到"君子"问题："近数章请郡，盖为台谏所不容也。昔之君子，唯荆是师；今之君子，唯温是随。所随不同，其为随则一也。老弟与温相知至深，始终无间，然多不随耳。致此烦言，盖始于此。"² 苏轼认为，不管是王安石的追随者，还是司马光的追随者，他们各自追随的对象不同，"随"的特点却相同。苏轼以自己的"不随"而自傲，这与他反对王安石和司马光都主张的"一道德"出自同一思路，表达了对"君子"的独立思想和人格精神的要求。也许有人质疑："六君子"不也唯苏是"随"吗？事实上，"随"只是表面现象，关键在于是否坚持"君子"真正的品格，是否能保持自己的独立思想和人格精神。"六君子"在苏轼落魄于黄州时开始追随他，后又在党争中被视为苏轼一党而一再遭贬，命运多舛，身为布衣的李廌也几遭牵连。³ 所以"六君子"的"随"是经过独立思考后做出的体现自己道德理想的选择，这其中不排除有苏轼的影响，但最后一定得到了被影响者的认同而成为他们自觉自愿的追求。

例如李廌。年轻时有躁进之心，常谒于权贵之门，因此遭到苏轼的批评："……累书见责以不相荐引，读之甚愧。然其说不可不尽。君子之知人，务相勉于道，不务相引于利也。……深愿足下为礼义君子，不愿足下丰于才而廉于德也。……足下但信道自守，当不求自至。若不深自

----

1 ［宋］胡仔撰，廖德明校点：《苕溪渔隐丛话》后集卷二十六，北京：人民文学出版社，1981年，第188页。
2 ［宋］苏轼撰，［明］茅维编，孔凡礼点校：《苏轼文集》卷五十五《与杨元素十七首》，北京：中华书局，1986年，第1655页。
3 苏轼《与李方叔十七首》："某自恨不以一身塞责，坐累朋友。如方叔飘然一布衣，亦几不免。"见［宋］苏轼撰，［明］茅维编，孔凡礼点校：《苏轼文集》卷五十三，北京：中华书局，1986年，第1581页。

重，恐丧失所有。言切而尽，临纸悚息。"[1] 语气不可谓不严重，然正是"爱之深、期之远"，故责之切，体现了苏轼以"君子"理想相勉的殷切之意。《宋元学案》的记载则要温和得多，称苏轼"拊其背曰：'子之才，万人敌也，抗之以高节，莫之能御矣。'"[2] 从正面表达了希望李廌丰于才亦丰于德之意，于是李廌"再拜受教"。李廌在《师友谈记》中亦坦然记载了自己"受教"并悔改之事："廌少时有急进好名之义，献书公车者三，多触闻罢。然其志不已，复多游巨公之门。自丙寅年，东坡尝诲之曰：'如子之才，自当不没，要当徇分，不可躁求。王公之门，何必时曳裾也。'尔后常以为戒，自昔二三名卿已相知外，八年中未尝一谒贵人。中间有贵人使人谕殷勤，欲相见，又其人之贤可亲，然廌所守匹夫之志，亦未敢自变也。"[3] 事实证明，李廌没有辜负苏轼的一片苦心教诲，抱穷守节以终。据《宋元学案》："东坡卒，先生哭之恸，曰：'吾愧不能死知己，至于事师之勤，讵敢以生死为间！'即走许、汝间，相地卜兆授其子，作文祭之曰：'皇天后土，鉴一生忠义之心；名山大川，还万古英灵之气。'词语奇壮，闻者为悚。"[4] "皇天"两句流传广远，其后更有"识与不识，罔不尽伤；闻所未闻，吾将安放"之句，[5] 沉痛之情、真挚之意溢于言表，而这正是建立在二人精神相通、知己相待基础之上的。叶梦得称李廌以书责子瞻不荐己，子瞻后稍薄之，竟不第而死云云[6]，实为附会之辞。从苏轼与李廌书简及《师友谈记》可看出，李廌怪责苏轼不不荐己是早期之事，苏轼已直言诲之，李廌也早就虚心受教，苏轼此后并

---

1 ［宋］苏轼撰，［明］茅维编，孔凡礼点校：《苏轼文集》卷四十九《答李方叔书》，北京：中华书局，1986年，第1421页。
2 ［清］黄宗羲著，［清］全祖望补修，陈金生、梁运华点校：《宋元学案》卷九十九，北京：中华书局，1986年，第3307页。
3 ［宋］李廌撰，孔凡礼点校：《师友谈记》，北京：中华书局，2002年，第14页。
4 ［清］黄宗羲著，［清］全祖望补修，陈金生、梁运华点校：《宋元学案》卷九十九，北京：中华书局，1986年，第3308页。
5 ［宋］朱弁撰，孔凡礼点校：《曲洧旧闻》卷五，北京：中华书局，2002年，第158页。
6 ［宋］叶梦得《石林诗话》卷中："……廌自是学亦不进，家贫，不甚自爱，尝以书责子瞻不荐己，子瞻后稍薄之，竟不第而死。"见［清］何文焕辑：《历代诗话》，北京：中华书局，2004年，第417页。

未"稍薄之",在元祐末遭贬前还"与范祖禹谋曰:'廌虽在山林,其文有锦衣玉食气,弃奇宝于路隅,昔人所叹,我曹无得意哉!'将同荐诸朝,未几,相继去国,不果。"[1]

关于李廌与苏轼之间,还有另外一桩"公案",就是传闻苏轼泄题与李廌事。据罗大经《鹤林玉露》:"元祐中,东坡知贡举,李方叔就试。将锁院,坡缄封一简,令叔党持与方叔,值方叔出,其仆受简置几上。有顷,章子厚二子曰持、曰援者来,取简窃观,乃'扬雄优于刘向论'一篇,二章惊喜,携之以去。方叔归,求简不得,知为二章所窃,怅惋不敢言。已而果出此题,二章皆模仿坡作,方叔几于阁笔。及拆号,坡意魁必方叔也,乃章援。第十名文意与魁相似,乃章持。坡失色。二十名间,一卷颇奇,坡谓同列曰:'此必李方叔。'视之,乃葛敏修。……而方叔竟下第。坡出院,闻其故,大叹恨,作诗送其归,所谓'平生漫说古战场,过眼空迷日五色'者是也。"[2]《养疴漫笔》《山堂肆考》《宋稗类钞》等均记此事。记录者之所以津津乐道于此,是因为发生在苏、李这两个当时的文坛名人身上的事情充满了戏剧性,而更多的笔记只是记载了李廌失利于苏轼知贡举的科考之中。因为大多数文人主要关注的,还是与他们相同身份的李廌,在科举这一对文人来说举足轻重的大事中的命运,他们所叹惋的是以苏、李的师生关系,及李廌之才和苏轼之慧眼,犹不能拔廌于士林,可见士子在科举中时运之不可把握;而文人对此事的屡次记载,大约有些物伤同类的意思。但如上述诸笔记所录苏轼泄题与李廌,事关苏轼之"德",则不能不加以辨析。章援之及第,确实在元祐三年(1088)苏轼典试时(见《太平治迹统类》前集卷二八),但章持则绍圣四年(1097)才登第,其时省元为汪革(见《文献通考》卷三二《选举》五所引《宋登科记总目》)。据《云麓漫钞》:"元祐三年先生知举时,致平(按,章援字)为举子。初,致平之文法荆公,既见先

---

1 [元]脱脱等撰:《宋史》卷四四四,北京:中华书局,1985年,第13116页。
2 [宋]罗大经撰,王瑞来点校:《鹤林玉露》甲编卷五,北京:中华书局,1983年,第92页。

生知举,为文皆法坡,遂为第一。逮揭榜方知为子厚子。"[1] 可见章援之登第,实由其工于揣摩,见知举者为苏轼,便效其为文,果得苏轼赏识而取之。琢磨主考官的文风喜好以获取更好的名次,在古代科考中可算是光明正大的应试技巧,一个典型的例子就是欧阳修主持科考时期的刘几故事。嘉祐二年(1057),欧阳修主持礼部试,黜落他所反对的"太学体"士子刘几;等到嘉祐四年(1059)欧阳修主持殿试时,刘几则以他所赞赏的文风被取为状元。[2] 然而文风之辨识、士子临场之发挥,又有太多不可控因素,导致李廌最终落第,这是弥封誊录的科举时代的正常现象。至于罗大经所记苏轼令苏过送题给李廌,仆人随意扔在几案上而被章氏兄弟所窃取,如此明目张胆而又处处漏洞的科场舞弊"故事",可信度实低。

  陈师道能名列"六君子"更与其坚守道德节操有关。他早年因为反感新学而绝意仕进,家极贫以至不能养活妻儿,却安贫乐道、抱穷守节。他慕徐积之孝行,主动结交之[3],却拒绝了权贵章惇的招纳。钻营之人只恨不能及早见当权者于其在位之日,陈师道却说:"幸公之他日成功谢事,幅巾东归,某当驭款段、乘下泽,候公于上东门外,尚未晚也。"[4] 他在《代贺门下苏侍郎启》中说:"君子不患乎富贵,而患乎所立。"[5] 虽是代人立言,却表明了自己的心声,而这也正是苏轼所倡导的道德理想。所以苏轼在批评李廌急于要求自己荐引的信中便举了师道作为正面"典型":"陈履常居都下逾年,未尝一至贵人之门,章子厚欲一见,终不可得。"[6] 在《荐布衣陈师道状》中又称其"文词高古,度越流辈,安贫守

---

1 [宋]赵彦卫撰,傅根清点校:《云麓漫钞》卷九,北京:中华书局,1996年,第155页。
2 [宋]沈括撰,金良年点校:《梦溪笔谈》卷九,北京:中华书局,2015年,第88页。
3 [宋]曾敏行撰,朱杰人整理:《独醒杂志》卷一,"陈后山之贤与徐仲车之介",上海:上海古籍出版社,2012年,第95页。
4 [宋]陈师道:《与少游书》,见曾枣庄、刘琳主编:《全宋文》第一百二十三册,上海:上海辞书出版社、安徽:安徽教育出版社,2006年,第282页。
5 曾枣庄、刘琳主编:《全宋文》第一百二十三册,上海:上海辞书出版社、安徽:安徽教育出版社,2006年,第303页。
6 [宋]苏轼撰,[明]茅维编,孔凡礼点校:《苏轼文集》卷四十九《与李方叔书》,北京:中华书局,1986年,第1420页。

道,若将终身。苟非其人,义不往见",[1] 前两句赞其文才,后四句则称扬其人品节操。足见陈师道成为苏门一员并名列"六君子",是以他与苏轼对道德文章的共同追求为基础,二人因之而互相赏识、互相吸引。世传陈师道以"向来一瓣香,敬为曾南丰"之句而拒入苏门,恐并不符合事实。张宗泰在《跋〈归田诗话〉》中所言甚为有理:

> 蔡正孙《诗林广记》谓元丰间曾巩修史,荐后山有道德有史才,乞自布衣召入史馆,命未下而曾去,后山感其知己,不愿出他人门下,故作《妾薄命》云云。又厉鹗《宋诗纪事》谓元祐中,苏轼、傅尧俞、孙觉荐师道,授徐州教授。则是南丰、东坡均于后山有荐拔之谊。又邵浩编《坡门酬唱集》,轼、辙外凡得六人,为黄庭坚、秦观、晁补之、张耒、陈师道、李廌。又宋人编《苏门六君子文粹》,《提要》曰《宋史》称黄庭坚、张耒、晁补之、秦观为苏门四学士,而此益以陈师道、李廌,称苏门六君子者,盖陈、李虽于苏轼交最晚,而师道则以轼荐起官,廌亦以文章见知于轼,故以类附之也。据是数说,则后山于东坡非无知己之感,故其向慕亦甚至,特于南丰受知最先,情意亦较重,故不欲负厥初心耳。而《归田诗话》便谓东坡爱后山之才,欲牢笼于门下,而后山不为之屈。夫笼络他人门下士,使归而就我,非所以为东坡;而后山之于东坡,至越境送行,虽被劾而不辞,亦何尝不为之屈也。[2]

关于陈师道越境送行事,张侃《跋陈后山再任校官谢启》有详细描述:"陈无己任徐州校官日,出境送东坡知杭州,诗云:'一代不数人,百年

---

1 [宋]苏轼撰,[明]茅维编,孔凡礼点校:《苏轼文集》卷二十七,北京:中华书局,1986年,第795页。
2 [清]张宗泰:《鲁岩所学集》卷十,见傅璇琮编:《黄庭坚和江西诗派资料汇编》,北京:中华书局,1978年,第577页。

能几见？'好事者造谤。无己处之如平时，路无诎色，而声名行乎天下，此岂视得失而为变动耶！至其再任，又曰：'昨缘知旧，出守东南，念一代之数人，而百年之几见。'又曰：'使一有于先颠，为两涂之后悔。'此尤见无己之终不渝其守也。噫！今岂有是事耶？旧见人说东坡好收拾士类，而士类乐为之用。集云代人作，岂知无己者耶？"[1] 由上可知，前人对于陈师道是否为苏门中人已经有了很充分的论辩，师道前期的入曾门并不妨碍他后期与苏轼的师徒之谊，越境送行便表明了他对苏轼的爱戴之深，而道德文章正是他们论交的基础。所以像《爱日斋丛钞》所言"苏门陈无己……"[2]，径直将陈师道纳入苏门，并非某一个人心血来潮地偶一为之，而是当时及其后许多人的共识。如清代吴景旭就"瓣香"问题发表议论说："……东坡出知杭州，道由南京，后山时为徐州教授，出界来谒。孙觉不许往，而后山不顾，刘安世上弹文，而后山不顾，且送以诗云：'一代不数人，百年能几见？'此岂寡情于坡者哉？送吴先生谒坡诗云：'为说任安在，依然一秃翁。'时后山坐党事废锢，故云秃翁，盖自谓不负苏公之门也。"[3] 陈师道用不肯负故主的任安作喻，"秃翁"之表白，实不下于"瓣香"。

与"苏门四学士"称号的出现不同，"六君子"并没有一个例如同任馆职这样的客观条件为形成基础，而主要靠道德理想上的志同道合。这一点通过了解缘何苏门其他人没有名列"君子"可以更清楚地看到。如绪论所言，被列入苏门的实不下二十人[4]，而他们被排除在六君子之外的原因，其一在于文学成就，其二则是操守气节。如李之仪。虽然《宋史》

---

[1] ［宋］张侃：《张氏拙轩集》卷五，见傅璇琮编：《黄庭坚和江西诗派资料汇编》，北京：中华书局，1978年，第504页。
[2] ［宋］叶寘撰，孔凡礼点校：《爱日斋丛抄》卷四，中华书局，2010年，第87页。
[3] ［清］吴景旭：《历代诗话》卷五十九，北京：京华出版社，1998年，第764页。
[4] 除六君子外，还包括李之仪、唐庚、赵令畤、秦少章、毛滂、苏养直、邢居实、晁以道、晁之道、晁伯宇、马子才、王巩、王子立、潘大观、潘邠老、姜唐佐、孙勰、蔡肇、贺铸、孔文仲、孔武仲、孔平仲、张舜民、道潜、毕仲游、李昭玘，以及被称为"苏门后四学士"的李格非、廖正一、李禧、董荣。

谓其"能为文,尤工尺牍,轼谓入刀笔三昧"[1],但总体成就在苏门终属二流,王士祯便认为:"端叔在苏门名次六君子,曩毛氏《津逮秘书》中刻其题跋,观全集殊下秦、晁、张、陈远甚,然其题跋自是胜场。"[2]而其名节亦有可疑之处。吴莘在《姑溪居士前集序》中说:"或谓端叔晚节锐于进取,有所附丽。虽若可疑,然范忠宣公《遗奏》极为鲠切诋斥,不顾一时用事者欲置忠宣之子于理,端叔慨然自列,谓实出其手。……其勇于义若此,讵可以微瑕掩之哉?"[3]虽是本着为李之仪辩解的意图,却正说明李有遭人非议之处,名列"君子",自不合适。王巩、赵令畤和毛滂更是因名节问题而不可能成为"君子"之选。王巩很早就从学于苏轼,"乌台诗案"中为轼所牵累而远贬宾州,在瘴疠之地三年而能安于患难,颇得苏轼敬服,但是后来却阶梁师成以进,而为世所指摘。赵令畤在颍州时与苏轼唱和颇多,后坐与苏轼交通,罚金入党籍,但不久即依附内侍谭稹,而为清议所非[4]。毛滂在元祐中苏轼守杭州时为法曹,轼曾以文章典丽可备著述科荐之。后为曾布所赏,擢至馆阁。曾布南迁时亦遭迁谪。蔡京柄政后,滂上一词甚伟丽,因骤得进用,由是为人所轻[5]。南宋王明清《挥麈录》以饶有趣味的情节描绘了毛滂附丽之事:"毛泽民受(知)曾文肃,擢置馆阁。文肃南迁,坐党与得罪,流落久之。蔡元度镇润州,与泽民俱临川王氏婿,泽民倾心事之惟谨。一日家集,观池中鸳鸯,元度席上赋诗,末句云:'莫学饥鹰饱便飞。'泽民即席和以呈元度曰:'贪恋恩波未肯飞。'元度夫人笑曰:'岂非适从曾相公池中飞过来者邪?'泽民(惭),不能举首。"[6]四库提要在介绍毛滂《东堂集》时

---

1 [元]脱脱等撰:《宋史》卷三百四十四《李之纯传》,北京:中华书局,1985年,第10941页。
2 [清]王士祯撰,刘奕点校:《带经堂诗话》卷六《题识类》二七,上海:上海古籍出版社,2020年,第2491页。
3 祝尚书编:《宋集序跋汇编》卷十六,北京:中华书局,2010年,第762页。
4 王巩、赵令畤事见[宋]罗大经撰,王瑞来点校:《鹤林玉露》乙编卷一,北京:中华书局,1983年,第122页。
5 [清]永瑢等撰:《四库全书总目》卷一百五十五《东堂集十卷》,北京:中华书局,1965年,第1340页。
6 [宋]王明清撰:《挥麈录》后录卷七,北京:中华书局,1961年,第169页。

说:"其诗有风发泉涌之致,颇为豪放不羁,文亦大气磅礴,汪洋恣肆,与李廌足以对垒,在北宋之末足以自成一家,故未可竟置之不议也。"特意将毛滂与"六君子"之一的李廌并提,但提要又以大量篇幅说到毛滂人品之不足道,并在叙述了《挥麈录》所载事后评论说:"是其素行儇薄,反覆不常,至为妇人女子所讥,人品殊不足重。即集中所载酬答之文,亦多涉请谒干祈,不免脂韦淟涊之态,故陈振孙谓其诗文视乐府颇不逮,盖亦因其人而少之。"与提要对"六君子"人品的大加称赏适成鲜明对照。

对于黄、秦、晁、张四人,苏轼也无一不是爱重其道德人品。例如苏轼在给黄庭坚的信中称其"如精金美玉,不即人而人即之,将逃名而不可得";他又以"为人大略,斯文以传"的观点,从黄庭坚之文而赞其人品之高洁脱俗,并表达了与黄庭坚结友的由衷喜悦之情:"观其文以求其为人,必轻外物而自重者,今之君子,莫能用也";"超逸绝尘,独立万物之表,驭风骑气,以与造物者游,非独今世之君子所不能用,虽如轼之放浪自弃、与世疏阔者,亦莫得而友也。今者辱书词累幅,执礼恭甚,如见所畏者,何哉?轼方以此求友于足下,而惧其不可得,岂意得此于足下乎?喜愧之怀,殆不可盼。"[1] 黄庭坚被认为有"君子"之德,而东坡此书中为何又两次提到黄庭坚不能为"君子"所用?其实两个"君子"内涵不同,分别体现了儒家道德理想"独善其身"与"兼济天下"的两个侧面,东坡提到的"君子"偏重入世一面,"六君子"所重则为个人道德修为的一面。但这并不意味着六君子乃遗世而独立之人,事实上,他们个人的道德品性是在现实政治社会中才得以凸显的。苏轼也并不希望黄庭坚真的与世疏离,所以在同时写给黄庭坚的次韵诗中又对其寄予了廓清政治丑恶的期望:"佳谷卧风雨,稂莠登我场。阵前漫方丈,玉食惨无光。大哉天宇间,美恶更臭香。君看五六月,飞蚊殷回廊。

---

[1] [宋]苏轼撰,[明]茅维编,孔凡礼点校:《苏轼文集》卷五十二《答黄鲁直书一首》,北京:中华书局,1986年,第1531页。

兹时不少假，俯仰霜叶黄。期君蟠桃枝，千岁终一尝。顾我如苦李，全生依路傍。纷纷不足愠，悄悄徒自伤。"[1]后又上《举黄庭坚自代状》，称"蒙恩除臣翰林学士，伏见某官黄庭坚孝友之行，追配古人，瑰玮之文，妙绝当世"，[2]认为黄庭坚道德文章皆为当时之冠冕，"举以自代"而希望其在政治上有更大的作为。

苏轼在给毛滂的信中说："文章如金玉，各有定价。先后进相汲引，因其言以信于世，则有之矣。至其品目高下，盖付之众口，决非一夫所能抑扬"，[3]表示文名之盛衰是由众人而非自己一人决定；就六君子而言，他们的文学成就确实得到了世所公认，但正如苏轼所说，是他于稠人中"特先识之"，首先发现了他们的文学才华。而即使同在苏轼一人眼中，他所看到的六君子的文学也是在不断成熟中的，这其中无疑体现了作为六君子之师的苏轼自己的功劳。苏轼又一再强调要"技道两进"、不要"丰于才而廉于德"，而六君子或与之志同道合，或向其虚心求教，最终都以在现实政治层面对儒家道德理想主义的实践而成为"君子"典范。所以苏轼眼中的六君子与我们今天所看到的六君子，最大不同在于：我们看到的是一种成型的"形象"，而苏轼看到的是一个动态的"过程"，并且在六君子身上投射着他自己的影像。

第二节　六君子眼中的东坡

在现代作家林语堂的眼中，苏东坡"是个禀性难改的乐天派，是悲天悯人的道德家，是黎民百姓的好朋友，是散文作家，是新派的画家，是伟大的书法家，是酿酒的实验者，是工程师，是假道学的反对派，是

---

[1] ［宋］苏轼撰，［清］王文诰辑注，孔凡礼点校：《苏轼诗集》卷十六《次韵黄鲁直见赠古风二首》，北京：中华书局，1982年，第834—836页。

[2] ［宋］苏轼撰，［明］茅维编，孔凡礼点校：《苏轼文集》卷二十四，北京：中华书局，1986年，第714页。

[3] ［宋］苏轼撰，［明］茅维编，孔凡礼点校：《苏轼文集》卷五十三《答毛滂书》，北京：中华书局，1986年，第1571页。

瑜伽术的修炼者，是佛教徒，是士大夫，是皇帝的秘书，是饮酒成癖者，是心肠慈悲的法官，是政治上的坚持己见者，是月下的漫步者，是诗人，是生性诙谐爱开玩笑的人……苏东坡的人品，具有一个多才多艺的天才的深厚、广博、诙谐，有高度的智力，有天真烂漫的赤子之心……"，[1]作为一个文化鼎盛时期的文人代表，正如林语堂所说，也许这些还不足以勾绘出苏东坡的全貌；而在六君子来说，作为与苏轼交游密切的弟子与朋友，他们会在心目中勾勒出各自所感受到的东坡形象，由于观察者视角和观点的不同，这些形象自是各不相同；但有两点在六君子那里取得了相当一致的意见，其一是对东坡立朝大节的钦敬，其二自然是对东坡千古之文的叹服。

一 "临大节而不可夺"

建中靖国元年（1101），苏轼于常州去世后，黄庭坚写了一封信给苏轼侄婿王庠，称："东坡先生遂捐馆舍，岂独贤士大夫悲痛不能已，人之云亡，邦国殄瘁者也，可惜，可惜！立朝堂堂，危言谠论，切于事理，岂复有之。然有自常州来云，东坡病亟时，索沐浴，改朝衣，谈笑而化，其胸中固无憾矣。"[2] 其中关于东坡临终情景的描写颇值得玩味。黄庭坚虽是转述他人所见，但从语意来看，他是接受了这一说法的。事实上，这与许多资料所记载的东坡临终情景并不一致：

> 建中靖国元年六月请老，以本官致仕，遂以不起。未终旬日，独以诸子侍侧曰："吾生无恶，死必不坠，慎无哭泣以怛化。"问以后事，不答，湛然而逝。[3]（苏辙《亡兄子瞻端明墓志铭》）

---

[1] 林语堂著，张振玉译：《苏东坡传》，北京：作家出版社，1997年，第6页。
[2] ［宋］黄庭坚著，刘琳等点校：《黄庭坚全集》卷十八，北京：中华书局，2021年，第417页。
[3] ［宋］苏辙著，曾枣庄、马德富点校：《栾城集》后集卷二十二，上海：上海古籍出版社，2009年，第1421页。

东坡以建中靖国元年七月二十七日殁于常州。时钱济明侍其傍，白曰："端明平生学佛，此日如何？"坡曰："此语亦不受。"遂化[1]。（惠洪《石门文字禅》）

东坡疾稍革，径山老惟琳来问疾。坡曰："万里岭海不死，而归宿田里，有不起之忧，非命也耶？然死生亦细故耳。"后二日，将属纩，闻根先离。琳扣耳大声曰："端明勿忘西方！"曰："西方不无，但个里著力不得。"语毕而终。[2]（周煇《清波杂志》）

后二日，殆将属纩，闻根先离。惟琳扣耳大声曰："端明勿忘西方！"先生曰："西方不无，但个里著力不得。"钱济明曰："先生平时践履，至此更须着力。"曰："着力即差。"语绝而逝[3]。（赵叔问《肯綮录》）

径山老维琳来说偈，答曰："与君皆丙子，各已三万日。一日一千偈，电往那能诘。大患缘有身，无身则无疾。平生笑罗什，神咒真浪出。"琳问神咒事，索笔书："昔鸠摩罗什病亟，出西域神咒三番，令弟子诵以免难，不及事而终。"并出一帖云："某岭海万里不死，而归宿田里，有不起之忧，非命也耶？"盖绝笔于此。后二日，殆将属纩，而闻根先离。琳叩耳大声云："端明宜勿忘。""西方不无，但个里着不得。"世雄云："固先生平时履践，至此更须着力。"曰："着力即差。"语绝而逝[4]。（傅藻《东坡纪年录》）

以上几种记载，虽都不是在场者的第一手资料，但所描述的情景相去

1　[宋]释惠洪著，周裕锴校注：《石门文字禅校注》卷二十七《跋李鹰吊东坡文》，上海：上海古籍出版社，2021年，第4112页。
2　[宋]周煇著，刘永翔校注：《清波杂志校注》卷三，北京：中华书局，1994年，第123页。
3　[宋]周煇著，刘永翔校注：《清波杂志校注》卷三，北京：中华书局，1994年，第123页。
4　[宋]傅藻：《东坡纪年录》，四部丛刊本。

不远,当为众所认可的比较接近真实的东坡临终景况[1],然而无一提到"索沐浴,改朝衣,谈笑而化"之事。依傅藻《东坡纪年录》所记东坡绝笔,刚自万里之遥的岭海归来,却有"不起之忧",一句"非命也耶"实充满对人生、命运的无奈之感,并非是"胸中固无憾矣"。至于东坡之死,各种记载几乎都是客观叙述性的"语绝而逝""语毕而终""遂化",仅"湛然而逝"略有形容,但也大体等同"安然而逝"这类常见写法,而非令人回想不已的"谈笑而化"。以黄庭坚与惠洪、钱世雄等人的关系,并不难打听到东坡临终时的真实情况,那他为何接受了身份不明的"常州来者"的说法呢?显然,"这一个"东坡与他心目中典范化的东坡最为接近,也与他自己所追求的某种精神最为契合,所以不管有意还是无意,临终时的东坡便以此种形象出现在了黄庭坚笔下。这其中固然有想象的成分,但抓住了东坡精神的本质,寥寥几笔反而凸显了一个最具真实感的鲜活生动的东坡。

在黄庭坚的描述中,"改朝衣"一节是其他记载全然没有提及的,而这与黄庭坚在这封信的前面所赞"立朝堂堂,危言谠论,切于事理,岂复有之"遥相呼应,突出强调了苏轼心系朝堂的入世之思。在六君子看来,作为士大夫的苏轼最让人钦敬的,正在其忠言谠论、直而不随的立朝大节。如黄庭坚在给东坡的信中说:"伏唯阁下学问文章,度越前辈,大雅岂弟,约博后来。立朝以直言见排抵,补郡辄上最课。可谓声实于中,内外称职。凡此数者,在人为难兼,而阁下所蕴,海涵地负,特所见于一州一国者耳。"[2]元符元年(1098),黄庭坚作《东坡先生真赞三首》,其中一首曰:"岌岌堂堂,如山如河。其爱之也,引之上西掖銮坡。是亦一东坡,非亦一东坡。槁项黄馘,触时干戈。其恶之也,投之于鲲鲸之波。是亦一东坡,非亦一东坡。东坡之在天下,如太仓之一稊米,至于临大节而不可夺,则与天地相终始。"[3]所谓"临大节而不可夺",是曾子用来称誉"君子"之语,则黄庭坚对东坡政治节操评价之高,可谓

---

1 王水照、崔铭著《苏轼传》便综合了上述说法,可参看。天津:天津人民出版社,2000年。
2 [宋]黄庭坚著,刘琳等点校:《黄庭坚全集》卷十八,北京:中华书局,2021年,第407页。
3 [宋]黄庭坚著,刘琳等点校:《黄庭坚全集》卷二十二,北京:中华书局,2021年,第505页。

少有其比,也表明了东坡正是黄庭坚心目当中的"君子"。秦观在苏轼结束黄州之贬、重回庙堂所作贺启中说:"道贯神明,智周事物。决科射策,亟闻董相之风;逆指犯颜,屡夺史鱼之节。周旋台阁,而风采可畏;流落江湖,而容貌不枯。"[1]虽是程式之文,却并非虚与委蛇之辞,正是东坡"奋厉有当世志"[2]的政治抱负和超然自适的精神世界吸引着秦观,使其一生追随东坡,荣辱与共。李廌也认为:"东坡不唯文章可以盖代,而政事忠亮风节,凛凛过人远甚。"[3]晁补之则在给时任兵部侍郎的岳父杜纯的信中反驳后者对苏轼的批评:"补之于苏公为门下士无所复赘。然刚洁寡欲,奉己至俭菲,而以身任官责,嫉邪爱物,知无不为。尤是不忽细物,其有所不得尽,视去官职如土芥。凡规模大较,与左右近者,非一事也。来书犹怪其尚气好辩,此非补之所能知。"[4]晁补之曾在给苏轼的信中说:"横身当职,不肯碌碌,出辞吐气,无所阿避,可谓有服天下之实矣"[5],正是对指责东坡"尚气好辩"者的回应,说明东坡并非逞口舌之快、斗小人之气,而是在其位、谋其职、心忧天下者。就个人操守而言,补之更是深赞东坡"刚洁寡欲,奉己至俭菲""嫉邪爱物,知无不为""视去官职如土芥",进退出处无不体现出君子之风。张耒则专门挑出一个"刚"字来称誉东坡:"苏公行己,可谓刚矣!傲睨雄暴,轻视忧患,高视千古,气盖一世,当与孔北海并驱。"[6]其中"轻视忧患"一句,最为准确地写出了东坡之精神,但在更多时候,东坡门人以"达"而非"刚"来概括东坡这一充满人格魅力的精神特色。

....
1 [宋]秦观著,徐培均笺注:《淮海集笺注》卷二十八《贺苏礼部启》,上海:上海古籍出版社,2000年,第918页。
2 [宋]苏辙著,曾枣庄、马德富点校:《栾城集》卷二十二《亡兄子瞻端明墓志铭》,上海:上海古籍出版社,2009年,第1117页。
3 [宋]李廌撰,孔凡礼点校:《师友谈记》,北京:中华书局,2002年,第42页。
4 [宋]晁补之:《答外舅兵部杜侍郎书》,见曾枣庄、刘琳主编:《全宋文》第一百二十六册,上海:上海辞书出版社、安徽:安徽教育出版社,2006年,第33页。
5 [宋]晁补之:《上苏公书》,见曾枣庄、刘琳主编:《全宋文》第一百二十六册,上海:上海辞书出版社、安徽:安徽教育出版社,2006年,第26页。
6 [宋]张耒撰,李逸安、孙通海、傅信点校:《张耒集》卷五十四《书东坡先生赠孙君刚说后》,北京:中华书局,1990年,第823页。

如张耒《杞菊赋》曰:"子闻之乎?胶西先生,为世达者,文章行义,遍满天下。出守胶西,曾是不饱,先生不愠,赋以自笑。"[1]所谓胶西先生,是指任密州太守时的苏轼。东坡《后杞菊赋》序称:"余仕宦十有九年,家日益贫,衣食之奉,殆不如昔者。及移守胶西,意且一饱,而斋厨索然,不堪其忧。日与通守刘君廷式,循古城废圃,求杞菊食之,扪腹而笑。"[2]在赋中则借主客问答论道:"人生一世,如屈伸肘。何者为贫?何者为富?何者为美?何者为陋?或糠籺而瓠肥,或粱肉而墨瘦,何侯方丈,庾郎三九,较丰约于梦寐,卒同归于一朽。吾方以杞为粮,以菊为糗,春食苗,夏食叶,秋食花实而冬食根,庶几乎西河南阳之寿。"苏轼努力以道家思想自宽自解,在苏门弟子看来,于恶劣环境下仍能保持乐观平和,"不愠"反"笑",这正是"达"之体现。如晁补之《七述》这样表现东坡之"达":"眉山先生怀道含光,陆沉于俗,日与嵇阮赋诗饮酒,谈笑自足,泊然若将终身焉。"[3]

张耒在《杞菊赋》序中说:"予不达世事,自初得官即不欲仕,而亲老矣,家苦贫,冀斗升之粟以纾其朝夕之急。然到官岁余,困于往来奔走之费,而家之窘迫益甚。向日悲愁叹嗟,自以为无聊,既读《后杞菊赋》而后洞然。如先生者犹如是,则予而后可以无叹也。"[4]从中可见东坡之"达"对弟子的影响。张耒对于东坡《后杞菊赋》,关注重点并非在其形而上的层面,即"同归于一朽"的道家虚无思想,而在于这种思想所体现的精神实质与形而下层面的关系,即"达"的精神对于世俗生活中现实压力的缓解。事实上,这也正是东坡写作《后杞菊赋》的初衷。熙宁七年(1074),苏轼自杭州移知密州,"释舟楫之安而服车马之劳,去

---

1 [宋]张耒撰,李逸安、孙通海、傅信点校:《张耒集》卷一《杞菊赋》,北京:中华书局,1990年,第10页。
2 [宋]苏轼撰,[明]茅维编,孔凡礼点校:《苏轼文集》卷一《后杞菊赋》,北京:中华书局,1986年,第4页。
3 [宋]晁补之撰:《鸡肋集》卷二十八,见曾枣庄、刘琳主编:《全宋文》一百二十五册,上海:上海辞书出版社、安徽:安徽教育出版社,2006年,第310页。
4 [宋]张耒撰,李逸安、孙通海、傅信点校:《张耒集》卷一,北京:中华书局,1990年,第10页。

雕墙之美而蔽采椽之居，背湖山之观而适桑麻之野"，[1]由钱塘繁华之地转任到眼前的简陋山城，加上政治上的失意，内心的落寞可想而知。其《蝶恋花·密州上元》词便含蓄地透露了这种心境："灯火钱塘三五夜，明月如霜。照见人如画，帐底吹笙香吐麝，更无一点尘随马。　寂寞山城人老也。击鼓吹箫，却入农桑社。火冷灯稀霜露下，昏昏雪意云垂野。"[2]而在《后杞菊赋》中，苏轼已由初到时的落寞转为旷达。这个例子对于东坡的思想具有普遍的代表性，即虽然仕途坎坷，屡遭打击，但不管多么恶劣的环境，他最后总能超然面对，并且即使由顺境走入逆境，也能以平常心对待，从而做到宠辱不惊。故黄庭坚在《东坡先生真赞三首》中说："子瞻堂堂，出于峨眉，司马班扬，金马石渠，阅士如墙。上前论事，释之冯唐。言语以为阶，而投诸云梦之黄。东坡之酒，赤壁之笛，嬉笑怒骂，皆成文章。解羁而归，紫微玉堂。子瞻之德，未变于初尔，而名之曰元祐之党，放之珠崖儋耳。方其金马石渠，不自知其东坡赤壁也；及其东坡赤壁，不自意其紫微玉堂也；及其紫微玉堂，不自知其珠崖儋耳也。九州四海知有东坡，东坡归矣。民笑且歌，义形于色，为国山河，一朝不朝，其间容戈。至其一丘一壑，则无如此道人何！"[3]"金马石渠""东坡赤壁""紫微玉堂""珠崖儋耳"，概括了苏轼政治生命中的几度浮沉，而在黄庭坚看来，"子瞻之德"并未因这些在常人来说难以承受的起起落落而有所改变，这正是黄庭坚相信东坡"谈笑而化"的原因。自然，不论是《后杞菊赋》中的"卒同归于一朽"，还是黄庭坚《真赞》中的"至其一丘一壑，则无如此道人何"，可以看出东坡的超然或"达"，与老庄之道有着密切关系。但不管是道家还是佛家，在苏轼身上，始终只体现于文化生活层面而非思想层面的接受，他始终是一个坚

---

[1] ［宋］苏轼撰，［明］茅维编，孔凡礼点校：《苏轼文集》卷十一《超然台记》，北京：中华书局，1986年，第351页。
[2] ［宋］苏轼著，［清］朱孝臧编年，龙榆生校笺：《东坡乐府笺》卷一，上海：上海古籍出版社，2017年，第71页。
[3] ［宋］黄庭坚著，刘琳等点校：《黄庭坚全集》卷十四《东坡先生真赞三首》，北京：中华书局，2021年，第504页。

定的入世者。让我们再回到关于东坡临终的记载。

东坡与僧众多有交往,也深谙佛家精义,但他在临终时却表达了对佛家思想的否定。他对于鸠摩罗什神咒的嘲讽、关于"此语亦不受""西方不无,但个里着力不得""着力即差"之语,无一不表明苏轼认为佛家在精神救赎上的失败。李廌则相信,其师对于佛道有一种更通达的观念。他在《师友谈记》中记载了这样一件事:

> 东坡公云:日者王寔、王宁见访。寔,韩持国少传之婿也,因问持国安否。寔、宁皆曰:"自致政尤好欢,尝自谓人曰:'吾已癃老,且将声乐酒色以娱年,不尔无以度日。'"东坡曰:"惟其残年,正不当尔。君兄弟至亲且旧,愿为某传一语于持国可乎?"寔、宁曰诺。坡曰:"顷有一人,未尝参禅而雅合禅理,死生之际,极为了然。一日,置酒大会亲友,酒阑语众曰:'老夫即今且去。'因摄衣正坐,将奄奄焉。诸子惶遽呼号曰:'大人今日乃与世诀乎?愿留一言为教。'老人曰:'本欲无言,今为汝恳,只且第一五更起。'诸子未谕曰:'何也?'老人曰:'惟五更可以勾当自家事。日出之后,欲勾当则不可矣。'诸子曰:'家中幸丰,何用早起?举家诸事皆是自家事也,岂有分别?'老人曰:'不然。所谓自家事者,是死时将得去者。吾平生治生,今日就化,可将何者去?'诸子颇悟。今持国果自以谓残年,请二君言与持国,但言某请持国勾当自家事。与其劳心声酒,不若为可以死时将去者计也。"坡又曰:"范景仁平生不好佛,晚年清谨,减节嗜欲,一物不芥蒂于心,真却是学佛作家;然至死常不肯取佛法。某谓景仁虽不学佛而达佛理,即毁佛骂祖,亦不害也。"[1]

---

[1] [宋]李廌撰,孔凡礼点校:《师友谈记》,北京:中华书局,2002年,第34页。

在苏轼看来，学佛并不在于形式。他曾对毕仲举说："往时陈述古好论禅，自以为至矣，而鄙仆所言为浅陋。仆尝语述古：'公之所谈，譬之饮食，龙肉也。而仆之所学，猪肉也。猪之与龙，则有间矣。然公终日说龙肉，不如仆之食猪肉，实美而真饱也。'"[1] 东坡以一个诙谐生动的比喻，表明了他学佛的"实用主义"和"功利主义"目的。这一思想，东坡在《跋刘咸临墓志》中亦有表述："鲁直事佛谨甚，作《刘咸临墓志》。咸临不喜佛，而其父道原尤甚。道原之真茹茶、啮雪竹、折玉裂也，终身守之而不易，可不谓戒且定乎！予观范景仁、欧阳永叔、司马君实皆不喜佛，然其聪明之所照了，德力之所成就，皆佛法也。梁武帝筑山堰灌寿春以取中原，一夕杀数万人，乃以面牲供宗庙，得为知佛乎！以是知世之喜佛者未必多，而所不喜者未易少也。"[2] 李鹰所录苏轼论范镇之"不学佛而达佛理"，是指其晚年清谨，心无芥蒂，主要还是着重于个人之修身养德，而苏轼此处对皆不喜佛的范镇、欧阳修、司马光，更以"德力之所成就"论其为"佛法"，范、欧阳、司马三人，皆为北宋政坛上鼎鼎大名之人，则"德力之所成就"，无疑指其身为儒家士大夫的政治业绩。反观东坡对王寔、王宁所述充满寓言性的故事，所谓"五更起""为可以死时将去者计"，其实也正是以儒家立德、立功、立言为指归。所以从根本上说，苏轼始终是以儒学为圭臬，并以成为儒学大家为毕生之所求。而他的弟子对此也有一致的看法。

张耒在苏轼去世之后，以门人身份为苏轼《书晁无咎所作杜舆子师字说后》作跋，其中有"人之所以从君子者，以其有德也"之句，[3] 正表明了他视苏轼为有"德"之君子的心声。黄庭坚在《跋刘敞侍读帖》中说："刘侍读敞，文忠公门人也，而此帖云文忠公文字畔经术，背圣人

----
1 ［宋］苏轼撰，［明］茅维编，孔凡礼点校：《苏轼文集》卷五十六《答毕仲举二首》，北京：中华书局，1986年，第1671页。
2 ［宋］苏轼撰，［明］茅维编，孔凡礼点校：《苏轼文集》卷六十六，北京：中华书局，1986年，第2071页。
3 ［宋］张耒撰，李逸安、孙通海、傅信点校：《张耒集》卷五十三《跋杜子师字说》，北京：中华书局，1990年，第808—809页。

意。流俗亦多信然。曾不知文忠公著文立论及平生所施设,无一不与经术合也。至近世,俗子亦多谤东坡师纵横说,而不考其行事果与纵横合耶,其亦异也?盖数十年前已有如此等语,今人又百倍于刘,此予不得不辨也。"[1]关于东坡之学与纵横家的关系,时人多有指责,杜纯说东坡"尚气好辩",也正是指东坡有纵横家习气,但黄庭坚显然不赞同此点。在他看来,是否师纵横说不能看其言辞表象,重要的是立身行事。众所周知,纵横家的代表张仪、苏秦都是靠逞口舌之利游走于诸侯各国、却因不重节操而为儒者卑之的人物,苏轼却以截然不同于张、苏之流,"临大节而不可夺"的政治品格深为黄庭坚称许,故黄庭坚很不客气地指责"东坡师纵横说"为"俗子"之"谤"。

秦观《答傅彬老简》中所论苏轼以儒为本的一段话最为世所熟知:"苏氏之道,最深于性命自得之际,其次则器足以任重,识足以致远,至于议论文章乃其与世周旋,至粗者也。阁下论苏氏而其说止于文章,意欲尊苏氏,适卑之耳。"[2]苏轼作为一代文学大家,在当时早已闻名天下,故傅彬老表达对其文学的仰慕之意丝毫不足为怪;秦观却借此批评世人一直误解了苏轼,在他看来,东坡的最大成就不在于文学,而首先在于其儒学思想。所谓"性命自得之际",指的便是儒家的道德性命之说。而"器"与"识",正如苏轼所说:"道者,器之上达者也;器者,道之下见者也"[3],也就是体现东坡儒学思想的政治观点和才能,是东坡的第二大成就;至于世人赞扬最多的文学,只不过是"苏氏之道"中最无足轻重的部分。同样的观点,秦观在《贺中书苏舍人启》中也有表达:"恭以某官当世大儒,斯民先觉。议论为四海之轻重,出处系一时之安危。萧夫子之文章,蛮夷亦慕;张使君之威望,草木犹知。始从记注之严,爰掌丝纶之重。奸邪闻命,投匕箸以

---

1 [宋]黄庭坚著,刘琳等点校:《黄庭坚全集》别集卷七,北京:中华书局,2021年,第1461页。
2 [宋]秦观著,徐培均笺注:《淮海集笺注》卷三十,上海:上海古籍出版社,2000年,第981页。
3 [宋]苏轼著,舒大刚、曾枣庄主编:《苏东坡全集·东坡易传》卷七,北京:中华书局,2021年,第3549页。

自惊；忠义承风，引壶觞而相庆。"[1]作为一篇祝贺苏轼荣任中书舍人的文字，重点自然在于赞美其政治地位和才能，秦观却以称誉苏轼为"当世大儒"开篇，足见对其儒学思想的重视。那么苏轼自己是如何看待这一点的呢？

苏辙在为其兄所作墓志铭中说道："……（先君）作《易传》未完，疾革，命公述其志，公泣受命，卒以成书。然后千载之微言，焕然可知也。复作《论语说》，时发孔子之秘。最后居海南，作《书传》，推明上古之绝学，多先儒所未达。既成三书，抚之叹曰：'今世要未能信，后有君子，当知我矣。'"[2]可见苏轼对儒家经典经过了苦心孤诣的研究，既充满自信，又满怀热望地期待能有知音理解自己的儒学思想。他在《题所作书易传论语说》中也表达了将三书传诸不朽的愿望："孔壁、汲冢竹简科斗，皆漆书也，终于蠹坏。景钟、石鼓益坚，古人为不朽之计亦至矣。然其妙意所以不坠者，特以人传人耳。大哉人乎！《易》曰：'神而明之，存乎其人。'吾作《易》《书传》《论语说》，亦粗备矣。呜呼！又何以多为。"[3]苏轼认为，孔壁、汲冢、景钟、石鼓，都不能让儒家经典万世流传，唯有"人"才能使之"妙意不坠"，意即只有"人"才能担当起儒学传承的重任；显然，苏轼以儒学传承者的身份自任并自豪，则其视儒学为正统可知矣。

正因如此，苏轼虽对佛老之道浸淫甚深，而一旦其威胁到了朝廷的统治，他便会毫不留情地加以贬斥。如《议学校贡举状》："昔王衍好老庄，天下皆师之，风俗凌夷，以至南渡。王缙好佛，舍人事而修异教，大历之政，至今为笑。……今士大夫至以佛老为圣人，粥书于市者，非庄老之书不售也，读其文，浩然无当而不可穷，观其貌，超然无著而不

---

1 ［宋］秦观著，徐培均笺注：《淮海集笺注》卷二十八，上海：上海古籍出版社，2000年，第921页。
2 ［宋］苏辙著，曾枣庄、马德富校点：《栾城集》后集卷二十二，上海：上海古籍出版社，2009年，第1422页。
3 ［宋］苏轼撰，［明］茅维编，孔凡礼点校：《苏轼文集》卷六十六，北京：中华书局，1986年，第2073页。

可挹,岂此真能然哉。盖中人之性,安于放而乐于诞耳。使天下之士,能如庄周齐死生,一毁誉,轻富贵,安贫贱,则人主之名器爵禄,所以砺世摩钝者,废矣,陛下亦安用之?而况其实不能,而窃取其言以欺世者哉。臣愿陛下明敕有司,试之以法言,取之以实学。博通经术者,虽朴不废,稍涉浮诞者,虽工必黜。则风俗稍厚,学术近正,庶几得忠实之士,不至蹈衰季之风,则天下幸甚。"[1] 苏轼以儒家思想的传承者自居,也以心忧庙堂为自己的责任所在,故而对"士大夫以佛老为圣人"的时风大为不满。苏轼自己对佛老有深入了解,深知以中人之性,很容易惑于佛老的浩无涯涘之言,进而演变成像前代那样鄙弃经世之术、整日空谈性理,而终至误国的结局。同样的态度在《六一居士集叙》和《中和胜相院记》中也可看到。前者认为凡是违背了儒家学说,"道术不出于孔氏"的时代,都要遭到混乱甚至败亡的结果,故"晋以老庄亡,梁以佛亡,莫或正之";[2] 后者指佛徒为"外道魔人",说他们"治其荒唐之说"、其语"推堕滉漾中,不可捕捉",自称"吾之于僧,慢侮不信"。[3] 事实上,东坡跟不少僧人保持着密切关系,这篇"记"也是应方外之友惟简之请而作。对佛徒的指责,其实是针对"今何其弃家毁服毛发者之多也"的社会现实,归根结底,还是体现了他的儒家经世之心。

黄庭坚曾在给苏轼的信中说:"且闻燕坐东坡,心醉六经,滋味糟粕,而见存乎其人者,颇立训传,以俟后世子云。"[4] 所谓"燕坐东坡",是指苏轼贬谪黄州时。此时苏轼经过"乌台诗案"的沉重打击,由年轻时的"奋厉有当世志"而转向对人生、世界的形而上思考。很多人认

---

[1] [宋]苏轼撰,[明]茅维编,孔凡礼点校:《苏轼文集》卷二十五,北京:中华书局,1986年,第725页。

[2] [宋]苏轼撰,[明]茅维编,孔凡礼点校:《苏轼文集》卷十《六一居士集叙》,北京:中华书局,1986年,第316页。

[3] [宋]苏轼撰,[明]茅维编,孔凡礼点校:《苏轼文集》卷十二,北京:中华书局,1986年,第384页。

[4] [宋]黄庭坚著,刘琳等点校:《黄庭坚全集》卷十八《上苏子瞻书》,北京:中华书局,2021年,第409页。

为黄州时期是苏轼佛道思想形成的关键时期,黄庭坚却说苏轼"心醉六经"并要将儒家思想传诸后世。事实上,这并非黄庭坚一厢情愿的想法。苏轼当时曾有《黄州上文潞公书》:"轼始得罪,仓皇出狱,死生未分,六亲不相保。然私心所念,不暇及他。但顾平生所存,名义至重,不知今日所犯,为已见绝于圣贤,不得复为君子乎?抑虽有罪不可赦,而犹可改也?……知其不肖之躯,未死之间,犹可洗濯磨治,复入于道德之场,追申徒而谢子产也。"[1] 此处的"君子"显然不是指佛道之徒,而是具有经世济国的儒家理想之人;"道德之场"也不是指空谈佛老之术的地方,而是有像申徒、子产那样的邦国之才的所在。苏轼之书表明了重入庙堂、为国效力的愿望,儒家入世之心灼然可见,黄庭坚说其"心醉六经",可谓抓住了东坡思想的根本。元丰年间,东坡谪居黄州时,曾给黄庭坚之舅、好友李常去信说:"吾侪虽老且穷,而道理贯心肝,忠义填骨髓,直须谈笑于死生之际。若见仆困穷便相于邑,则与不学道者大不相远矣。兄造道深,中必不尔,出于相好之笃而已。然朋友之义,专务规谏,辄以狂言广兄之意尔。兄虽怀坎壈于时,遇事有可尊主泽民者,便忘躯为之,祸福得丧,付与造物。"[2] 东坡在信中再次表明自己虽"老且穷",而尊主泽民、不计祸福得丧之"道"不变。"道理贯心肝,忠义填骨髓"两句,不但如东坡自己所云有"谈笑于死生之际"的干云豪气,更将儒家君子的赤诚之心表露无遗。秦观在得知东坡贬谪黄州时说:"以先生之道,仰不愧天,俯不怍人,内不愧心",[3] 可谓深知其师者。所以黄庭坚说东坡临终乃"谈笑而化",并非实情,却不为无因。

在六君子眼中,苏轼以其"临大节而不可夺"的政治品格和旷达超

---

[1] [宋]苏轼撰,[明]茅维编,孔凡礼点校:《苏轼文集》卷四十八,北京:中华书局,1986年,第1379页。
[2] [宋]苏轼撰,[明]茅维编,孔凡礼点校:《苏轼文集》卷五十一《与李公择书》,北京:中华书局,1986年,第1500页。
[3] [宋]秦观著,徐培均笺注:《淮海集笺注》卷三十《与苏黄州简》,上海:上海古籍出版社,2000年,第1006页。

然的处世态度体现了儒家君子的风范，这种独特的人格魅力深深吸引着他们，将他们聚集到了苏轼周围。至于世人评价最高的苏轼之文，在六君子看来，是其整体人格魅力中不可分割的一部分，文中的种种嬉笑怒骂，皆是东坡真性情之体现。

二 "东坡文章妙天下"

虽然苏轼一再褒扬六君子之文"妙绝当世""为当世第一"，但得到六君子以及世所公认的当时文章之冠冕，无疑是东坡之文。在黄庭坚看来，"不俗"是一个极难企及的标准，而这一赞誉屡屡出现在他对东坡之"文"的评价中：

> "缺月挂疏桐，漏断人初定。时见幽人独往来，缥缈惊鸿影。惊起却回头，有恨无人省。拣尽寒枝不肯栖，寂寞沙洲冷。"东坡道人在黄州时作。语意高妙，似非吃烟火食人语。非胸中有万卷书，笔下无一点尘俗气，孰能至此！[1]
>
> 此字和而劲，似晋宋间人书。中有草书数字极佳，每能如此，便胜文与可十倍。盖都无俗气耳。[2]
>
> 东坡简札，字形温润，无一点俗气。[3]

"不俗"是以对"俗"的否定来表明为文理想，"韵"的提出则是正面的标举：

> 东坡书随大小真行，皆有妩媚可喜处。今俗子喜讥评东坡，

---

[1] ［宋］黄庭坚著，刘琳等点校：《黄庭坚全集》卷二十五《跋东坡乐府》，北京：中华书局，2021年，第595页。
[2] ［宋］黄庭坚著，刘琳等点校：《黄庭坚全集》卷七《跋东坡蔡州道中和子由雪诗》，北京：中华书局，2021年，第1469页。
[3] ［宋］黄庭坚著，刘琳等点校：《黄庭坚全集》卷二十八《题东坡字后》，北京：中华书局，2021年，第697页。

彼盖用翰林侍书之绳墨尺度，是岂知法之意哉。余谓东坡书，学问文章之气，郁郁芊芊，发于笔墨之间，此所以他人终莫能及尔。[1]

翰林苏子瞻书法娟秀，虽用墨太丰而韵有余，于今为天下第一。[2]

至于笔圆而韵胜，挟以文章妙天下，忠义贯日月之气，本朝善书，自当推为第一。[3]

"翰林侍书"指王著，黄庭坚曾批评他"笔法圆劲，今所藏《乐毅论》、周兴嗣《千字文》，皆著书墨迹，此其长处不减季海，所乏者韵尔"[4]。又说："王著临《兰亭序》《乐毅论》，补永禅师、周散骑《千字》，皆妙绝，同时极善用笔，若使胸中有书数千卷，不随世碌碌，则书不病韵，自胜李西台、林和靖矣。"[5] 从王著与东坡的对照中可以看出，黄庭坚认为东坡之擅书并不仅仅在于书法技巧的精妙，而是与"文章妙天下，忠义贯日月之气"有关，即体现的是整体的气质风韵。而东坡之"不俗"、有"韵"首先在于"胸中有万卷书"。读书并非是为学问而学问，而在于性情与修养的陶冶。黄庭坚批评王著"随世碌碌"，正是指其与时沉浮、没有自己独特的个性气质。在黄庭坚看来，"不俗"之所以难以企及，是因为它并不仅仅靠才气便可达到，而是作者真性情的体现，即为文与做人密不可分。他在《书嵇叔夜诗与侄榎》中说："叔夜此诗豪壮清丽，无一

---

[1] [宋]黄庭坚著，刘琳等点校：《黄庭坚全集》卷二十六《跋东坡书远景楼赋后》，北京：中华书局，2021年，第607页。
[2] [宋]黄庭坚著，刘琳等点校：《黄庭坚全集》卷二十六《跋自所书与宗室景道》，北京：中华书局，2021年，第610页。
[3] [宋]黄庭坚著，刘琳等点校：《黄庭坚全集》卷二十八《跋东坡墨迹》，北京：中华书局，2021年，第699页。
[4] [宋]黄庭坚著，刘琳等点校：《黄庭坚全集》卷二十八《书徐浩题经后》，北京：中华书局，2021年，第686页。
[5] [宋]黄庭坚著，刘琳等点校：《黄庭坚全集》卷二十六《跋周子发帖》，北京：中华书局，2021年，第617页。

点尘俗气。凡学作诗者,不可不成诵在心。想见其人,虽沉于世故者,暂而揽其余芳,便可扑去面上三斗俗尘矣,何况探其义味者乎。……余尝为诸子弟言:士生于世可以百为,唯不可俗,俗便不可医。或问不俗之状,余曰:难言也。视其平居,无以异于俗人。临大节而不可夺,此不俗人也。士之处世,或出或处,或刚或柔,未易以一节尽其蕴,然率以是观之。"[1]

为文以"不俗"为高标,而何谓做人之"不俗"?黄庭坚以"临大节而不可夺"答之,并表示嵇叔夜正是这样的人。"竹林七贤"之嵇康始终不屈于司马氏,终至被杀,在七人当中尤以坚守节操而为世人所传颂。这句话也正是黄庭坚在《东坡先生真赞》中对苏轼的评价。这是黄庭坚指东坡坚守政治节操的一面,另一方面的"不俗"则是:"东坡先生佩玉而心若槁木,立朝而意在东山。其商略终古,盖流俗不得而言"[2]。在立朝大节上不可夺其志,而身处庙堂之高,又意在东山,不以世俗的荣华富贵为念。所谓"商略终古",是指有古君子的洒脱不羁之风,在黄庭坚看来,这与"临大节而不可夺"相得益彰。表现在"文"上,便是"补衮则华虫黼黻,医国则雷扁和秦。虎豹之有美,不凋而常自然。至于恢诡谲怪,滑稽于秋毫之颖,尤以酒而能神。故其觞次滴沥,醉余颦申,取诸造物之炉锤,尽用文章之斧斤……"[3],补衮医国与"滑稽于秋毫之颖"并存于东坡文中,均是其为人"不俗"之表现。

事实上,苏轼对黄庭坚"观其文,求其人,必轻外物而自重者"的称赞,和对苏辙"其为人深不愿人知之,其文如其为人,故汪洋淡泊,有一唱三叹之声,而其秀杰之气终不可没"的评价,以及在《书唐氏六家书后》一文中所提出的"凡书象其为人"、论书须"兼论其平生""心

---

[1] [宋]黄庭坚著,刘琳等点校:《黄庭坚全集》别集卷六,北京:中华书局,2021年,第1428—1429页。

[2] [宋]黄庭坚著,刘琳等点校:《黄庭坚全集》卷十二《苏李画枯木道士赋》,北京:中华书局,2021年,第261页。

[3] [宋]黄庭坚著,刘琳等点校:《黄庭坚全集》卷十二《苏李画枯木道士赋》,北京:中华书局,2021年,第261页。

正则笔正"的观点,[1]正是对"文如其人"[2]思想的强调。据李廌《师友谈记》:"东坡先生近令门人辈作《人不易物赋》,或戏作一联曰:'伏其几而袭其裳,岂为孔子;学其书而戴其帽,未是苏公。'(作者原注:士大夫近年效东坡筒高檐短,名帽曰"子瞻样")廌因言之。公笑曰:'近扈从燕醴泉,观优人以相与自夸文章为戏者。一优曰:"吾之文章,汝辈不可及也。"众优曰:"何也?"曰:"汝不见吾头上子瞻乎?"上为解颜,顾公久之。'"[3]李廌记这一则轶事,说明了元祐时期学东坡文章之盛况;东坡对此却不以为然。学其文章者不一定学得不像,但模仿者体现的不是自己的独特风格,看不出自身的性情人品,也就是不能如东坡所说"观其文,求其人"。黄庭坚在《跋伪作东坡书简》中说:"东坡先生晚年书尤豪壮,挟海上风涛之气,尤非他人所到也。"[4]他之所以能认出此书简为他人伪托,就是因为赝品虽然形似,却没有东坡那份历经坎坷而百折不回的豪壮之气,即"文"没有体现"人"的独特个性魅力。

  黄庭坚关于要读万卷书的观点,其实反映了他自身强调读书以修身养性的特色,但将为文与做人联系起来,却正体现了东坡"文如其人"的思想。《山谷题跋》说:"观东坡二丈诗,想见风骨巉岩,而接人仁气粹温也";[5]秦观《与苏公先生简》曰:"又李漕传到《成都大慈宝藏记》文,诵书读记,想见公超然逸举于形骸埃壒之外,虽欲从之,不可得也。"[6]都是因其文而见其人。黄庭坚《题东坡字后》则是由其人而观

---

1 [宋]苏轼撰,[明]茅维编,孔凡礼点校:《苏轼文集》卷六十九,北京:中华书局,1986年,第2206页。
2 "文如其人"是一个复杂的命题,据蒋寅《文如其人——一个古典命题的合理内涵与适用限度》(《求是学刊》2001年第6期),作者认为只有当作家有文如其人的愿望、作家都真实地表达了他的内心,以及文学作品能如实再现作家所欲表达的意思,"文如其人"才能成立,其内核主要应该是人的气质和个性。但本书所论苏门及理学家等推崇的"文如其人",既涉及作家的个性气质,更主要的是从品德、节操的角度来提出一种理想状态的"文如其人"。
3 [宋]李廌撰,孔凡礼点校:《师友谈记》,北京:中华书局,2002年,第11页。
4 [宋]黄庭坚著,刘琳等点校:《黄庭坚全集》卷二十六,北京:中华书局,2021年,第608页。
5 [宋]黄庭坚著,刘琳等点校:《黄庭坚全集》卷二十五《跋子瞻送二侄归眉诗》,北京:中华书局,2021年,第595页。
6 [宋]秦观著,徐培均笺注:《淮海集笺注》卷三十,上海:上海古籍出版社,2000年,第991页。

其文，从东坡的个性气质来体察其为文之"不俗"："东坡居士极不惜书，然不可乞，有乞书者，正色诘责之，或终不与一字。元祐中锁试礼部，每来见过，案上纸不择精粗，书遍乃已。性喜酒，然不能四五龠已烂醉，不辞谢而就卧，鼻酣如雷。少焉苏醒，落笔如风雨，虽谑弄皆有义味，真神仙中人。此岂与今世翰墨之士争衡哉。"[1] 东坡之率性不羁，处处体现出真性情，毫不矫揉造作，在黄庭坚看来，正是这种"不俗"的性情，才能写出"虽谑弄而有义味"的字来。所谓"今世翰墨之士"与"神仙中人"的差别，在于他们是否在"文"中投入并体现真性情，而这也正是俗人与"不俗"之人的差别。黄庭坚又说："复于范君仲处见东坡惠州自书所和陶令诗一卷，诗与书皆奔轶绝尘，不可追及，又怅然自失也。"[2] "奔轶绝尘"之语，与"超然逸举于形骸埃壒之外""虽谑弄而有义味"等，都是对"不俗"内涵的生发。

晁补之则从另一个角度来看东坡之为文与做人。他在《跋翰林东坡公画》中对东坡画蟹如此评说："盖公平居胸中闳放，所谓'吞若云梦，曾不芥蒂'者。而此画水虫琐屑，毛介曲隈，芒缕具备，殊不类其胸中，岂公之才固若是，大或出于绳检，小亦合于方圆耶？抑孔子之教人，'退者进之，兼人者退之'，君之治气养心，亦固若是耶？"[3] 为人闳放，为"文"则"芒缕具备"，晁补之由二者的悖反探讨了东坡"文如其人"的另一层面：从其为文而归结到做人之"治气养心"，这便涉及"文"与"道"的关系问题。

晁补之在《祭端明苏公文》中说："……马迁韩愈，好古而奇，六家原道，顾未知之，今其所作，匪道惟词。后生如簧，谈天与利，饰性命仁，以之贾世。笃生苏公，干橹圣门，跆韩躏马，匪以其文。知孔子圣，文莫犹人，若大且难，以藏厥身。世无孔子，孰明其至，更百斯年，曰

---

1 [宋]黄庭坚著，刘琳等点校：《黄庭坚全集》卷二十八，北京：中华书局，2021年，第696页。
2 [宋]黄庭坚著，刘琳等点校：《黄庭坚全集》别集卷八，北京：中华书局，2021年，第1486页。
3 [宋]晁补之撰：《鸡肋集》卷三十三，见曾枣庄、刘琳主编：《全宋文》第一百二十六册，上海：上海辞书出版社、安徽：安徽教育出版社，2006年，第144页。

此文士。岂不炳蔚，铿轰似之，至反说约，窅然过之。何以实斯，粤有自来，驰骋千古，经营九垓，破百家往，蹴阜窬堆。竭其山立，送者自崖，曰此勤矣，乃人之开。反而湛思，道不在远，罕言不闻，一以是贯。宅道之奥，眇其独存，有不得已，文乃其藩。固尝自谓：吾言如水，行所可行，止其当止，此但言语，聊以为嬉。惟昔人贤，事业若斯，遭时有用，从本出之。诚身有道，终乃孝移，如麟如凤，胡可伪为。……"[1]

晁补之认为司马迁和韩愈以"文"而非"道"知名于世，并说苏轼对二人的批评不在于"文"，其言外之意则在于二人不知"道"。这其实是晁补之借苏轼之口阐明他对司马迁、韩愈文道问题的看法。而另一层意思则是晁补之认为苏轼乃知"道"之人。那么，何谓"道"？晁补之的回答是"道"并不在遥远的地方，它贯穿于我们的生活里，而处处体现于"文"之中。故而晁补之在祭文中称东坡为"文士"，并非等同于他所认为不知"道"的司马迁和韩愈，而是指将"道"贯于"文"的"文士"。晁补之赋予"文"以重任，而委婉地表示了对苏轼"吾言如水"之论的不赞同。众所周知，苏轼有一段关于文与水的著名论调："吾文如万斛泉源，不择地皆可出。在平地滔滔汩汩，虽一日千里无难。及其与山石曲折，随物赋形，而不可知有也。所可知者，常行于所当行，常止于不可不止，如是而已矣。其他虽吾亦不能知也。"[2] 与之相关的还有："某平生无快意事。唯作文章，意之所到，则笔力曲折，无不尽意。自谓世间乐事无逾此者。"[3] 苏轼之意是说要按照事物的不同形态来加以不同的表现，而不拘于一定之规。东坡以水设喻，是对自己文风的准确评价。以晁补之少年便从学于苏轼及出众的文学领悟力，他不可能不知道东坡文风的特点及这一评价的恰切，那么他为何还要指所谓"行所可行，止其当止"

---

[1] ［宋］晁补之撰：《鸡肋集》卷六十一，曾枣庄、刘琳主编：《全宋文》第一百二十七册，上海：上海辞书出版社、安徽：安徽教育出版社，2006年，第182页。

[2] ［宋］苏轼撰，［明］茅维编，孔凡礼点校：《苏轼文集》卷六十六，北京：中华书局，1986年，第2019页。

[3] ［宋］何薳撰，张明华点校：《春渚纪闻》，北京：中华书局，1983年，第84页。

只是"聊以为嬉"之语?

事实上,这种有意的"误解"体现了晁补之对文道关系的认识,尤其是从自身作为一个以儒学为本的文士的角度,强调地表现出对于传"道"之"文"的严肃态度。这与苏轼对于文道关系的理解其实是异曲同工而非各执一词。苏轼《南行前集序》曰:"夫昔之为文者,非能为之为工,乃不能不为之为工也。山川之有云雾,草木之有华,实充满勃郁而见于外,夫虽欲无有,其可得耶?自少闻家君之论文,以为古之圣人有所不能自已而作者;故轼与弟辙为文至多,而未尝敢有作文之意。"[1] 这表达了"德积于中而表现于外"的文学得之于道德修养的观念,它解释了苏轼所言"常行于所当行,常止于不可不止"并非不关乎"道",而是苏轼相信"圣人之道不是一套特别的观念和考虑,而是一种思考风格,它使人能够通过文学、政治活动,以一种道德的,或者说是统一的方式来对事物做出反应"。[2] 而他将"文"所表现的对象与道德追求紧密结合起来,其实就是重"道"或"道德"的表示方式之一。例如他在《文与可画筼筜谷偃竹记》中将文同胸有成竹的高超技法和清雅的道德修养融为一体,在表现马、海棠、枯木竹石时,也往往若此,从而体现出道德层面的"文如其人"观念。前述晁补之在《跋翰林东坡公画》中的评价正是对苏轼这一观念的认同,所以他在引孔子之语赞东坡之治气养心以后又说:"尝试折中于孟子之言曰:'观水有术,必观其澜,日月有明,容光必照焉。'归墟荡沃,不见水端,此观其大者也;墙隙散射,无非大明,此观其小者也;而后可以言成全",再次强调了东坡"文"中所蕴含的儒家之"道"。

晁补之还在给苏轼的信中阐发了他对于后者自谓"学出于孟子"的理解:"孟子之学,以详说者为说约,而执中者为近之,远以知天事一,

---

[1] [宋]苏轼撰,[明]茅维编,孔凡礼点校:《苏轼文集》卷十,北京:中华书局,1986年,第323页。
[2] [美]包弼德(Peter K. Bol)著,刘宁译:《斯文:唐宋思想的转型》,南京:江苏人民出版社,2001年,第218页。

大以观海之澜，而近取于牛山之木，小得于食槁之蚓，兼陈杂举，而会归于理，则其所统者可知。始补之不能识阁下之心，而窃观其为文，豪重敢决，旁肆横发，呼吸阴阳，出入鬼神，愕然莫穷其指意之所施，伏而悸，仰而思，恍乎若目前之所尝闻而未晤，每睹而不识者，而皆会于吾前。又如入深山、行大泽，以观风云之相遭，奔腾交会，窈冥昼晦，摇川震谷，蹶木发屋，忘其歧道之所从，城郭之所向；而顷之雷止雨息，光景复开，则四海一色，物象皆还矣。以是察阁下胸中，千变万态，不可殚极，而要萦纡曲折，卒贯于理，然后知阁下之所为自许者不诬也。天下之事，方且争雄斗妍，自立门户，则虽有服天下之名而信阁下之实者，又乌能一一而识阁下之心舒而博、卷而约者哉？"[1] 晁补之所理解的东坡之文，所谓"豪重敢决"云云，其实正是东坡"常行于所当行，常止于不可不止"文风的体现；补之强调指出了贯穿于这千变万态中的"理"，而此"理"意即孟子之学中所体现的儒家之"道"。所以晁补之称苏轼为"文士"，是从重"文"的角度认可了苏轼自任为儒学传承者的思想。而晁补之对于"孟子之学"的理解，以及通过探讨东坡之文而得出的其心"舒而博、卷而约"的结论，则更透彻地解释了他在《跋翰林东坡公画》中关于东坡以孔孟之道治气养心的观点。苏轼自己也曾在《跋鲁直为王晋卿小书尔雅》中谈到黄庭坚为文与做人的看似悖反："鲁直以平等观作欹侧字，以真实相出游戏法，以磊落人书细碎事，可谓'三反'。"[2] 这体现了苏门师徒在文道关系上的相似特征。

但这并不意味着苏门师徒在文道关系及儒学思想上毫无分歧。黄庭坚《上苏子瞻书二首》说："昨传得寄子由诗，恭俭而不迫，忧思而不怨，可愿乎如南风报德之弦，读之使人凛然增手足之爱，钦仰钦仰！"[3]

---

1 ［宋］晁补之撰：《鸡肋集》卷五十一《再见苏公书》，见曾枣庄、刘琳主编：《全宋文》第一百二十六册，上海：上海辞书出版社、安徽：安徽教育出版社，2006年，第29页。
2 ［宋］苏轼撰，［明］茅维编，孔凡礼点校：《苏轼文集》卷六十九，北京：中华书局，1986年，第2195页。
3 ［宋］黄庭坚著，刘琳等点校：《黄庭坚全集》卷十八，北京：中华书局，2021年，第408页。

苏轼与弟辙情义深厚，在东坡看来，这是发自内心、不加修饰的自然之情。不论是夫妇兄弟之间，还是君臣之间，苏轼往往以这种发乎自然的"人情说"解释之，但在黄庭坚的理解中却加入了儒家以礼节情的因素，则这样的"手足之爱"并不完全出于天性，而带有了儒学浸染的理性色彩。事实上，黄庭坚与陈师道批评东坡"好骂"也主要是出于这一原因，而非一些人所说的畏祸之心。黄庭坚在《答洪驹父书》中说："东坡文章妙天下，其短处在好骂，慎无袭其轨也。"[1] 此信写于绍圣四年（1097），黄庭坚已屡遭贬谪之苦，因党争而反思东坡之"好骂"是顺理成章的思路，但在次年所作《书王知载〈朐山杂咏〉后》一文中，黄庭坚深入地阐发了自己反对"好骂"的理由："诗者，人之情性也，非强谏争于廷，怨忿诟于道，怒邻骂坐之为也。其人忠信笃敬，抱道而居，与时乖逢，遇物悲喜；同床而不察，并世而不闻，情之所不能堪，因发于呻吟调笑之声，胸次释然，而闻者亦有所劝勉，比律吕而可歌，列干羽而可舞，是诗之美也。其发为讪谤侵凌，引颈以承戈，披襟而受矢，以快一朝之忿者，人皆以为诗之祸，是失诗之旨，非诗之过也。"[2] 黄庭坚主张诗歌当吟咏情性，君子遭时不遇时，应胸次释然，态度平和，即遵守"怨而不怒""温柔敦厚"之诗教。从后文对王知载的诗歌与为人的描述，能更清楚地看到黄庭坚坚持儒家诗教的态度："……而得其人于其诗，仕不遇而不怒，人不知而独乐，博物多闻之君子，有文正公家风者邪？"一方面是苏轼"文如其人"思想的体现，另一方面则反映出传统的儒学观念。从黄庭坚自身诗歌的题材和风格变化中，也可以说明这一点。元丰二年（1079），苏轼因写诗讽刺新法，下狱百余日，后贬谪黄州，这就是著名的"乌台诗案"。对于北宋文人来说，这一诗案在他们心里投下的阴影是巨大的，而值得注意的是，黄庭坚诗歌的题材和风格在此期并没有什么明显变化。熙宁年间，他作了《虎号南山》《流民叹》《次韵感春五首》

---

[1] ［宋］黄庭坚著，刘琳等点校：《黄庭坚全集》卷十八，北京：中华书局，2021年，第425页。
[2] ［宋］黄庭坚著，刘琳等点校：《黄庭坚全集》卷二十五，北京：中华书局，2021年，第600页。

《再次韵感春五首赠之》《次韵奉送公定》《送吴彦归番阳》等诗，或揭露虐民苛政，或感慨民生疾苦，或讥刺王氏新学，都具有很强的现实意味。事实上，黄庭坚诗中的批判性在"乌台诗案"后可谓有增无减。从元丰三年（1080）起，黄庭坚在知吉州太和县任上，适逢朝廷加紧推行食盐专卖政策，他目睹了民间的苦难，将它们写入诗中，对盐法进行猛烈抨击，《二月二日晓梦会于庐陵西斋作寄陈适用》《三月乙巳来赋盐万岁乡且搜弥匿赋之家晏饭此舍遂留宿是日大风自采菊苗荐汤饼二首》《上大蒙笼》《劳坑入前城》《丙辰仍宿清泉寺》《己未过太湖僧寺得宗汝为书寄山蔬白酒长韵寄答》等都属这一主题。其中如《上大蒙笼》说："穷乡有米无食盐，今日有田无米食。但愿官清不爱钱，长养儿孙听驱使"；[1]《劳坑入前城》说："山农惊长吏，出拜家骚骚。借问淡食民，祖孙甘餔糟？赖官得盐吃，正苦无钱刀。"[2] 我们知道，苏轼《山村五绝》被认为是讥刺新法的重要证据，其中也说到食无盐的问题："老翁七十自腰镰，惭愧春山笋蕨甜。岂是闻韶解忘味，迩来三月食无盐。"[3] 相较之下，黄庭坚的诗歌对于新法的抨击比苏诗有过之而无不及，可见所谓畏祸之说并不成立。而此后苏轼与六君子所遭受的贬谪、流放，与诗文并没有直接的关系，所以黄庭坚反对东坡文章好骂的根本原因，虽有政治倾轧的阴影，但主要还在于诗歌观念的变化。

在苏门中对于东坡诗之好骂持不赞成态度的并非黄庭坚一人。陈师道也说："苏诗始学刘禹锡，故多怨刺，学不可不慎也。"[4] 从学习前人的传承角度来评价东坡诗的特点，而评价的标准实际上与黄庭坚一样，是儒家"温柔敦厚"的诗教。但是，黄庭坚和陈师道都忽略了他们所认同的东坡"文如其人"的观点。《宋史·苏轼传》最后说道："或谓：'轼稍

---

1 ［宋］黄庭坚著，刘琳等点校：《黄庭坚全集》外集卷七，北京：中华书局，2021年，第944页。
2 ［宋］黄庭坚著，刘琳等点校：《黄庭坚全集》外集卷四，北京：中华书局，2021年，第871页。
3 ［宋］苏轼撰，［清］王文诰辑注，孔凡礼点校：《苏轼诗集》卷九，北京：中华书局，1982年，第438页。
4 ［宋］陈师道著：《后山诗话》，见［清］何文焕辑：《历代诗话》，北京：中华书局，2004年，第306页。

自韬戢，虽不获柄用，亦当免祸。'虽然，假令轼以是而易其所为，尚得为轼哉！"[1]而苏轼之文正是其为人之体现，所以"好骂""怨刺"的特征也是题中应有之义。此处黄庭坚与陈师道对于东坡"文如其人"观念的忽略，实际上还是体现了苏门师徒在看待"文"如何表现"道"的问题上的分歧。南宋孝宗在《御制文集序》中称苏轼"忠言谠论，不顾身害。凛凛大节，见于立朝"，[2]其"忠言谠论"者，既是指庙堂之议，也包括了"文"之所言。"诗以言志"，在诗中表达关于时政的看法，对于以"尊主泽民"为体现儒家之"道"的苏轼来说，是最自然不过的事情。黄庭坚在坚持立朝大节上是与苏轼相始终的。绍圣初，当他因在《神宗实录》中写过"用铁龙爪治河，有同儿戏"的话而遭到审讯时，坚持直言："庭坚时官北都，尝亲见之，真儿戏耳。"结果因此而遭到贬谪。[3]但在"文"如何表现"道"的问题上，黄庭坚后期已转而主张应体现儒家"怨而不怒"的思想，反对直斥时政。可以看出在儒学转型时期的北宋中后期文坛，黄庭坚等苏门弟子在时风影响下，于题材选择、创作方式等方面都表现出了与苏轼文道观念不同的一些特点。

苏轼之所以能把六君子齐聚于自己门下，除了他对他们的赏识之外，也是后者在经过自己的冷静观察与思考以后的一种自觉选择。作为一个与政治有着密切联系的文人集团，除了以文相交之外，共同的政治基础与思想基础，同时包括为人处世的立场、态度，是将他们维系在一起的重要纽带。作为苏门领袖的苏轼，无疑在这方面起着示范性的作用。尽管苏轼在每一个人心中的形象都不可能完全一样，但有两点是得到了六君子普遍认同的——而这是具有根本意义的两点：一是其"临大节而不可夺"之操守，一是其妙于天下之文章。"先生文章忠义为当世准的"，[4]"文章妙天

---

1 ［元］脱脱等撰：《宋史》卷三三八，北京：中华书局，1985年，第10819页。
2 ［宋］苏轼撰，［宋］郎晔选注：《经进东坡文集事略》卷首，北京：文学古典刊行社，1957年，第2页。
3 ［元］脱脱等撰：《宋史》卷四四四《黄庭坚传》，北京：中华书局，1985年，第13110页。
4 ［宋］李鷹：《济南集》卷六《汝阴唱和集后序》，见曾枣庄、刘琳主编：《全宋文》第一百三十二册，上海：上海辞书出版社、安徽：安徽教育出版社，2006年，第135页。

下，忠义贯日月"[1]，"其正直之风，忠义之节，德行之实，文章之望，凛然著于四朝，蔼然闻于四海"[2]，六君子每每并举赞坡者，多为此二点。尽管他们对于苏轼其人的理解不无理想化色彩，但恰恰是这种心目中的理想形象，使苏轼成为一个经典，并对六君子的进退出处形成深刻影响。而就"文"来说，六君子对东坡文章的赞扬与钦敬是毋庸置疑的，但对于"文"的内涵，包括"文"与"道"的关系，却与苏轼在某些观念和理解上不尽相同，从而体现出时风影响和他们的自立意识。

---

[1] [宋]黄庭坚著，刘琳等点校：《黄庭坚全集》卷二十八《跋东坡墨迹》，北京：中华书局，2021年，第699页。
[2] [宋]李廌：《济南集》卷六《程因百诗序》，见曾枣庄、刘琳主编：《全宋文》第一百三十二册，上海：上海辞书出版社、安徽：安徽教育出版社，2006年，第134页。

第三章　儒学转型时期的苏门六君子

北宋是儒学发展的大变革时期，身处这一文化环境中的苏门六君子，并不仅仅是受其影响或波及，而是本身亦参与其中。从学术的角度来考察六君子之做人与为文，既是从新的视角来重新审视他们的文学，同时也接续上章，对他们之所以成为"苏门六君子"从另一角度进行了阐释。六君子所属的蜀学与以二程为代表的洛学之间的论争是儒学转型时期的重要事件，本章之所以从洛蜀之争的角度来考察六君子之"道"与"文"，一方面以蜀学和洛学的不同来凸显苏门之"道"的特点，另一方面，二学的论争本身就是探讨苏门之"道"与"文"时不容回避的问题。

第一节　六君子眼中的"道"

据《河南程氏外书》："一日，（伊川）偶见秦少游，问：'"天若知也和天瘦"是公词否？'少游意伊川称赏之，拱手逊谢。伊川云：'上穹尊严，安得易而侮之？'少游面色骍然。"[1] 寥寥几笔，透露出很多耐人寻味的意思。考察叙述者的立场，可知结句所谓"少游面色骍然"——意指秦观因为程颐的批评而羞惭，其实并不可信。少游得意于"天若知

---

[1]〔宋〕程颢、程颐撰，朱杰人主编：《程氏外书》卷十二，上海：上海古籍出版社，2022年，第560页。

也和天瘦"的独特文学韵味,程颐却认为这是侮辱上穹尊严,对于"天"或曰天理、天道的不同态度,实际上是洛学与蜀学的根本分歧之一,二人都不可能因为对方的指责而在立场上有所改变。

洛蜀之争,首先并不是政治上的党派之争而是学术派别之争。六君子作为苏轼高弟,与苏轼并非纯粹以文相交,而是首先有着共同的思想基础,其中便包括学术上的基本观点。我们知道,作为在北宋儒学复兴运动中兴起的两个儒学派别,洛、蜀二派虽然针锋相对,却仍是在同一层面和范围之内。洛学自不必说,一向以儒家的正统继承者自居;蜀学虽在《宋元学案》中被归入杂学类,但早在南宋,理学大家朱熹便已承认苏学亦为儒学,他在《策问》中说:"本朝儒学最盛,自欧阳氏、王氏、苏氏,皆以其学行于朝廷。"[1] 苏轼及苏门诸君子自身更是一向以儒学之道为思想旨归。苏轼之以儒为本已如前所述,苏门诸君子则与苏轼大体相同,即在文化生活的层面自由出入儒释道三教,而关涉政治则以儒学为圭臬。如秦观曾说:"或曰:君子言欲事,书欲纯,理详于志常,而略于纪异。今子所集,虽有先王之余论,周孔之遗言,而浮屠、老子、卜医、梦幻、神仙、鬼物之说,猥杂于其间,是否莫之分也,信诞莫之质也,常者不加详,而异者不加略也,无乃与所谓君子之书言者异乎?余笑之曰:鸟栖不择山林,唯其木而已;鱼游不择江湖,唯其水而已。彼计事而处,简物而言,窃窃然去彼取此者,缙绅先生之事也。仆,野人也,拥肿是师,懈怠是习,仰不知其雅言之可爱,俯不知其俗论之可卑,……又安知其纯与驳耶?……且万物历历同归一隙,众言喧喧同归一源,吾方与之沉,与之浮,欲有取舍而不可得,何暇是否信诞之择哉?"[2] "君子之书"即儒家之道,这自是秦观所信奉,但其中掺杂浮屠释氏神鬼百家之说亦不必急惶惶退避三舍,显然,秦观并不以自己学之

---

1 〔宋〕朱熹撰,朱杰人主编:《晦庵先生朱文公文集》卷七十四,上海:上海古籍出版社,2022年,第3579页。
2 〔宋〕秦观著,徐培均笺注:《淮海集笺注》卷三十九《逆旅集序》,上海:上海古籍出版社,2000年,第1258页。

驳杂为意，这就与讳言取道于佛老的洛学区别开来。但另一方面，秦观亦相信百家终归于一"源"，他对自己的儒学造诣还是颇为自得的，如其《君子终日乾乾论》，对《易》之"君子终日乾乾，夕惕若，厉无咎"作出自己的解释后说："呜呼，非深知天人力命之说者，何足以与于此？"[1] 正如秦观认为"苏氏之道，最深于性命自得之际"，他虽以"野人"自居，来对抗所谓的"缙绅先生"，其实内心深处最在意的还是儒家"君子"之道。张耒也是三教贯通而以儒为主。他宣称"夫子之道之为全也"，[2] 认为儒学思想无所不包；又对秦观说："儒者之治天下，九流之列皆其用也，顾与浅术末数各致其一曲者同哉？吾意今儒者之所学，古太史之流，而非世之所急也。子享其全，无食其余；据其源，无挹其流。"[3] 文中对司马谈将儒者看作九流之一以及班固以为儒者出古司徒之官表示不满，认为儒学乃治国安邦的圣贤之学，不可与末流杂学相提并论。黄庭坚对于佛道思想多有摄取，但他是"以儒家的伦理本体来取代'道'或'佛性'"，[4] 故而还是以儒学为其根本。如他在《赵安时字序》中说："庄周，昔之体醇白而家万物者也。时命缪逆，故熙然与造物者游。此其于礼义君臣之际皂白甚明，顾俗学世师窘束于名物，以域进退，故筑其垣而封之于圣智之外。"[5] 在他的描绘中，主张"攘弃仁义"的庄周成为一个深明礼义纲常之人，只是因为有乖时命，才会作逍遥之游，而庄子"绝圣弃智"的自觉追求，[6] 此处也成为不容于"俗学世师"而不得不出世的无奈之举，这与儒家的"穷则独善其身"实无二致。黄庭坚对于庄

---

1 [宋]秦观著，徐培均笺注：《淮海集笺注》卷二十三，上海：上海古籍出版社，2000年，第793页。
2 [宋]张耒撰，李逸安、孙通海、傅信点校：《张耒集》卷五十六《上黄判监书》，北京：中华书局，1990年，第848页。
3 [宋]张耒撰，李逸安、孙通海、傅信点校：《张耒集》卷四十八《送秦观从苏杭州为学序》，北京：中华书局，1990年，第752页。
4 详参黄宝华著：《黄庭坚评传》第六章《哲学伦理思想》，南京：南京大学出版社，1998年。
5 [宋]黄庭坚著，刘琳等点校：《黄庭坚全集》卷二十四，北京：中华书局，2021年，第560—561页。
6 王叔岷撰：《庄子校诠》卷二《外篇·胠箧第十》，北京：中华书局，2007年，第354页。

子的改造，正是其以儒为本思想的体现。

洛蜀相争之前，王安石新学是当时儒学思想界的主流，占据了绝对的统治地位。[1] 晁公武说，在王安石之前，几乎是"士习卑陋，不知道德性命之理"，而"自王氏之学兴，士大夫非道德性命不谈"，[2] 认为是王氏结束了章句句疏之学，而开宋儒性命义理之学的先河。实际上，晁氏所说王安石之前士不知道德性命之理，并不符合实情。早在庆历时期，疑古议古蔚然成风，学术已经开始了由章句之学向义理之学的转变，欧阳修还曾就士人的脱离实际、空谈性理痛下针砭，在《答李翊第二书》中批评"好为性说以穷圣贤之所罕言而不究者，执后儒之偏说，事无用之空言"，认为"为君子者以修身治人以为急，而不穷性以为言"；[3] 但晁氏指王安石开创了作为重要学术类型的宋儒之性命义理之学，则不为无理。王安石以重建政治哲学为目的，推阐自然天道，对洛学和蜀学都深有影响。苏轼、二程等人与王安石的思想分歧，不在于天道、天理是否可以作为最高原则代替天命观念，而在于对天道、天理内涵的不同理解或诠释。

蜀学与洛学都以"道"为最高哲学范畴，但对"道"是否具有伦理属性各持己见。洛学认为"道"为善，"道"即人伦五常，"自性而行，皆善也，圣人因其善也，则为仁义礼智信以名之，……合而言之皆道，别而言之亦皆道也。"[4] 蜀学否定"道"具有伦理属性，认为善和五常只是"道"所派生的，"夫仁智，圣人之所为善也。善者，道之继，而指以为道则不可。"[5] 秦观也说："道德者，仁义礼之大全；而仁义礼者，道

---

1 可参看陈植锷著：《北宋文化史述论》第二章《宋学及其发展诸阶段》，北京：中国社会科学出版社，1992年。
2 ［宋］晁公武著，孙猛校证：《郡斋读书志校证》卷十九《王氏杂说》，上海：上海古籍出版社，2011年，第1000页。
3 ［宋］欧阳修著，洪本健校笺：《欧阳修诗文集校笺》卷四十七，上海：上海古籍出版社，2009年，第1170页。
4 ［宋］程颢、程颐撰，朱杰人主编：《程氏遗书》卷二十五，上海：上海古籍出版社，2022年，第406页。
5 ［宋］苏轼著，舒大刚、曾枣庄主编：《苏东坡全集·东坡易传》卷七，北京：中华书局，2021年，第3538页。

德之一偏。"[1]以道德为本而认为仁义礼是由道德所派生。与之相关的还有"性"与"情"的问题。洛学认同孟子的性善论而认为"性"亦具有伦理属性,苏轼则指出:"孟子之于性,盖见其继者而已。夫善,性之效也。孟子不见及性,而见夫性之效,因以所见者为性。"[2]认为孟子将"性"的本质与效果混为一谈。张耒亦认为孟子性善论并不完备:"吾知孟子为性善之说,其有救乎万世之变,而非性之至论也",[3]并认为"性"可以善,也可以为恶,显然与其师站在同一立场。与此同时,洛学进一步将"性"的问题发展为性善情恶论,蜀学则认为性情一体,无有善恶。苏轼说:"情者,性之动也。溯而上至于命,沿而下至于情,无非性者。性之与情,非有善恶之别也。"[4]洛、蜀二学对于"道""性"是否具有伦理属性的争论以及由此引发的对"情"的看法,其实正体现了他们的根本分歧之一。事实上,蜀学的最大特色就在于人情说,包括直接引发了洛、蜀二派冲突的对于"礼"的看法,亦体现了蜀学对"人情"的重视。二程之所以处处要循礼,是因为他们将"礼"上升为"道"的高度,"礼,亦理也"[5],对于"礼"的遵循正是洛学派践道的方式;苏轼则认为:"夫圣人之道,自本而观之,皆出于人情",[6]指出他心目中儒家学统的根本出发点在于"人情"。苏轼又说:"仁义之道,起于夫妇兄弟相爱之间,而礼法刑政之原,出于君臣上下相忌之际。相爱则有所不忍,相忌则有所不敢,夫不敢与不忍之心合,而后圣人之道得存乎其

---

[1] [宋]秦观著,徐培均笺注:《淮海集笺注》卷二十《司马迁论》,上海:上海古籍出版社,2000年,第700页。
[2] [宋]苏轼著,舒大刚、曾枣庄主编:《苏东坡全集·东坡易传》卷七,北京:中华书局,2021年,第3538页。
[3] [宋]张耒撰,李逸安、孙通海、傅信点校:《张耒集》卷四十五《尽性论下》,北京:中华书局,1990年,第720页。
[4] [宋]苏轼著,舒大刚、曾枣庄主编:《苏东坡全集·东坡易传》卷一,北京:中华书局,2021年,第3395页。
[5] [宋]程颢、程颐撰,朱杰人主编:《程氏外书》卷三,上海:上海古籍出版社,2022年,第469页。
[6] [宋]苏轼撰,[明]茅维编,孔凡礼点校:《苏轼文集》卷二《中庸论》,北京:中华书局,1986年,第61页。

中。"[1] 所谓"相爱""相忌",亦属于人情的范畴。苏轼在《诗论》中更直接以人情说来作为解释《六经》的关键:"自仲尼之亡,《六经》之道遂散而不可解。盖其患在于责其义之太深,而求其法之太切。夫《六经》之道,惟其近于人情,是以久传而不废。而世之迂学,乃皆曲为之说,虽其义之不至于此者,必强牵合以为如此,故其论委曲而莫通也。"[2] 苏轼之所以嘲笑程颐是"燠糟鄙俚叔孙通"[3],正是因其拘于守礼而不通人情。

由于对"道"与"礼"的理解不同,学术上的论争进而导致了政治上的尖锐对立。二程处处要求循道德纪纲而行,建立一种统一的模式。朱熹曾说:"东坡云:'荆公之学,未尝不善,只是不合要人同己。'此皆说得未是。若荆公之学是,使人人同己,俱入于是,何不可之有?今却说'未尝不善,而不合要人同己',成何说话!若使弥望者黍稷,都无稂莠,亦何不可?只为荆公之学自有未是处耳。"[4] 作为伊洛传人,朱熹之语正道出了洛学本义,在他们看来,荆公之弊不在于让人同己,而在于所同者非也。由此亦可看出蜀学精要之一便在于"不要人同己"。苏轼在《扬雄论》《诸葛亮论》《韩愈论》等文章中详细阐发了这个主题,在他看来,社会的政治、思想、文化等都不需要某种单一的教条。换言之,在苏轼的心目中有"另一种政治的、文化的同时也是社会的生活模式,即充分展现个体人格和自由的社会整体和谐",[5] 而这正是其"人情说"的体现。苏轼曾批判王安石的《字说》曰:"士之不能自成,其患在于俗学;俗学之患,枉人之材,窒人之耳目。诵其师传造字之语,从俗

---

1 [宋]苏轼撰,[明]茅维编,孔凡礼点校:《苏轼文集》卷四《韩非论》,北京:中华书局,1986年,第102页。

2 [宋]苏轼撰,[明]茅维编,孔凡礼点校:《苏轼文集》卷二《诗论》,北京:中华书局,1986年,第55页。

3 据孙升:"司马温公之薨,当明堂大享朝臣,以致斋不及奠,肆赦毕,苏子瞻同辈以往。而程颐固争,引《论语》'子于是日哭则不歌'。子瞻曰:'明堂乃吉礼,不可谓歌则不哭也。'颐又论司马诸孤不得受吊。子瞻戏曰:'颐可谓燠糟鄙俚叔孙通。'闻者笑之。"[宋]孙升口述,[宋]刘延世笔录,杨倩描、徐立群点校:《孙公谈圃》,北京:中华书局,2012年,第104页。

4 [宋]黎靖德编,王星贤点校:《朱子语类》卷一百三十,北京:中华书局,1986年,第3100页。

5 卢国龙著:《宋儒微言》,北京:华夏出版社,2001年,第370页。

之文，才数万言，其为士之业尽此矣。夫学以明理，文以述志，思以通其学，气以达其文；古之人道其聪明，广其闻见，所以学也；正志完气，所以言也；王氏之学，正如脱䂎，案其形模而出之，不待修饰而成器耳，求为桓璧彝器，其可乎？"[1] 推而广之，苏轼对整个王氏新学的最大不满亦在于"案其形模而出之"，使社会丧失了创造性和多样性，进而丧失主体人格与自由。朱熹曾说："东坡只管骂王介甫，介甫固不是，但教东坡作宰相时，引得秦观、黄鲁直一队进来，坏得更猛。"[2] 在他看来，苏轼与秦观、黄庭坚等一味主张自由，不重修身、不循礼法，都是"不律底人"，任他们主管朝政，会使朝廷、士林乱成一团。

事实上，苏轼及苏门诸君子并非不重修身。苏轼在《易传》开篇即说："君子必自敬也，故内直；推其直于物，故外方。直在其内，方在其外，隐然如名师良友之在吾侧也，是以独立而不孤，夫何疑之有？"[3] 所谓君子"自敬"，以达到"独立而不孤"的境界，正是指对自我修身的要求。不唯士人，苏轼认为作为最高统治者的君主，亦当把自我修养看成是较制度更为重要和迫切的问题。他在《书传》中借禹之口阐明了这一观点："盖其心有所不可于此，以为身修而天下自服"，认为有苗反抗是因为舜"修己有未至也"，故而舜应该"求诸己"[4]。又说："夫欲兴德行，在于君人者修身以格物，审好恶以表俗，孟子所谓'君仁莫不仁，君义莫不义'，君之所向，天下趋焉。"[5] 这与洛学的以道德纲纪作为统治根本的道德理想主义其实颇有相通之处，尤其在新党执政期间，洛蜀二学实际上都是要以道德来对抗法治，以道德理想主义来对抗政治实用主义。

----

[1] [宋]苏轼撰，[明]茅维编，孔凡礼点校：《苏轼文集》卷十《送人序》，北京：中华书局，1986年，第325页。

[2] [宋]黎靖德编，王星贤点校：《朱子语类》卷一百三十，北京：中华书局，1986年，第3112页。

[3] [宋]苏轼著，舒大刚、曾枣庄主编：《苏东坡全集·东坡易传》卷一，北京：中华书局，2021年，第3401页。

[4] [宋]苏轼著，舒大刚、曾枣庄主编：《苏东坡全集·东坡书传》卷四，北京：中华书局，2021年版，第3617—3618页。

[5] [宋]苏轼撰，[明]茅维编，孔凡礼点校：《苏轼文集》卷二十五《议学校贡举状》，北京：中华书局，1986年，第724页。

但苏轼与二程的区别在于，他反对将过分理想化的道德完全凌驾于政治实用主义之上。朱熹曾说："苏氏之学，上谈性命，下述政理"[1]，指出了苏氏之学义理与经世兼重的特点。实际上，苏轼正是秉承了欧阳修"修身治人以为急，而不穷性以为言"的儒学思想，在注重修身的同时关注现实政治，而反对高谈性命。他在《议学校贡举状》中说："孔子罕言命，以为知者少也。子贡曰：'夫子之文章，可得而闻也；夫子之言性与天道，不可得而闻也。'夫性命之说，自子贡不得闻，而今之学者，耻不言性命，此可信也哉？"[2]苏门诸君子显然接受了苏氏之学，因为他们在党争中的坚持操守，正是这种"修身说"在政治层面的鲜明体现。

黄庭坚对时人高谈性命表现出强烈的抵触情绪，他批评说："今孺子总发而服大人之冠，执经谈性命，犹河汉而无极也，吾不知其说焉。君子之道，焉可诬也，吾子欲有学，则自俎豆钟鼓宫室而学之，洒扫应对进退而行之。曰：是可以学经乎？曰：吾子强学力行，而考合先王之言，彼如符玺之文，可印也。"[3]所谓"强学力行"，正是指要依照"先王之言"修身治人。晁补之也批评了"后生"空谈性理、"以之贾世"的行为，[4]并表示出对"德"的重视："好名好利均为失德。好名者犹有所畏，好利者无所不为。"[5]张耒亦在《进斋记》《诗传·抑传》《书五代郭崇韬卷后》《李德载字序》等文中多次阐明学道、修身、重德之意[6]。

---

1 [宋]朱熹撰，朱杰人主编：《晦庵先生朱文公文集》卷三十三，上海：上海古籍出版社，2022年，第1428页。
2 [宋]苏轼撰，[明]茅维编，孔凡礼点校：《苏轼文集》卷二十五《议学校贡举状》，北京：中华书局，1986年，第725页。
3 [宋]黄庭坚著，刘琳等点校：《黄庭坚全集》卷十六《杨概字序》，北京：中华书局，2021年，第564页。
4 [宋]晁补之撰：《鸡肋集》卷六十一《祭端明苏公文》："后生如簧，谈天与利，饰性命仁，以之贾世。"见曾枣庄、刘琳主编：《全宋文》第一百二十七册，上海：上海辞书出版社、安徽：安徽教育出版社，2006年，第183页。
5 [宋]俞文豹撰：《吹剑录全集》，上海：中国古典文学出版社，1958年，第102页。
6 [宋]张耒撰，李逸安、孙通海、傅信点校：《张耒集》卷四十八《李德载字序》，卷五十《进斋记》，卷五十一《诗传·抑传》，卷五十三《书五代郭崇韬卷后》，北京：中华书局，1990年，第757、780、783、806页。

例如《李德载字序》说:"夫学有道,道有序,循其序而积之者,行而能远,涉而能高。下则鸟兽虫鱼器械服物之理无不通,中则修身正家治天下之理无不立,上则达性命,通死生,官天地,府万物,独立于万物之上而无与为侣,而学庶乎至矣。……故保信以为车,力学以为辅,而载尔德焉,则周流天下,徜徉海外,以求子所欲,其有不得者乎?"《司马温公祠堂记》则指出司马光之见用于二圣,正在于以"德"服人:"当大事,处大疑,勇者招敌,智者招谋,惟有德而后万物服。"[1] 他又在《代高圮上彭器资书》中说:"世之士,其修身立诚,以待上之任使者,亦有是二道焉。有以德者,有以才者。德者上而才者下,上者人就之,下者屈己以就人,求售其技而已。世之君子爱子思、孟轲,而羞道管仲、宁戚、商鞅之事,以为甚污而不足为,其亦过矣。彼之所行者,各其分也。"[2] 正是继承了其师"上谈性命,下述政理"的思想,并对重德轻才者不以为然,矛头隐隐指向洛学派。

洛蜀二学对于"诚"的有关看法更明显体现出他们的根本分歧。《中庸》曰:"唯天下至诚,为能尽其性";《大学》亦曰:"所谓诚其意者,毋自欺也。"应当说,儒家经典所标举的"诚"得到了洛蜀二学的一致认同,但二学对于"诚"的阐发却大相径庭。洛学由"诚"而导出"敬"。程颐说:"闲邪则诚自存,不是外面捉一个诚将来存著。今人外面役役于不善,于不善中寻个善来存著,如此则岂有入善之理?只是闲邪,则诚自存。故孟子言性善,皆由内出。只为诚便存,闲邪更著甚工夫?但唯是动容貌、整思虑。虑,则自然生敬,敬只是主一也。主一,则既不之东,又不之西,如是则只是中。既不之此,又不之彼,如是则只是内。存此,则自然天理明。学者须是将敬以直内,涵养此意,直内是本。"[3]

---

[1] [宋]张耒撰,李逸安、孙通海、傅信点校:《张耒集》卷五十,北京:中华书局,1990年,第777页。

[2] [宋]张耒撰,李逸安、孙通海、傅信点校:《张耒集》卷五十六,北京:中华书局,1990年,第844页。

[3] [宋]程颢、程颐撰,朱杰人主编:《程氏遗书》卷十五,上海:上海古籍出版社,2022年,第198页。

认为"诚"来自于内心对"天理"之"敬",所谓"正心诚意"者,亦关涉于"天理""天道"。蜀学同样主"诚",所申发出的却非"天理"之"敬"而是"人情"之真。张耒《至诚篇》曰:"昔者子思为中庸之说,以导孔子之意,始之于天命之谓性,而其本一言以尽之,曰诚而已。故曰:'诚者,天之道也。诚之者,人之道也。'又曰:'唯天下至诚为能尽其性,而卒至于参天地,赞化育。'"[1] 在张耒的理解中,"诚"为"性"之本,唯"至诚"能"尽性";围绕"诚"这一中心,他由"天之道"导向"人之道"。那么,"至诚"和"人之道"又是什么? 张耒在《上文潞公献所著诗书》和《上曾子固龙图书》中两次重申和解释了"至诚说"。前者曰:"彼诗者虽一人之私意,而要之必发于诚而后作。""夫情动于中而无伪,诗其导情而不苟,则其能动天地,感鬼神者,是至诚之说也"[2],则张耒之"至诚"落实到文学中,即为"情"之"无伪"和感动人心。后者对屈原、司马迁、韩愈、欧阳修之文加以评价,认为都是出于"诚"与"德"的"君子之文章"。将天道之"诚"与人道之"文"联系起来,正是蜀学的重要特色之一。或曰,将"文"视为"道"之一环,是苏轼与苏门诸君子在文道关系上最根本的共同点,也是这个文人集团的重要思想基础。

熙丰年间,王安石宣布科举罢诗赋,而专考经义、策论。此令一下,并没有像其他新法一样激起旧党的一片抨击之声,事实上,除了苏轼激烈反对并上著名的《议学校贡举状》外,司马光和洛党对此其实是抱赞成态度的。司马光在"元祐更化"时,宣称"悉罢赋诗及经学诸科,专以经义、论策试进士。此乃革历代之积弊,复先王之令典,百世不易之法也",他反对的是"王安石不当以一家私学欲盖掩先儒,令天下学官讲解及科场程试,同己者取,异己者黜"。[3] 程颐则说:"技艺不能,安足

---

[1] [宋]张耒撰,李逸安、孙通海、傅信点校:《张耒集》卷四十三《至诚篇上》,北京:中华书局,1990年,第691页。
[2] [宋]张耒撰,李逸安、孙通海、傅信点校:《张耒集》卷五十六,北京:中华书局,1990年,第840页。
[3] [宋]司马光著:《温国文正公文集》卷五十二,《四部丛刊》本,上海:商务印书馆,1929年,第4页。

耻？为士者，当知道。己不知道，可耻也。"[1] 在他看来，因为缺少文学技巧而不能通过科举考试并没有什么可耻的，重要的是知"道"。在重道轻文的态度中，更是明显表达了对重技巧的诗赋的轻视。后来朱熹又在《学校贡举私议》中针对苏轼之文发表了理学派的看法，与司马光的观点可谓如出一辙："所以必罢诗赋者，空言本非所以教人足以得士，而诗赋又空言之尤者，其无益于设教取士，章章明矣。然熙宁罢之，而议者不以为是者，非罢诗赋之不善，乃专主王氏经义之不善也。"[2]

苏轼却不这样认为。在他看来，"文"，包括诗赋，并非是无益的，而是与"道"密切相关。苏轼在《送钱塘僧思聪归孤山叙》中说："古之人学道，无自虚空入者。轮扁斫轮，伛偻承蜩，苟可以发其智巧，物无陋者。聪若得道，琴与书皆与有力，诗其尤也。聪能如水镜以一含万，则书与诗当益奇。吾将观焉，以为聪得道浅深之候。"[3] 释思聪之"道"自然不是儒家之"道"，但苏轼所言琴、书、尤其是诗能有利于道进，却可以推而广之地理解为更宽泛意义上的"道"。包弼德说："对苏轼来讲，文化事业代表了他实践自己道德之学的一条可能的道路。它不是惟一的道路，而且由此产生的诗文书画，对人类的福利和个人最重要的品质并没有至关重要的意义。但它们的确提供了一个地盘，在这里一个学生可以学以践道，而任何能在文这个领域里学以践道的人，也能够在其他领域里做到这一点。"[4] 诚为高见。苏轼与六君子之所以在论"文"时常常涉及"道"，正因为他们把作"文"视为践"道"之途。如苏轼在《跋秦少游书》中说："技进而道不进则不可，少游乃技道两

---

[1] ［宋］程颢、程颐撰，朱杰人主编：《程氏遗书》卷十八，上海：上海古籍出版社，2022年，第250页。

[2] ［宋］朱熹撰，朱杰人主编：《晦庵先生朱文公文集》六十九，上海：上海古籍出版社，2022年，第3358页。

[3] ［宋］苏轼撰，［明］茅维编，孔凡礼点校：《苏轼文集》卷十，北京：中华书局，1986年，第326页。

[4] ［美］包弼德（Peter K. Bol）著，刘宁译：《斯文：唐宋思想的转型》，南京：江苏人民出版社，2001年，第310页。

进也",¹ 所谓"技道两进",是指随着书法艺术的日臻成熟而体现出道德修养的不断提高。又，苏轼以水设喻的关于文学创作的著名观点，²是从《苏氏易传》"随物赋形，尽水之变"的思想而来，亦是其践"道"之体现。正因为对"文"及其与"道"的关系有不同看法，洛、蜀二学在道统方面表现出重大分歧。洛学认为自己直承孔孟，而苏轼对此表示反对。他对李鹰说："近日士大夫皆有僭移天涯之心，动辄欲人以周、孔誉己，自孟轲以下者，皆怃然不满也。此风殆不可长。"³ 又在《六一居士集叙》中说："自汉以来，道术不出于孔氏，而乱天下者多矣。……五百余年而后得韩愈，学者以愈配孟子，盖庶几焉。愈之后二百有余年而后得欧阳子，其学推韩愈、孟子，以达于孔氏，著礼乐仁义之实，以合于大道。"⁴ 在苏轼看来，道统应当是：孔子、孟子、韩愈、欧阳修。以此推之，作为欧阳修的得意门徒，苏轼当然认为自己也是儒学的正统继承者。这一道学传承的特点在于，韩、欧阳二人都是儒学复兴的重要人物，同时亦为文学大家，则苏轼之意不言自明。

苏门诸君子与其师站在同一立场，各自表达了对"文"的肯定及文道关系的看法。如前所述，晁补之对于"文"的重视较苏轼有过之而无不及，是后者"文以践道"观念的坚定支持者。陈师道亦将"文"提到很高的位置。儒家思想认为传于世者无非在于立德、立功、立言，且立德重于立功，立功又重于立言，陈师道则认为立言胜于立功。他在为王安国的文集所作的后序中说："夫士之行世，穷达不足论，论其所传而已。平甫孝悌于家，信于友，勇于义而好仁，不特文之可传也。向使平

---

1 [宋]苏轼撰，[明]茅维编，孔凡礼点校：《苏轼文集》卷六十九，北京：中华书局，1986年，第2194页。
2 [宋]苏轼撰，[明]茅维编，孔凡礼点校：《苏轼文集》卷六十六《自评文》，北京：中华书局，1986年，第2069页。
3 [宋]苏轼撰，[明]茅维编，孔凡礼点校：《苏轼文集》卷四十九《答李方叔书》，北京：中华书局，1986年，第1430页。
4 [宋]苏轼撰，[明]茅维编，孔凡礼点校：《苏轼文集》卷十，北京：中华书局，1986年，第316页。

甫用力于世，荐声诗于郊庙，施典策于朝廷，而事负其言，后戾其前，则并其可传而弃之。平生于学，可谓勤矣，天下之誉，可谓盛矣；一朝而失之，岂不哀哉！"[1]认为王安国可传于世者在于孝悌仁义之"德"与盛誉于天下之"文"，如果建功立业有成却失其"德"与"文"，则是件可悲之事。陈师道对于道德文章的特别强调，正体现了蜀学派的显著特色。陈师道又说："言以述志，文以成言"[2]，将"文"看作"述志"的载体，同样体现了蜀学的文道观念。张耒则主张文道一体。他在《答李推官书》中强调"文"不同于普通的"能言者"，而是"圣人贵之"的"寓理之具"，"文"与"理"是密不可分的[3]。这样一来，"文"自然不是洛学派眼中可有可无的东西，而是关乎圣人之道，不可不重之。黄庭坚亦在《与王观复书》中主张"文"为寓"道"之具。他还说："文章盖自建安以来好作奇语，故其气象衰茶，其病至今犹在，唯陈伯玉、韩退之、李习之，近世欧阳永叔、王介甫、苏子瞻、秦少游，乃无此病耳。"[4]黄庭坚眼中无"好作奇语"之病者如韩愈、李翱、欧阳修、王安石等，皆为儒学复兴的重要人物，其文自然也以重道为特征，正符合黄庭坚为反对"好作奇语"而提出的"以理为主"的要求；同时，黄庭坚在这些重道的文章作者中加入了苏轼与秦观——他们二人被洛学派看作是不重道的典型文人，明显体现出苏门在文道观念上与洛学派的分歧。秦观在《会稽唱和诗序》中亦表达了与张、黄类似的观点，证明黄庭坚将之视为重道之人并非自己一厢情愿的想法。黄、秦、张三人都以对奇语的反对为切入点，表达了文为寓道之具的观点。李廌则在《答赵士舞德茂宣义论宏词书》中说："凡文章之不可无者有四：一曰体，二曰志，三曰气，四曰

---

1 ［宋］陈师道：《王平甫文集后序》，见曾枣庄、刘琳主编：《全宋文》第一百二十三册，上海：上海辞书出版社、安徽：安徽教育出版社，2006年，第323页。
2 ［宋］陈师道：《答江端礼书》，见曾枣庄、刘琳主编：《全宋文》第一百二十三册，上海：上海辞书出版社、安徽：安徽教育出版社，2006年，第285页。
3 ［宋］张耒撰，李逸安、孙通海、傅信point校：《张耒集》卷五十五，北京：中华书局，1990年，第828—829页。
4 ［宋］黄庭坚著，刘琳等点校：《黄庭坚全集》卷十八，北京：中华书局，2021年，第420页。

韵。述之以事，本之以道，考其理之所在，辨其义之所宜。……士欲以文章显名后世者，不可不慎其所言之文，不可不慎乎所养之德。"[1]他对于"文"的要求是以"道"为本，注重"气""韵"。从文意考之，他所强调的"气""韵"不同于先验的气质说，而专指儒家的道德修养。

如前所述，苏门诸君子实为重德修身之士，而其"强学力行"的主张其实与洛学的"践履功夫"颇有相通之处。南宋张九成便在《题晁无咎学说》中提到晁补之对于"践履"的重视："学不贵于言语，要须力于践履。践履到者其味长，乃尽见圣人用处。古之人所以优入圣域者，盖自此路入也。无咎先生所以期其犹子者，其远乎？嗟乎！前辈之风不复见矣。执读三复，为慨然兴叹者久之。"[2]张九成乃杨时高弟，为理学大儒，从他对于晁补之的认同可见出蜀学与洛学看似不两立、实则有相通之处的微妙关系。事实上，蜀学派与洛学派在学术观念上互相沟通与影响并非不可能，李清馥的《闽中理学渊源考》便载李廌与理学之士张读友善[3]。而朱熹一边骂黄庭坚"不律"，一边却又赞他"孝友行，瑰玮文，笃敬人也，观其赞周茂叔'光风霁月'，非胸有学问不能见此四字，非胸有功夫亦不能说出此四字。"[4]所谓"胸有功夫"，当指黄庭坚的儒学修养。这种学术上的微妙关系同样也体现于文学之中。六君子都肯定了"文"的重要性，同时如其师一样将"文"看作是践"道"的工具之一。对于他们来说，这不仅仅是继承韩、柳等人的思想，从"文以载道"的角度强调作为传播工具的"文"的意义，而是将作文本身便看成是一种实践儒家道德理想与人格理想的方式，他们在文中对于"平淡"境界的向往正体现了此点；而洛学虽然极力反对"文"，却在对"平淡"的追求

---

1 曾枣庄、刘琳主编：《全宋文》第一百三十二册，上海：上海辞书出版社、安徽：安徽教育出版社，2006年，第124—125页。
2 ［宋］张九成著，杨新勋整理：《张九成集》卷十九，杭州：浙江古籍出版社，2013年，第223页。
3 ［清］李清馥著，徐公喜等点校：《闽中理学渊源考》卷七《直讲张圣行先生读》，南京：凤凰出版社，2011年，第114页。
4 ［清］黄宗羲著，［清］全祖望补修，陈金生、梁运华点校：《宋元学案》卷十九引，北京：中华书局，1986年版，第810页。

上与苏门君子殊途同归。当然，洛、蜀二学的根本分歧使苏门更有不被洛学所认同的道德理想，即苏轼与六君子将"文"作为"道"之一环，在坚持儒家最根本的道德要求的同时，并不放弃心灵的自由，从而又体现出文人的独特追求。

第二节 文学中的儒家之"道"

作为在宋诗史上各占一席之地的著名诗人，苏门六君子的主要风格或瘦硬、或平易、或清丽、或奇卓、或简古、或遒劲，春兰秋菊，各擅所长，但同时他们都纷纷表示出对"平淡"之祖陶渊明的仰慕之情，并在创作后期明显体现出师法平淡的特点。这自然有美学追求上的共同性，同时也有因生活背景、政治遭际等人生经历的相似性而生发的对一种共同境界的追求；对于六君子来说，平淡既是艺术的境界，更是人生的境界。这种体现历经坎坷后对超然平和心态的向往的平淡之美，是他们在文学中孜孜以求的审美理想，也正是为洛学所认同的儒家人格理想的一种体现。

程颢有《偶成》诗曰："云淡风轻近午天，望花随柳过前川。旁人不识予心乐，将谓偷闲学少年。"又有《和诸公梅台》："急须乘兴赏春英，莫待空枝谩寄声。淑景暖风前日事，淡云微雨此时情。"[1]这两首诗不但都提到了一个"淡"字，整体风格也以平淡为特色。事实上，理学家多不重文，却独对平淡之风青眼有加，因为在理学家看来，平淡是儒家人格理想的一种体现，即平淡中蕴含了儒家之"道"。"淡"或"淡薄""清淡"等，常常被理学家用作对人的品格性情的评价。如二程赞扬他人说：

远遁空谷，处穷困而享淡薄，虽所享生刍一束而已，然其

---

[1] ［宋］程颢、程颐著，王孝鱼点校：《二程集·明道先生文》卷三，北京：中华书局，2004年，第484页。

人之美则如玉也。[1]

其气宇高爽，议论清淡，而端庄恭谨，动必由礼，未尝有惰慢之色，戏侮之言。[2]

与人接谈而有常，不妄交，游于所信爱，久而益笃。[3]

"处穷困而享淡薄"，大体等同安贫乐道；"议论清淡""与人接谈而有常"，体现出外表不张扬而内蕴深厚之意，正是理学家所欣赏的"平淡"的品格性情。这一内涵在胡安国为杨时所作墓志铭中体现得更加明白："公天资夷旷，济以问学充养，有道德，器早成，积于中者纯粹而闳深，见于外者简易而平淡……"，[4] 此前程门弟子张绎祭奠程颢的文中说："世济其美，独吾先生淡乎无味，得味之真，死其乃已"，[5] 也是同样的意思。二程甚至以"淡"与"甘"作为区别"君子"与"小人"的标准："或曰：'君子淡以成，小人甘以坏。'曰：'是也。岂有甘而不坏者。'"[6] 可见"平淡"实与儒家之道密切相关。张九成就明确指出："学问于平淡处得味，方可入道。"[7]

二程虽未有论"文"之平淡者，其后朱熹却有《论诗体平淡之义》，批评近世是今非古之失，认为有诗之初以及魏晋之诗无不以平淡为高，"近体之可以悦人之观听"者，不如"古人高风远韵"；"又谓水落石出，

---

1 ［宋］程颢、程颐著，王孝鱼点校：《二程集·经说》卷三，北京：中华书局，2004年，第1079页。
2 ［宋］程颢、程颐著，王孝鱼点校：《二程集·明道先生文》卷四《故户部侍郎致仕彭公行状》，北京：中华书局，2004年，第493页。
3 ［宋］程颢、程颐著，王孝鱼点校：《二程集·明道先生文》卷十二《先公大中家传》，北京：中华书局，2004年，第646页。
4 ［宋］朱熹撰，朱杰人主编：《伊洛渊源录》卷十《杨文靖公墓志铭》，上海：上海古籍出版社，2022年，第641页。
5 ［宋］程颢、程颐撰，朱杰人主编：《程氏遗书》附录张绎《祭文》，上海：上海古籍出版社，2022年，第440页。
6 ［宋］程颢、程颐撰，朱杰人主编：《程氏遗书》卷十八，上海：上海古籍出版社，2022年，第245页。
7 ［清］黄宗羲著，［清］全祖望补修，陈金生、梁运华点校：《宋元学案》卷四十，北京：中华书局，1986年版，第1303页。

自归此路,则吾未见终身习于郑卫之哇淫,而能卒自归于英茎韶濩之雅正者也。"[1] 朱熹将近体"悦人之观听"者贬为郑卫之哇淫,未免有失于偏颇处;而将平淡视为雅正之体,则可知其在理学家心中的地位。朱熹又有一段关于陶渊明的著名评论:"陶渊明诗,人皆说是平淡。据某看他自豪放,但豪放得来不觉耳。其露出本相者是咏荆轲一篇,平淡底人如何说得这样言语出来。"[2] 这段话粗看颇有道理,实际上朱熹混淆了诗风与人的性情的区别。性情平淡的人不一定说不出豪放之语,就像唐代铁面无情的宰相宋璟可以写出柔肠百转的《梅花赋》一样,但在理学家来说,对陶渊明有那样的认知又是自然而然的,因为在他们看来,平淡本就与人的品性密不可分。如朱熹说范仲淹"平淡忠恕,雅不欲以智名勇功自见",[3] 此处的"平淡"是对人的品德的称赞;又说王安石"然其言平淡简远,翛然有出尘之趣,视其平生行事心术,略无毫发肖似",[4] 则因文之平淡与他所认知的王安石的人品殊不相符而表示不解,其实仍是表达了将平淡作为一种道德品性的观点。总而言之,在理学家看来,平淡是一种境界,一种为人处世、待人观物时的心境,也是儒家所提倡的一种道德修养和"君子"必备的品格;而为文是做人之体现,所以理学家虽不重文,却对"平淡"风格表示赞赏,正因为这类风格中蕴含了"道"的境界。而理学家的这一观点有一个发展过程。在二程时代,平淡基本只是作为对人的评价,将做人与为文联系起来则要到南宋朱熹时期。虽然朱熹对蜀学的攻击不遗余力,但在"平淡"问题上,他明显受到了苏轼及诸君子的影响。例如其"高风远韵"之说,当来自于苏轼著名的《书黄子思诗集后》:"然魏晋以来高风绝尘,亦少衰矣。李杜之后,诗

---

1 [宋]朱熹撰,朱杰人主编:《晦庵先生朱文公文集》卷六十四,上海:上海古籍出版社,2022年,第3098页。
2 [宋]黎靖德编,王星贤点校:《朱子语类》卷一百四十,北京:中华书局,1986年,第4618页。
3 [宋]朱熹撰,朱杰人主编:《晦庵先生朱文公文集》卷八十四《跋吕范二公帖》,上海:上海古籍出版社,2022年,第3948页。
4 [宋]朱熹撰,夏剑钦、吴广平点校:《楚辞集注》卷六《寄蔡氏女第四十七》注,长沙:岳麓书社,2013年,第242—243页。

人继作,虽间有远韵,而才不逮意。"[1] 事实上,"平淡"是元祐文坛较为普遍的审美追求,尤其是苏轼和六君子在诗歌理论与实践中对于"平淡"的标举,不仅使之成为宋诗的重要风格,更与理学家所称赏的人格理想有相通之处,从而表现出与洛学的会同,并影响了南宋理学家对"平淡"的看法。

"平淡"作为一种诗歌风格,最早见于钟嵘《诗品》对郭璞诗的评价:"宪章潘岳,文体相辉,彪炳可玩。始变永嘉平淡之体,故称中兴第一。"[2] 所谓"永嘉平淡之体",钟嵘《诗品序》云:"永嘉时,贵黄老,稍尚虚谈,于时篇什,理过其辞,淡乎寡味。爰及江表,微波尚传。孙绰、许询、桓、庾诸公诗,皆平典似道德论,建安风力尽矣。先是,郭景纯用隽上之才,变创其体;刘越石仗清刚之气,赞成厥美。"西晋永嘉年间,受黄老清谈影响,诗坛流行玄言诗,钟嵘评价这种"平淡"为平板质实、淡乎寡味,显然不被他所赞赏。到了北宋,由于时代背景、诗歌观念的变化和诗人自身的经历等因素,"平淡"逐渐变更和丰富了它的内涵,成为北宋诗人共同的审美追求。具体来说,"平淡"诗风在北宋的发展大致经历了三个阶段:白体诗盛行时是第一阶段。李昉等宗主白居易,"平淡"的特点是浅切通俗。王禹偁则对白体有所改进,使浅切的诗风有了一些内涵,昭示了"平淡"的发展方向。庆历时期的主要诗人梅尧臣代表着这一诗风发展的第二阶段,在理论和实践上都初步确立了北宋"平淡"诗风的很多特点。他发现了陶渊明,树立了新的诗歌典范,并在对陶诗的反思中传达出"平淡"的新内涵,从而使具有老熟之境、苦心经营而痕迹自融等特点的"平淡"成为最能体现宋诗特色的风格之一。在庆历诗坛上,"平淡"还未成为普遍的审美追求,但已有很多诗人表现出认同的倾向,如欧阳修、苏舜钦、江邻几、李觏等。苏轼则代表了"平淡"发展的第三阶段。他极力推崇陶诗,从而大大丰富了北

---

1 [宋]苏轼撰,[明]茅维编,孔凡礼点校:《苏轼文集》卷六十七,北京:中华书局,1986年,第2124页。

2 [南朝梁]钟嵘著,周振甫译注:《诗品译注》,北京:中华书局,1998年,第63页。

宋"平淡"诗风的内蕴,并完全树立了陶渊明的典范地位,使陶诗成为与杜甫诗并驾齐驱的宋代两大诗歌传统之一。更重要的是,苏轼发展了陶渊明"平淡"中蕴含的人生追求与梅尧臣"平淡"中老熟的艺术境界,从而将人生历练与具有宋诗新特征的审美追求结合了起来。

苏轼对陶诗"质而实绮,癯而实腴"[1]的称赞以及对韦柳诗"发纤秾于简古,寄至味于淡泊"[2]的评价,都是关于"平淡"内涵的重要诠释。他又说:"……所贵乎枯淡者,谓其外枯而中膏,似淡而实美,渊明、子厚之流是也。若中边皆枯淡,亦何足道!佛云:'如人食蜜,中边皆甜。'人食五味,知其甘苦者皆是。能分别其中边者,百无一二也。"[3]作为诗歌风格的"枯淡"指的是质朴平淡,与"平淡"之义大体相类,但更具一种老成苍劲的意味。这正发扬了梅尧臣对陶诗的反思和改造,梅诗便往往极力追求一种洗去铅华的枯淡之感,力图体现出具有老熟境界的独特意蕴。不过这种"外枯而中膏"是极难把握的,梅尧臣有的诗歌便只剩了"枯"而没有"膏",所以才会被朱熹讥为"不是平淡,乃是枯槁"[4],但苏轼无疑从梅尧臣的创作中获得了启发。事实上,梅尧臣可以说是从陶渊明的平淡到苏轼所确立的平淡内涵的过渡。陶渊明的诗歌并非只有平淡一类,朱熹所说《咏荆轲》便是豪放风格的作品,而单就其平淡的风格来说,其内涵也颇有区别。最著名的一类,在于以质朴的语言表达出意味无穷的内蕴,苏轼指其"质而实绮",便是从语言与内涵的相反相成来说,一些著名的作品如《归园田居》《饮酒》等都属于此类;而梅尧臣的诗歌,除了有跟陶诗一样的"质而实绮"之作外,更发扬了在陶诗中表现得不是很突出的特点,强调了诗歌情感层面的特色,即在平

---

[1] [宋]苏轼撰,[明]茅维编,孔凡礼点校:《苏轼文集·佚文汇编》卷四《与子由六首》,北京:中华书局,1986年,第2515页。

[2] [宋]苏轼撰,[明]茅维编,孔凡礼点校:《苏轼文集》卷六十七《书黄子思诗集后》,北京:中华书局,1986年,2124页。

[3] [宋]苏轼撰,[明]茅维编,孔凡礼点校:《苏轼文集》卷六十七《评韩柳诗》,北京:中华书局,1986年,第2110页。

[4] [宋]黎靖德编,王星贤点校:《朱子语类》卷一百三十九,北京:中华书局,1986年,第4601页。

淡质朴的语言底下，隐藏着深沉激越的情感，从而形成语言、情感与内蕴三个层面的立体关系。这并非指第一类陶诗没有情感，而是其情感与语言大多处于和谐状态，使人感觉不出它们之间的张力。而苏轼所指的"枯淡"或"外枯而中膏"，应当说更接近于梅诗的特点。但苏轼与梅尧臣的不同在于，梅诗的平淡特色，基本是出于美学上的追求；而苏轼对平淡的看法，则融入了很多经历坎坷后的人世沧桑。所以梅尧臣诗的主要风格，正是他在创作特色上孜孜以求的"平淡"；苏轼却并不以此为主要风格，而只是其晚年对一种人生境界的追求。他在《与二郎侄》中说："凡文字，少小时须令气象峥嵘，彩色绚烂，渐老渐熟，乃造平淡。"[1]指出平淡是一种内含华丽茂实的老熟之美，强调了其老境美的内涵。他又在给黄庭坚的信中说："凡人文字，当务使平和。"[2]这种内敛的心态，与其早年行文风格"不择地皆可出""随物赋行""常行于所当行，常止于不可不止"的酣畅淋漓相比，显然有了很大不同，而与理学所崇尚的"平淡"内涵颇为相近。

苏轼不但自己追求"平淡"的审美理想与人生境界，还以其理论和创作深刻影响了苏门六君子。早在知扬州的元祐年间，苏轼开始追和陶诗，一同任职于扬州的晁补之便积极响应。后来苏轼和陶渊明《归去来辞》，更有黄庭坚、张耒、晁补之等纷纷和之。应当说，六君子最初的追和陶诗，是由于苏轼的推动以及出于艺术尝试的目的，但随着仕途蹭蹬、历经坎坷，心态的变化使"平淡"境界成为他们自觉的追求。如张耒后期作《次韵渊明饮酒诗》，并在序中说："读渊明《饮酒》诗，窃爱其文词而慕其放达。"[3]晁补之在崇宁间党论复起而隐居乡里的时候，"尤好晋陶渊明之为人"，葺"归来园"，所有居室园圃皆取渊明《归去来辞》以

---

1 [宋]苏轼撰，[明]茅维编，孔凡礼点校：《苏轼文集·佚文汇编》卷四《与二郎侄》，北京：中华书局，1986年，第2523页。
2 [宋]苏轼撰，[明]茅维编，孔凡礼点校：《苏轼文集》卷五十二《与鲁直书》，北京：中华书局，1986年，第1532页。
3 [宋]张耒撰，李逸安、孙通海、傅信点校：《张耒集》卷七，北京：中华书局，1990年，第92页。

名之,并自号"归来子"[1]。陶渊明对后世的影响,并不仅仅在其诗文的艺术成就,更因其人生道路的选择为士人提供了精神的家园,而这正是苏轼将陶渊明树为"平淡"典范的原因,虽然在艺术特点上苏轼更多地接受了梅尧臣对陶诗的反思与改造。苏门六君子基本认同于其师的"平淡"观念,既体现出创作实践上的共同性,又因审美观念、生活态度及性情等因素的差异而各有其特色。

黄庭坚以学杜著称于世,但后期也越来越明显地表现出对"平淡"的向往。他在《与党伯舟帖八》中说:"诗颂要得出尘拔俗,有远韵而语平易。"[2]"出尘拔俗"是黄庭坚诗歌创作的最高精神,而要达到此点,黄庭坚提出"有远韵而语平易"的要求,这正是陶渊明"平淡"风格的内涵。他赞扬杜甫的夔州诗"简易而大巧出焉,平淡而山高水深"[3],在对杜诗的评价中融入了陶诗的特点,这对于奉杜甫为经典的黄庭坚来说,其实正是表明了对陶渊明的高度推崇。事实上,黄庭坚对"平淡"的看法,是与他对陶诗的思考分不开的。他在《与王庠周彦书》中说:"见东坡《书黄子思诗卷后》,论陶谢诗、钟王书,极有理,尝见之否?"[4]又在《论诗帖》中说:"陶渊明诗长于丘园,信所谓'有味其言'者。……渊明云:'平畴交远风,良苗亦怀新。'此句殆入妙也。"[5]黄庭坚此处所举"有味其言"之诗,还是指陶渊明那些闲适恬淡的田园诗,这些诗的韵味大多较易感受得到;而要领会陶渊明那些看似无味实则真正"有味其言"的诗歌,黄庭坚指出还须经过更多的人生历练与思考:"血气方刚时,读此诗如嚼枯木;及绵历世事,如决定无所用智,每观此篇,如渴饮水,

---

1 [元]脱脱等撰:《宋史》卷四四四《晁补之传》,北京:中华书局,1985年,第13111页;[宋]张耒撰,李逸安、孙通海、傅信点校:《张耒集》卷六十一《晁无咎墓志铭》,北京:中华书局,1990年,第900页。
2 [宋]黄庭坚著,刘琳等点校:《黄庭坚全集》别集卷十六,北京:中华书局,2021年,第1653页。
3 [宋]黄庭坚著,刘琳等点校:《黄庭坚全集》卷十八,北京:中华书局,2021年,第421页。此处全集本为"平淡如山高水深",但文末校勘指出:丛刊本"如"为"而"。考明嘉靖刻本《山谷集》卷十九和纷欣阁丛书本《山谷老人刀笔》卷十五,皆为"而"。本书从之。
4 [宋]黄庭坚著,刘琳等点校:《黄庭坚全集》卷十八,北京:中华书局,2021年,第417页。
5 [宋]黄庭坚著,刘琳等点校:《黄庭坚全集》别集卷十一,北京:中华书局,2021年,第1539页。

如欲寐得啜茗，如饥啖汤饼。今人亦有能同味者乎？但恐嚼不破耳！"[1]所谓"如嚼枯木"之诗，当指苏轼所称赞的"外枯而中膏"的那类作品，黄庭坚强调的正是融入了人生经历的"枯淡"美的诗歌境界。那么，如何才能达到"平淡"的审美境界呢？黄庭坚的回答并不出人意料：多读书。他在《跋书柳子厚诗》中说："予友生王观复作诗有古人态度，虽气格已超俗，但未能从容中玉佩之音，左准绳、右规矩尔。意者读书未破万卷，观古人之文章未能尽得其规摩及所总览笼络，但知玩其山龙黼黻成章耶？故手书柳子厚诗数篇遗之，欲知子厚如此学陶渊明，乃为能近之耳。如白乐天自云效陶渊明数十篇，终不近也。"[2] 在黄庭坚看来，乐天学陶"终不近也"是因为他"读书未破万卷"。强调读书，是黄庭坚诗学思想中的重要一环，论"平淡"时也不例外。黄庭坚在《与洪驹父书》中说："学工夫已多，读书贯穿，自当造平淡。"[3] 但黄庭坚此处对"多读书"的强调，并非要像他早期诗歌一样形成"以文字为诗"的特点，而主要是作为一种学养的积累，以增加"平淡"的内涵与意蕴，力去浅俗。对于"平淡"在语言层面的表现，黄庭坚以对"雕琢功多耳"的反对体现出追求天工自然的特点。[4] 简言之，以平淡自然的语言，表现出丰富深厚的内蕴，是黄庭坚对于"平淡"境界的审美要求。

黄庭坚后期的诗歌创作正是对其"平淡"理想的实践。一般来说，"平淡"诗风以五古最易表现，因为五古音节少、气势平缓，又不讲求平仄、对仗，对形式的要求最少，故而最能表现出"平淡"力戒华饰的语言层面的特点。黄庭坚诗歌中的五古不少，风格平淡的却多不是五古，如《蚁蝶图》为六言、《雨中登岳阳楼望君山》《鄂州南楼书事》为

---

1 ［宋］黄庭坚著，刘琳等点校：《黄庭坚全集》外集卷二十三，北京：中华书局，2021年，第1279页。
2 ［宋］黄庭坚著，刘琳等点校：《黄庭坚全集》卷二十五，北京：中华书局，2021年，第592页。
3 ［宋］黄庭坚著，刘琳等点校：《黄庭坚全集》外集卷二十一，北京：中华书局，2021年，第1239页。
4 ［宋］黄庭坚著，刘琳等点校：《黄庭坚全集》卷十八《与王观复书三首》："所寄诗多佳句，犹恨雕琢功多耳。"北京：中华书局，2021年，第421页。

七绝、《新喻道中寄元明用觞字韵》为七律,而《跋子瞻和陶诗》虽为五古,实有律体特征,这些都体现出黄庭坚在形式上的有意尝试。例如《新喻道中寄元明用觞字韵》诗说:"中年畏病不举酒,孤负东来数百觞。唤客煎茶山店远,看人获稻午风凉。但知家里俱无恙,不用书来细作行。一百八盘携手上,至今犹梦绕羊肠。"[1]七律的体式典雅华丽,要写得平淡有味并不容易,而此诗对仗虽极工整,却不用生词僻典,写景清新淡远,叙事则语淡情浓。颈联两句以虚词一气贯通,语言自然流畅,而情感极是真挚深切。最后以回忆往事的梦境作结,对兄长的殷殷思念之情隐隐见于字里行间。整首诗剥落浮华,平淡而深厚。《跋子瞻和陶诗》同样是一首对仗工整而丝毫不见雕琢之迹的平淡之作:"子瞻谪岭南,时宰欲杀之。饱吃惠州饭,细和渊明诗。彭泽千载人,东坡百世士。出处虽不同,风味乃相似。"[2]诗歌前四句叙苏轼贬谪岭南与写作和陶诗;后四句由和陶诗而生发开来,赞扬苏轼和陶渊明都是名垂千古的贤士。诗歌语言明白畅达,叙事抒情轻笔淡墨,不加修饰,寥寥几句便将苏轼胸怀豁达的人格品性彰显出来,作者对苏轼的深刻了解和深挚感情也正蕴含其间。《雨中登岳阳楼望君山》则是一首七绝:"投荒万死鬓毛斑,生出瞿塘滟滪关。未到江南先一笑,岳阳楼上对君山。"第三句中的"一笑"是诗歌最为动人之处,虽然只是淡淡一笑,却包含着作者的千言万语以及苦涩与欣喜交织的复杂情感:既有对苦难历程的回忆,也有得以生还的庆幸,更有老而弥坚的旷达。这淡淡的一笑,真可谓"平淡而山高水深"。作于同年的《蚁蝶图》是一首颇为特别的六言诗:"蝴蝶双飞得意,偶然毕命网罗。群蚁争收堕翼,策勋归去南柯。"[3]诗歌宛如一幅生动的图景,作者只是客观地把蝴蝶毕命网罗、群蚁争收堕翼的景象描绘出来,不加一字评论,仿佛不带一丝感情色彩,而这正是这首六言诗的独特之

---

1 此诗与《雨中登岳阳楼望君山》见于《黄庭坚全集》卷七、卷十,北京:中华书局,2021年,第153、238页。
2 [宋]黄庭坚著,刘琳等点校:《黄庭坚全集》卷三,北京:中华书局,2021年,第70页。
3 [宋]黄庭坚著,刘琳等点校:《黄庭坚全集》卷八,北京:中华书局,2021年,第184页。

处:作者把虚字全部锻炼干净,将转折的意思和褒贬态度暗藏于其中。据岳珂《桯史》,崇宁间,黄庭坚贬宜州后,"图偶为人携入京,鬻于相国寺肆。蔡(京)客得之,以示元长(按,蔡京字),元长大怒,将指为怨望,重其贬,会以讦奏仅免。"[1]可见诗歌看似平淡,实则暗含讥刺。黄庭坚曾评价梅尧臣诗"用字稳实,句法刻厉而有和气"[2],指诗歌语言平淡而暗含情感波澜,黄庭坚此作正继承了这一特色。

晁补之说:"鲁直于治心养气,能为人所不为,故用于读书、为文字,致思高远,亦似其为人。陶渊明泊然物外,故其语言多物外意,而世之学渊明者,处喧为淡,例作一种不工无味之辞,曰'吾似渊明',其质非也。"[3]认为黄庭坚与陶渊明诗的风格都与其立身行事有关,而晁补之对陶潜"平淡"的认知与苏、黄一样,强调了其中所蕴含的人生境界的特点。晁补之的诗歌以"凌丽奇卓"著称,由这样的诗风走向"平淡",其转变不可谓不大。如前所述,早在任职扬州时期,晁补之便曾作《饮酒二十首同苏翰林先生次韵追和陶渊明》,但那时他正当壮年,还没有遭受过党争的迫害和仕途的打击,写作和陶诗主要是受到苏轼影响,其实并无多少语淡意深的韵味,与晚年那种真正领会了陶意之精髓而又有宋诗独特审美追求的平淡之作相去甚远。这一方面是因为此时晁补之正是心怀天下、踌躇满志之时,并没有深切体味过陶渊明的心态,甚至也没有已经历过宦海沉浮的苏轼的感受;另一方面此时晁补之对陶诗大约也并未用心琢磨,而在晚年则有了深刻认识。如作于崇宁三年(1104)的《题陶渊明诗后》说:"诗以一字论工拙,如'身轻一鸟过','身轻一鸟下','过'与'下'、与'疾'、与'落',每变而每不及,易较也,如鲁直之言,犹碔砆之于美玉是也。然此犹在工拙精粗之间,其致思未白也。记在广陵日,见东坡云:'陶渊明意不在诗,诗以寄其意耳。"采菊东篱

---

1 [宋]岳珂撰,吴企明点校:《桯史》卷十一,北京:中华书局,1981年,第123页。
2 [宋]黄庭坚著,刘琳等点校:《黄庭坚全集》卷二十五,北京:中华书局,2021年,第597页。
3 [宋]晁补之撰:《鸡肋集》卷三三《书鲁直题高求父扬清亭诗后》,见曾枣庄、刘琳主编:《全宋文》第一百二十六册,上海:上海辞书出版社、安徽:安徽教育出版社,2006年,第138页。

下,悠然望南山",则既采菊,又望山,意尽于此,无余蕴矣,非渊明意也。"采菊东篱下,悠然见南山",则本自采菊,无意望山,适举首而见之,故悠然忘情,趣闲而累远。'此未可于文字精粗间求之,以比碔砆美玉不类。"[1] 在晁补之看来,"见"与"望"不同于"过"与"下""疾""落"一类,并不是单纯的炼字的问题,而在于是否传达出一种整体浑成的远韵,可见晁补之对于陶诗特有的意蕴之美已有了深切领会,并且这种领会是建立在高度认同苏轼"见"优于"望"说的基础之上。

在创作上,晁补之晚年作品"凌丽奇卓"的风格已不如早期那么突出,而"平淡"成为重要特点。如《题谷熟驿舍二首》其一:"驿后新篱接短墙,枯荷衰柳小池塘。倦游对此忘行路,徙倚轩窗看夕阳。"其二:"一官南北鬓将华,数亩荒池净水花。扫地开窗置书几,此生随处便为家。"[2] 诗歌作于绍圣年间,此时晁补之已随着旧党的失败而被贬为应天府通判。从"扫地开窗置书几,此生随处便为家"两句来看,诗人似乎是相当豁达的,但"枯荷""衰柳"和夕阳中两鬓将华的宦游者形象,又传达出诗人内心的抑郁之情。"徙倚轩窗看夕阳"则是一幅具有象征性的图画:在萧瑟寂静的傍晚,诗人倚窗而立,独看落日斜阳。这个"看"字,全不同于柳开"碧眼胡儿三百骑,尽提金勒向云看"(《塞上》)的"看",后者是充满跃跃动感的,前者却几乎静止得凝固。诗人在无言的静观中,心灵深处却充溢着洒脱与失落的复杂情感。"静"的表象与"动"的内心,正象征了这两首诗语言层面与情感层面的张力。又如《感怀追和柳子厚郊居岁暮韵》:"残暑夜如炊,晓风吹萧索。开门望林木,引蔓修篱落。所欣尘累远,不恨生涯薄。心事少干云,白头成忆昨。"诗歌表现闲居心情,在摆脱世俗羁绊的欣慰中,仍隐隐透出岁月蹉跎、凌云抱负已成空的一声叹息。在世事的磨砺中,作者的不平之感以越来越深沉的方式表达出来,平淡之中更显成熟与醇厚。

---

[1] [宋]晁补之撰:《鸡肋集》卷三三,见曾枣庄、刘琳主编:《全宋文》第一百二十六册,上海:上海辞书出版社、安徽:安徽教育出版社,2006年,第129页。
[2] 傅璇琮等主编:《全宋诗》卷一一四〇,北京:北京大学出版社,1995年,第12882页。

秦观与黄、晁一样，对于"平淡"的追求与后期一再遭贬的坎坷经历有关。吕本中说："少游过岭后诗，严重高古，自成一家，与旧作不同。"[1] 所谓"旧作"，是指少游的清新妩丽之诗；"严重高古"，则指抛却清辞丽句，诗风一变而为古朴凝重。"高古"之语，正指出了秦观后期作品与陶渊明"平淡"诗风的关系。秦观曾说："陶潜、阮籍之诗长于冲淡"[2]，此处的"冲淡"，并不同于托名司空图的《二十四诗品》中所描述的冲和淡远，秦观将陶、阮并举，而他们二人最大的共同之处在于同为魏晋高古诗风的代表，"古"指的是形式的古拙，"高"则是指意蕴的高远。秦观前期诗歌中不乏讲究对偶辞藻的律绝，后期则多为朴拙的五古，从形式到内容都明显可见学习陶诗的迹象。例如《饮酒诗》四首[3]。其二"客至壶自倾"，用陶诗其七"杯尽壶自倾"语词，其一"我观人间世，无如醉中真"，用陶诗"羲农去我久，举世少复真。……若欲不快饮，空负头上巾"语意；而且用语古淡，不求对偶、雕琢，颇有些陶诗的味道。但两首诗的内涵其实大不一样。陶渊明虽因不愿为五斗米折腰而挂冠归隐，但这毕竟是他自愿的选择，饮酒诗中的内容多是关于对污浊俗世的鄙弃，对死生荣辱的看法，也表达田园生活所带来的愉悦。秦观则不同。他早年虽不乏豪隽之气，但总的来说是一个易于悲观愁苦之人，贬地生活的极端艰苦，理想的彻底破灭，给他带来难以承受的打击。他虽想学陶渊明的平淡，却常有无限愁苦藏于字里行间。如《饮酒》诗其二："天生此神物，为我洗忧患。山川同恍惚，鱼鸟共萧散。"意谓饮酒能使自己陶然忘忧、萧散自在。而看似淡然的语气中实有着无法排遣的忧愁。在秦观此期的作品中，即使同一组诗也常常是平淡之作与愁苦之诗并存，这恰恰说明了他的平淡之作具有语言层面与情感层面的巨大反差，他的

---

[1]〔宋〕胡仔撰，廖德明校点：《苕溪渔隐丛话》前集卷五十引，北京：人民文学出版社，1981年，第342页。

[2]〔宋〕秦观著，徐培均笺注：《淮海集笺注》卷二二《韩愈论》，上海：上海古籍出版社，2000年，第751页。

[3]〔宋〕秦观著，徐培均笺注：《淮海集笺注》卷五，上海：上海古籍出版社，2000年，第187—191页。

内心并不平淡,而这类诗歌的出现正表明了秦观对于"平淡"人生境界的有意追求,虽然他始终没有达到苏、黄那样的境界。

《海康书事十首》便是体现上述特色的组诗[1]。前四首表现作者谪居生活,语言可谓平淡,却常常能让人感受到其内心难以释怀的愁绪。如其二:"荔子无几何,黄柑遽如许。迁臣不惜日,恣意移寒暑。层巢俯云木,信美非吾土。草芳自有时,鹎鵊何关汝。"其三:"卜居近流水,小巢依嶔岑。终日数椽间,但闻鸟遗音。炉香入幽梦,海月明孤斟。鹪鹩一枝足,所恨非故林。"看着炉香缕缕,流水潺潺,日子就这样在黄柑与荔子的交替所代表的季节轮换以及不时响起的鸟鸣声中静静流淌,但这看似与在长春花旁钩箔而坐一样悠闲的生活却透出作者截然不同的心绪[2],"信美非吾土""所恨非故林",在对家乡、对中土的怀念中其实含蓄地表达了贬谪之恨。又如其四:"培塿无松柏,驾言出焉游?读书与意会,却扫可忘忧。尺蠖以时诎,其信亦非求。得归不恶,未归且淹留。"作者说,我蛰居于此谢绝交游,闭门读书,能够回到家乡当然不坏,不能回去就暂时留在这里吧。表现得似乎很是轻松达观,可开篇两句已泄露了他的愁怀。《诗经》说:"驾言出游,以写我忧"[3],作者虽然放弃了驾言出游,却不是没有忧愁,而是"培塿无松柏"。这种以淡语写深愁的诗歌明显体现了秦观对"平淡"境界的苦心追求。《宁浦书事六首》中的部分作品亦体现了这一特色[4]。如其一:"挥汗读书不已,人皆怪我何求。我岂更求闻达,日长聊以消忧。"作者不仅是以"读书"消解政治上的失意,诗歌所用"求""忧"二韵,很容易让人联想起《诗经·黍离》

---

1 [宋]秦观著,徐培均笺注:《淮海集笺注》卷六,上海:上海古籍出版社,2000年,第235—245页。
2 [宋]秦观著,徐培均笺注:《淮海集笺注》卷十一《兴国浴室院独坐时儿子湛就试未出》:"满城车马没深泥,院里安闲总不知。儿辈未来钩箔坐,长春花上雨如丝。"诗歌作于元祐五年(1090),此时秦观正任职京师,是一生中最为舒心的时光。上海:上海古籍出版社,2000年,第478—479页。
3 高亨注:《诗经今注》,上海:上海古籍出版社,2019年,第70页。
4 [宋]秦观著,徐培均笺注:《淮海集笺注》卷十一,上海:上海古籍出版社,2000年,第484—489页。

篇,其中一再咏唱的句子说:"知我者,谓我心忧;不知我者,谓我何求。"所谓"黍离之悲",成为与家国情怀联系在一起的著名典故,秦观诗以韵脚字的运用,含蓄地表达着他"何求"背后不能忘怀的追求。曾季貍评此诗曰:"其语平易浑成,真老作也。"[1]正与苏轼"渐老渐熟,乃造平淡"之意类似。其二:"鱼稻有如淮右,溪山宛类江南。自是迁臣多病,非干此地烟岚。"则以平淡之语写贬谪之苦。正因为内心绝不平淡,秦观在同一组诗中才既有"平易浑成"之作,又有哀痛溢于言表之诗,如其三:"南土四时尽热,愁人日夜俱长。安得此身作石?一齐忘了家乡",其五:"身与杖藜为二,对月和影成三。骨肉未知消息,人生到此何堪",其六:"寒暑更拼三十,同归灭尽无疑。纵复玉关生入,何殊死葬蛮夷!"这说明秦观追求"平淡"人生境界的努力,最后还是以失败告终,但我们不能抹杀秦观对于"平淡"理想的追求过程。上述诸诗体现了他对这一人生境界的向往,《海康书事》组诗的后六首则体现了他在审美风格上的探索。这是一组生动的岭南风俗图卷,作者写光脚卖鱼虾的干活麻利的粤女,写不同于中土的粤地祭祀和节日风俗,写被中原奉为珍稀的岭南物产,写阴晴倏变的岭南天气等等。如其五:"粤女市无常,所至辄成区。一日三四迁,处处售虾鱼。青裙脚不袜,臭味猿与狙。孰云风土恶,白州生绿珠。"其七:"粲粲庵摩勒,作汤美无有。上客赋骊驹,玉食开素手。那知苍梧野,弃置同刍狗。荆山玉抵鹊,此事繇来久。"他以一个外来者的眼光,追寻着岭南新奇独特的事物,用平实的语言把它们一一记录下来。以秦观的过人才气和生花妙笔,用洋洋洒洒的倩丽之语把它们描绘得多姿多彩本是意料中事,但他却选择了古朴的五古短章和平淡的语言风格,明显体现出秦观此期的审美追求。

陈师道与秦观殊途而同归,后期亦走向平淡。他在诗歌创作上追求"语简而益工",力图以简省的字句,创造一种瘦硬劲峭的风格。这样的

---

[1] [宋]曾季貍撰:《艇斋诗话》,见丁福保辑:《历代诗话续编》,北京:中华书局,2006年,第290页。

风格似乎离"平淡"很远,但求"简"又为其向"平淡"发展创造了条件,因为一般来说,被评价为"平淡"的诗歌也往往是"简"的,所以又有人以"简淡"来概括这类风格。据《西清诗话》,晁文元家所藏陶诗有《问来使》一篇:"尔从山中来,早晚发天目。我屋南山下,今生几丛菊。蔷薇叶已抽,秋兰气当馥。归去来山中,山中酒应熟。"[1]之所以"体制气象与渊明不类"[2],其实就在于用语不"简",情感也较为外露。陈师道对于陶渊明的态度颇有意思。他曾说:"学诗当以子美为师,有规矩故可学。退之于诗,本无解处,以才高而好尔。渊明不为诗,写其胸中之妙尔。学杜不成,不失为工。无韩之才与陶之妙,而学其诗,终为乐天尔。"[3]称渊明"写其胸中之妙",应当是赞扬其诗具有臻于浑成的高妙境界,与苏轼的"高风远韵"说有神似之处;陈师道又说:"陶渊明之诗,切于事情,但不文耳。"[4]这却与苏轼的"质而实绮,癯而实腴"说大相径庭。从儒家"文质彬彬"的要求来说,"不文"似乎是颇为严厉的批评;但从文华辞采的角度来理解的话,大体是指陶诗之不求华词丽句,而这也正是陈师道自己的创作追求。任渊就曾以"枯淡"评价其诗:"世或苦后山之诗,非一过可了,近于枯淡。彼其用意,直追骚雅,不求合于世俗。亦惟恃有东坡、山谷之知也。自此两公外,政使举世无领解者,渠亦安暇恤哉。"[5]说明"枯淡"之诗并非后山偶一为之,而是一种有意识的追求。后山有《寄外舅郭大夫》诗:"巴蜀通归使,妻孥且旧居。深知报消息,不敢问何如。身健何妨远,情亲未肯疏。功名欺老病,泪尽

---

[1] [宋]严羽著:《沧浪诗话·考证》,见[清]何文焕辑:《历代诗话》,北京:中华书局,2004年,第702页。
[2] [宋]严羽著:《沧浪诗话·考证》,见[清]何文焕辑:《历代诗话》,北京:中华书局,2004年,第702页。
[3] [宋]陈师道著:《后山诗话》,见[清]何文焕辑:《历代诗话》,北京:中华书局,2004年,第304页。
[4] [宋]陈师道著:《后山诗话》,见[清]何文焕辑:《历代诗话》,北京:中华书局,2004年,第313页。
[5] [宋]陈师道撰,[宋]任渊注,冒广生补笺:《后山诗注补笺》卷一,北京:中华书局,1995年,第5页。

数行书。"[1] 方回评价说："后山学老杜，此其逼真者。枯淡瘦劲，情味幽深。"[2] 亦以"枯淡"评之。诚然，此诗有老杜的沉郁苍劲，但情感的深长悲怆却不可谓"枯淡"。后山真正外枯而中膏的"枯淡"之作，与其他苏门君子一样，大多在其后期。此时作品已不见费力雕琢之迹，往往以平淡的语气冷静叙说，语简而意深，情感真挚朴实，如《宿合清口》《怀远》等。这种具老熟之境的平淡之作与陶诗自有不同之处，但并不意味着陈师道没有向陶渊明学习过，如《城南寓居二首》其一便颇有陶诗闲远平淡的意趣："游子暮何归，韦杜城南村。秋水深可测，挽衣踏行云。道暗失归处，栖鸟故不喧。牛羊闭篱落，稚子犹在门。"[3] "暮归""栖鸟""行云""稚子候门"等意象都常见于陶诗中。黄庭坚曾这样评价陈师道的创作："秋来入诗律，陶谢不枝梧。"[4] 这是说他的诗既有陶渊明的平淡之味，又有谢灵运的琢刻之功。陈师道后期的"平淡"之作则逐渐洗去摹仿和雕琢之迹，于平淡中见美丽，简古中显情韵。《春怀示邻里》是一首既有老熟平淡之味、又见瘦劲之美的诗："断墙着雨蜗成字，老屋无僧燕作家。剩欲出门追语笑，却嫌归鬓着尘沙。风翻蛛网开三面，雷动蜂窠趁两衙。屡失南邻春事约，只今容有未开花。"[5] 作品写春日闲居情景。春天本是万物复苏、欣欣向荣之时，作者却描绘了断墙下的蜗牛、老屋中的燕子、风翻蛛网、雷动蜂窠等颇见萧瑟之感的意象物态，纪昀评其"刻意劖削，脱尽甜熟之气"，[6] 指出陈师道诗一贯的瘦劲风格；"剩

---

1 ［宋］陈师道撰，［宋］任渊注，冒广生补笺：《后山诗注补笺》卷一，北京：中华书局，1995年，第15页。
2 ［元］方回选评，李庆甲集评校点：《瀛奎律髓汇评》卷四十二，上海：上海古籍出版社，2020年，第1603页。
3 ［宋］陈师道撰，［宋］任渊注，冒广生补笺：《后山诗注补笺》卷一，北京：中华书局，1995年，第17页。
4 ［宋］黄庭坚著，刘琳等点校：《黄庭坚全集》卷二《和邢惇夫秋怀十首》其九，北京：中华书局，2021年，第43页。
5 ［宋］陈师道撰，［宋］任渊注，冒广生补笺：《后山诗注补笺》卷十，北京：中华书局，1995年，第358页。
6 ［元］方回选评，李庆甲集评校点：《瀛奎律髓汇评》卷十纪昀评，上海：上海古籍出版社，2020年，第404页。

欲"两句与"屡失"两句却是在"淡中藏美丽，虚处着工夫"，[1]以平淡之语写出作者想出游又犹豫不定、屡次回绝朋友赏春之约又对春色有所憧憬的老境情怀。《宿合清口》则脱去瘦硬痕迹，是涵泳深沉的"平淡"之作："风叶初疑雨，晴窗误作明。穿林出去鸟，举棹有来声。深渚鱼犹得，寒沙雁自惊。卧家还就道，自计岂苍生。"[2]诗歌前六句写客居夜宿时所见所闻，万籁俱寂中偶尔响起的风吹树叶声、举棹声、雁鸣声，仿佛寓示着作者内心的波澜；诗歌最后两句的喟叹，有家贫的无奈，也有无补于苍生的沉郁，平淡语气中见出深沉的不平之意，正如许印芳所说："结意沉着，不但真挚。"[3]《怀远》同样是一首五律："海外三年谪，天南万里行。生前只为累，身后更须名？未得平安报，空怀故旧情。斯人有如此，无复涕纵横。"[4]诗歌为怀念远谪海南的苏轼而作。整首作品全不用景语，较之上一首的以景写情、情景交融是更典型的宋诗风格。作者对苏轼的感情之深毋庸置疑，但在诗中却用极平常的字眼写来，颔联和尾联都用了否定的句式，看似平淡至冷漠，实则是沉痛之极语。语愈淡，而情愈浓，与黄庭坚的《跋子瞻和陶诗》同为北宋"平淡"诗风的典范之作。

经过苏、黄、陈等人对"平淡"内涵的深入思考，在元祐诗坛，陶渊明的典范地位已远高于白居易，很少有人再学白体，但张耒的"平淡"还是与白体颇有渊源。《宋史·张耒传》说："（耒）作诗晚岁益务平淡，效白居易体。"[5]认为他的"平淡"是承乐天诗风而来。事实上，张耒的诗歌确以"平易自然"为主要风格，但其受白居易影响主要是在早期，晚年的平淡之作则与乐天诗有了很大区别。不过这不意味着张耒和

---

1 ［元］方回选评，李庆甲集评校点：《瀛奎律髓汇评》卷十方回评，上海：上海古籍出版社，2020年，第404页。
2 ［宋］陈师道撰，［宋］任渊注，冒广生补笺：《后山诗注补笺》卷十一，北京：中华书局，1995年，第410页。
3 ［元］方回选评，李庆甲集评校点：《瀛奎律髓汇评》卷十五，上海：上海古籍出版社，2020年，第588页。
4 ［宋］陈师道撰，［宋］任渊注，冒广生补笺：《后山诗注补笺》卷九，北京：中华书局，1995年，第343页。
5 ［元］脱脱等撰：《宋史》卷四四四，北京：中华书局，1985年，第13113页。

黄庭坚、陈师道一样对白居易的平易自然表示出彻底否定，而是以其在理论和实践上的"自然"之风，对由于推崇"平淡"的老境美而有可能造成的过分炼意有所反拨，这使他的诗歌在日益走向内蕴丰富的"平淡"之风时，仍能保持自然流畅的特点，从而达到词浅意深的境界。如《和周廉彦》："天光不动晚云垂，芳草初长衬马蹄。新月已生飞鸟外，落霞更在夕阳西。花开有客时携酒，门冷无车出畏泥。修禊洛滨期一醉，天津春浪绿浮堤。"[1] "新月"一联颇有意趣。"新月""飞鸟""落霞""夕阳"本都是古诗中常见的物象，经过作者巧妙的组合搭配，"把一件小事物作为一件大事物的坐标"[2]，便获得了独特的视境效果，描绘出傍晚日月交替时的共生动态，与梅尧臣的"斜阳鸟外落，新月树端生"（《中秋新霁壕水初满自城东隅泛舟回谢公命赋》），都是于平淡中见新奇。《对菊花二首》同样很有味道。如其一："官闲身世两悠悠，种竹栽花一散愁。黄菊丛边对疏雨，一年怀抱此时秋。"[3] 以"黄菊""疏雨"写出秋日淡淡的愁绪，远韵悠然。《寓陈杂诗十首》则是另一种意蕴。如其七："疲马龁枯草，闭门苔藓深。闲坊居人少，秋日疏槐阴。境寂心亦闲，萧然散巾襟。静中有深趣，因见至人心。谷神古不死，兹理良可寻。无令儿辈觉，一抚无弦琴。"[4] 张耒晚年寓居陈州，曾次韵陶渊明饮酒诗，这组《寓陈杂诗》虽然不是和陶之作，却颇有陶诗的味道。诗歌运用五古形式，以明白如话的语言闲闲写来，于自然萧散的风神中又体现出傲兀的人格品性。《十月七日晨起》同样是五古："山鸦鸣晓晴，寒日在蓬荜。老人欣然起，构火温小室。室中空无有，扫榻对像佛。还观旧文字，尘土暗编帙。一杯径就醉，四体寒若失。隔窗即山麓，寒木鸣瑟瑟。江民旱累岁，流冗

---

1 [宋]张耒撰，李逸安、孙通海、傅信点校：《张耒集》卷二十二，北京：中华书局，1990年，第393页。
2 钱锺书著：《宋诗选注》，北京：三联书店，2021年，第133—134页。
3 [宋]张耒撰，李逸安、孙通海、傅信点校：《张耒集》卷三十一，北京：中华书局，1990年，第545页。
4 [宋]张耒撰，李逸安、孙通海、傅信点校：《张耒集》卷八，北京：中华书局，1990年，第108页。

东就食。蚨蝗食陈蔡,千里无草色。客来谈世事,亹亹语千百。客去深闭门,颓然无我责。"[1]作者写了冬日某个普通的早晨:生火、扫榻、看书、喝酒,极平常而清苦的生活,然而那些屡屡遭受天灾、瑟缩在寒风中的百姓,就连这样普通的生活也不可得。作者没有发表任何议论,只以"颓然无我责"结束全诗,看似漠不关心,实则包含深沉感慨。对百姓流离失所的同情关切,与想要兼济天下而不得的苦闷愤慨交织于胸,千言万语化作短短五个字,而将情感的波涛隐藏在看似平静无澜的水面之下。

李廌与其他苏门君子的不同在于,他虽然布衣终身,一生遭际堪叹,却也因此而幸免于贬谪之苦,这使他没有像其他苏门君子一样因人生的巨大转折而导致诗风发生变化,但是"平淡"作为一种对人生境界的追求,常常会不经意间出现于他的诗歌当中,尤其是在他不得不奔走于功名之途而心生倦怠时。如《钓渚诗》:"钓渚平过水,笔溪清见底。寒烟晓冥冥,白石明齿齿。目送归鸿飞,游心志鳠鲔。手应心不疑,物我相诺唯。黄雀漫多惊,白鸥来自喜。之子未投竿,我来频洗耳。"[2]在淡雅的景色中写出物我相亲、忘怀世事的闲逸之情。又如《出城》:"岸走舟安稳,逍遥若步虚。晴烟迷白鹭,春水见浮鱼。桑树连坡种,人家夹水居。年丰村舍好,稚子学诗书。"[3]表现村居之乐,颇有陶渊明笔下的田园风致。《忆吾庐》则明确表现出归隐之意:"缪挟经世策,蚤衰甘湮沦。吾庐有佳趣,一廛良可亲。茂林修竹地,青山白云人。尘埃付捷径,风波委要津。吾心如皦日,外物任浮云。久厌牛马走,欲令鸥鹭驯。岁月既荏苒,功名定因循。执鞭吾弗能,得乘岂所欣。畎亩乐可必,糟糠奚用勤。泥龟喜曳尾,生刍耻屡陈。束湿虽有术,末路复谁因。愿为海底泥,肯羡山上尘。"[4]作者为前程奔走多年而一无所获,由此兴起归家之

---

[1] [宋]张耒撰,李逸安、孙通海、傅信点校:《张耒集》卷十一,北京:中华书局,1990年,第185页。
[2] 傅璇琮等主编:《全宋诗》卷一二〇〇,北京:北京大学出版社,1995年,第13560页。
[3] 傅璇琮等主编:《全宋诗》卷一二〇三,北京:北京大学出版社,1995年,第13614页。
[4] 傅璇琮等主编:《全宋诗》卷一二〇〇,北京:北京大学出版社,1995年,第13572页。

念。虽然诗歌意思与陶渊明《归园田居》所表现的以归隐后的愉悦反衬陷于"尘网"中的无奈有相似之处，但作者对功名的厌倦与对家乡田园生活的渴望都是因多年奔波而发自内心的真实情感，所以亦自有其动人处。李廌另有一首作于晚年的《春日即事》（其九）："逃闲闭关坐，忽有卖花声。老大自多感，依然京洛情。"[1] 不能忘怀世事的慨叹，蕴含在简约平淡的字句中，以其涵泳深长的意味而更令人回味无穷。

苏门六君子对于"平淡"的追求，在苏轼的基础上进一步丰富了其文学内涵与美学内涵；并且"平淡"作为一种儒家人格理想，这种追求正体现了他们的儒家之"道"的实践方式，而这是洛、蜀二学在文学上屈指可数的共同点之一。更多的时候，洛学派对六君子的文学抱着否定的态度，尤其是对他们作品中的戏谑之语和侧艳之辞，从而体现出两种学派的不同观念的尖锐对立。

第三节　文学中的苏门之"道"

陈师道《后山谈丛》记载了这样一则关于苏轼的趣事：

> 世以癞疾鼻陷为死证，刘贡父晚有此疾，又尝坐和苏子瞻诗罚金。元祐中，同为从官。贡父曰："前于曹州，有盗夜入人家，室无物，但有书数卷耳。盗忌空还，取一卷而去，乃举子所著五七言也。就库家质之，主人喜事，好其诗不舍手。明日盗败，吏取其书，主人贿吏而私录之。吏督之急，且问其故。曰：'吾爱其语，将和之也。'吏曰：'贼诗不中和他。'"子瞻亦曰："少壮读书，颇知故事。孔子尝出，颜仲二子行而过市，而卒遇其师。子路趋捷，跃而升木，颜渊懦缓，顾无所之，就市中刑人所经幢避之，所谓石幢子者。既去，市人以贤者所至，

---
[1] 傅璇琮等主编：《全宋诗》卷一二〇三，北京：北京大学出版社，1995年，第13631页。

不可复以故名,遂共谓避孔塔。"闻者绝倒。[1]

程颐因为秦观在词中写到"天"而不满其对天的不敬,如果他看了上面这则故事,大概只能感叹一声:有其师才必有其徒。在苏轼绘声绘色的描述中,孔子与其名列七十二贤徒的子路、颜渊远比理学家捧为圣人、贤人而高不可攀的形象生动可爱,但在理学家看来,这也未免过于不敬,尤其是"跃而升木"的子路与懦缓而避的颜渊,哪里还有半点贤者之风。事实上,洛、蜀二派最初因为"歌而不哭"的交恶,与这则故事所体现的都是他们的根本分歧,即对于"礼"的看法。虽然苏门六君子对于"平淡"的审美追求与理学家有某些共同之处,但这并不能掩盖洛、蜀二学在"礼"的问题上的严重分歧。

据《河南程氏外书》:"……他日国忌,祷于相国寺,伊川令供素馔。子瞻诘之曰:'正叔不好佛,胡为食素?'正叔曰:'礼,居丧不饮酒食肉。忌日,丧之余也。'子瞻令具肉食,曰:'为刘氏者左袒。'于是范淳夫辈食素,秦、黄辈食肉。"[2]或有人认为苏轼在洛蜀之争中过于意气用事,如左袒之事便颇有戏谑意味;但事实上,食素食肉只是表象,对于"礼"的不同看法才是根本分歧。"礼"不同于"天道"的渺不可见,它不但规定了君臣上下的道德纲常,同时也是一种融入日常生活的行为准则。而后者正是他们论争的焦点。如前所述,苏轼心目中的"道"比洛学所理解的"道"具有更大的包容性,蜀学派认为在坚持道之根本即进退出处的大节操守的前提下,应当保有内心的自由,并认为这也是能坚持人格独立的原因之一。而既然所重者乃内心,故并不以外在的"礼"的要求来作为修身养性的手段,加上苏轼与六君子皆为一时文士之翘楚,常有文人倜傥不羁之举,在理学家看来,这正坐实了他们对文人"无行"的指责,但在苏轼及六君子看来,他们的处世方式与生活态度并不妨碍

---
[1] [宋]陈师道撰,李伟国点校:《后山谈丛》卷五,上海:上海古籍出版社,1989年,第54页。
[2] [宋]程颢、程颐撰,朱杰人主编:《程氏外书》卷十一,上海:上海古籍出版社,2022年,第528页。

其对儒家道德理想的追求。例如苏轼与弟子关系亲密无间,时常互相调谑为乐。一次,"秦少游在东坡坐中,或调其多髯者。少游曰:'君子多乎哉?'东坡笑曰:'小人樊须也。'"[1]围绕多髯这件生活细事,秦观自称为"君子",而苏轼笑其为"小人"。洛学有"程门立雪"的典型故事,强调"礼"与师道尊严;苏门则与之成鲜明对照,师徒以君子小人取乐,不敬礼法、"目无尊长",但这并不妨碍他们在真正的君子小人之辨中的坚定立场以及对儒家"君子"理想的不懈追求。

苏轼等人在生活中的随性不羁,除了理学家极力贬斥,在其他人那里得到的评价也褒贬不一。《宋元学案》中与二程同被列为儒学大家的范镇,本身亦是端毅严肃之人,但他并不因处世方式的不同而否定苏黄。据《道山清话》:"范蜀公镇,每对客,尊严静重,言有条理,客亦不敢慢易,惟苏子瞻则掀髯鼓掌,旁若无人,然蜀公甚敬之。一日,有客问公何为不重黄庭坚,公曰:'鲁直一代伟人,镇之畏友也,安敢不加重。'"[2]较之理学家一味以是否守"礼"来评判人之高下就要通达得多。但苏门君子的随性不羁有时也带来意料不到的后果。据王明清《挥麈录》:"赵正夫丞相,元祐中与黄太史鲁直俱在馆阁。鲁直以其鲁人,意常轻之。每夜吏来问食次,正夫必曰:'来日吃蒸饼。'一日聚饭行令,鲁直云:'欲五字从首至尾各一字,复合成一字。'正夫沉吟久之,曰:'禾女委鬼魏。'鲁直应声曰:'来力敕正整。'叶正夫之音,阖座大笑。正夫又尝曰:'乡中最重润笔,每一志文成,则太平车中载以赠之。'鲁直曰:'想俱是萝卜与瓜齑尔!'正夫衔之切骨。其后排挤,不遗余力,卒致宜州之贬。一时戏剧,贻祸如此,可不戒哉!"[3]王氏称黄庭坚对赵挺之有地域歧视,其实很可怀疑,因为庭坚所敬重的鲁人——包括儒家圣人孔子——不在少数。而黄庭坚与赵挺之的嫌隙实际上由来已久。黄

---

1 [宋]邵博撰,李剑雄、刘德权点校:《邵氏闻见后录》卷三十,北京:中华书局,1983年,第237页。
2 [宋]佚名撰,孔一校点:《道山清话》,上海:上海古籍出版社,2012年,第73页。
3 [宋]王明清撰:《挥麈录》后录卷六,北京:中华书局,1961年,第157页。

庭坚早在知吉州太和县时，因不愿执行新法以扰民，得罪了时为其上司的赵挺之，所以黄赵之争，其实涉及新旧两党政见的不同，黄庭坚的宜州之贬归根结底也源于此点，而非如王明清所说"一时戏剧，贻祸如此"那么简单。但为人处世的不同也在他们的纷争中起了推波助澜的负面作用。黄庭坚的率性和口无遮拦，显出文人的不羁本色，这在严酷的政治斗争中很容易为政敌所乘，但苏轼与诸君子并未因此而有所改变，皆因他们不愿为外在人事而束缚内心自由。他们不像理学家那样被"礼"所约束，从而掩盖甚至湮灭内心的真实情感，而是在文中自由抒写亲情、友情、爱情甚至表现艳情。这与他们对儒家道德理想的追求并不矛盾，因为寻求内心真实的自由，而非一味压抑自身情感，正是苏门之"道"的体现——在苏轼与六君子看来，苏门之"道"是儒家之"道"的个性化表现，而非与其对立。故而六君子那些不拘于"礼"的"文"，以及有些被认为甚至该下泥犁之狱的侧艳之辞，正体现出作为文人的儒家道统继承者的独特思路。

　　作为生活态度和处世方式的投射，在"文"中表现戏谑之意成为情理中事，但这些戏谑之辞其实并非简单的文字游戏，而是往往自有意思在其中。如陈师道《后山诗话》记载："熙宁初，有人自常调上书，迎合宰相意，遂丞御史。苏长公戏之曰：'有甚意头求富贵，没些巴鼻使奸邪。'有甚意头、没些巴鼻，皆俗语也"；"东坡居惠，广守月馈酒六壶，吏尝跌而亡之，坡以诗谢曰：'不谓青州六从事，化为乌有一先生。'"[1] 这两则关于苏轼的诗话，在东坡的戏谑之语中勾勒出他的真性情：前者以俗语讽刺阿谀奉承之辈；后者则以诗自解，在艰苦的贬居之地，六壶美酒转瞬化为乌有，惋惜之情自不待说，而东坡以短短十四字，尽显其一贯的达观，同时也在一笑中化解了小吏的尴尬。《王直方诗话》则记载了黄庭坚、陈师道等人写作戏谑之辞的趣事，如："山谷谢王炳之惠玉版

---

[1] ［宋］陈师道著：《后山诗话》，见［清］何文焕辑：《历代诗话》，北京：中华书局，2004年，第306页。

纸诗云：'王侯鬈若缘坡竹。'此出《髯奴传》。炳之大以为憾。送零陵主簿夏君玉诗末云：'因行访幽禅，头陀烟雨外。'盖君玉头甚大，故以此戏之。""少章登第后方娶。陈后山嘲秦觏云：'长铗归来夜帐空，衡阳回雁耳偏听。若为借与春风看，无限珠玑咳唾中。'后山作此诗时犹未娶，故多戏句。帐空闻雁之语，皆戏其独宿无寐也。"[1] 这些戏谑之诗都是苏门师徒生活态度和处世方式的反映，在嘲人与自嘲中，或对世俗的丑恶嬉笑讽刺，或传递朋友间的轻松惬意，或表现艰难中的乐观淡定。

如李廌《求茶戏丘公美》在戏谑中表现了朋友之谊与生活之趣："公美方自灵隐来，面上灰尘衣尘埃。自言夜借僧榻眠，白日买酒不惜钱。半月等得头水茶，欲求善价先还家。君不见边孝先，瞌睡昼多眠，点茶追清兴，诚与真性便。闻君结交素奇伟，朋友须求无逆意。苟惠上品一斤来，庶全见利而思义。"[2] 作者的朋友丘公美从盛产名茶的杭州归来，虽然脸上衣上全是灰尘，谈到在那里的生活却一副自得的样子，原来他很"聪明"地晚上借了和尚的床榻睡觉，白天就可以毫不吝啬地买酒喝了。作者寥寥几笔，将一个坦率不做作、精明中不失可爱的小人物刻画得活灵活现。作者最后说，要是你肯送我一斤上等的好茶，我一定会见利而思义的。在儒家的训诫中，见利者往往忘义，作者却反其意而用之，自然只是调侃之语，不过在理学家眼中恐怕正是李廌乃"浮薄之徒"的一条明证。理学家往往作出严于律己与律人的姿态，而六君子更注重的是表现真实的自我，而且他们常常采用的是看上去似乎并不真诚的戏谑的方式。如张耒有《二十三日晨欲饮求酒无所得戏作》："张君所欲一壶酒，百计经营卒无有。夜来客至瓶已空，晨起欲饮还戒口。努力忍穷甘寂淡，人间万事如反手。百壶一醉有底难，造物谑戏君须受。"[3] 这不是

---

1 ［宋］王直方撰：《王直方诗话》，见郭绍虞辑：《宋诗话辑佚》，北京：中华书局，1980年，第97页。
2 傅璇琮等主编：《全宋诗》卷一二〇二，北京：北京大学出版社，1995年，第13604—13605页。
3 ［宋］张耒撰，李逸安、孙通海、傅信点校：《张耒集》卷十三，北京：中华书局，1990年，第232页。

一个乐道忘忧的高尚君子的形象，只是一个为了一壶酒而"百计经营"的普通人，虽然也有"努力忍穷甘寂淡"的甘于清贫的决心，有"人间万事如反手"的藐视困顿的豪情，但作者亦不掩饰自己的欲望、困窘、矛盾和挣扎。这与理学家心目中的典范差之甚远，而作者所注重的在于表现内心的真实感受；虽然作者那充满自我调侃的语气，与理学家设定的标准格格不入，却是作者化解困顿中的失落与悲哀、于苦涩的生活中保持达观心态的一剂良方。

事实上，乐道忘忧的儒家君子同样是苏门六君子追求的理想，例如黄庭坚有《颜徒贫乐斋二首》曰：

> 衡门低首过，环堵容膝坐。四旁无给侍，百衲自缠裹。论事直如弦，观书曲肱卧。饥来或乞食，有道无不可。
>
> 小山作友朋，义重子舆桑。香草当姬妾，不须珠翠妆。乌乌窥冻砚，星月入幽房。儿报无炊米，浩歌绕屋梁。[1]

据原注，颜徒姓黄名友颜，与黄庭坚有宗盟之好，为家道中落的士大夫之后。黄庭坚以"颜徒"呼之，既解"友颜"之名，又将其与孔子贤徒颜回联系起来而赞其傲视贫贱之意。在北宋的儒学复兴运动中，孔颜之乐是一个被普遍提及的问题。有学者指出，二程和苏轼对其内涵的理解是很不一样的。前者将之与周公事业、自然与名教结合起来，后者则认为孔颜之乐在于清贫乐道[2]。显然，二程的理解仍然与他们的道德理想主义有关，苏轼的理解则发挥了孔子"君子忧道不忧贫"的思想，应当说更被后世所广泛接受；起码在苏门诸君子看来，孔颜正是固穷守节的典范，例如黄庭坚所描写的"颜徒"，"饥来或乞食，有道无不可"，既有陶渊明的率真之气，更显孔子称许的"忧道不忧贫"的君子之风。但是，

---

[1] ［宋］黄庭坚著，刘琳等点校：《黄庭坚全集》卷三，北京：中华书局，2021年，第71页。
[2] 详见卢国龙著：《宋儒微言》第五章，北京：华夏出版社，2001年。

如果说六君子眼中的儒家"君子"所具有的生活中的穷愁潦倒与精神上的高贵不屈这样两个典型特征尚能被洛学认可的话，他们常常采用的戏谑的表现方式却又颠覆了这种认可。他们本是针对洛学派对文人"无行"的批评，以安贫乐道、洁身自好的精神世界和文化品位来塑造理想"君子"的特质，说明文人亦是儒家道统的继承者，结果这种戏谑的方式却恰恰被洛学派坐实了"文人无行"的看法。事实上，六君子的写作戏谑之辞并非抱着游戏态度，而是以此化解贫困带来的沉重压力；同时刻画出更接近于生活真实的儒家"君子"形象，有嬉笑自嘲，有牢骚不平，困顿中带着无奈、世俗诱惑前终能坚守节操，如此种种，让人感慨钦敬他们是俗世中的不俗者，而非高高在上、不得不仰视却不真实得如同泥塑木胎，可以说这类现实当中的"君子"形象正蕴含着六君子切合实际的道德理想与追求。

例如李原（彦深）就是这样一个不俗者。黄庭坚《戏赠彦深》诗曰："李髯家徒立四壁，未尝一饭能留客。春寒茅屋交相风，倚墙扪虱读书策。老妻甘贫能养姑，宁剪髻鬟不典书。大儿得饕不索鱼，小儿得裈不索襦。庾郎鲑菜二十七，太常斋日三百余。上丁分膰一饱饭，藏神梦诉羊蹢蔬。世传寒士有食籍，一生当饭百瓮齑。冥冥主张审如此，附郭小圃宜勤锄。葱秧青青葵甲绿，早韭晚菘羹糁熟。充虚解战赖汤饼，芼以蓴蓴与甘菊。几日怜槐已着花，一心咒笋莫成竹。……"[1]百瓮本是指馔肴之盛，此处却说百瓮腌菜，可见生活的贫寒彻骨；作者又说李原偶尔吃了一点肉就梦见五脏神来"投诉"羊踏破了菜园子，戏谑的笔调中写出李家无肉可食的穷困的常态。不过李原并未清高地在饥寒中苦熬。虽然他要做孔子所不齿的劳动者，又很不高尚地盼望春笋不要长成竹子，我们却从中感受到了他在艰苦的物质环境中的乐观，这与黄友颜的"儿报无炊米，浩歌绕屋梁"相比，是另一种更切实际的傲视贫贱，而其精神的高洁是一致的。故而黄庭坚在诗歌最后一改戏谑口吻，满怀敬意地

---

[1] ［宋］黄庭坚著，刘琳等点校：《黄庭坚全集》外集卷六，北京：中华书局，2021年，第931页。

赞扬彦深:"李髯作人有佳处,李髯作诗有佳句。虽无厚禄故人书,门外犹多长者车。我读扬雄逐贫赋,斯人用意未全疏。"用陈平、扬雄诸典,称赞李原是贫寒而有才之士。在另一首《赠李彦深》诗中也说:"李君气萧萧,翠竹摇清秋"[1],用清秋翠竹这一高洁不群的意象赞美李原的君子之风。不过李原定是个随和之人,所以黄庭坚在《竹轩咏雪呈外舅谢师厚并调李彦深》中忍不住又和他开起玩笑来:"屋头维女贞,颜色少泽悦。稍能窥藩篱,亦有固穷节。"[2] 诗歌以女贞为喻,写它容颜缺少光泽,外表实不讨人喜欢。当然,作者是先抑后扬,最后落在品性的"固穷节",似玩笑实钦敬地再次刻画了李原处穷途而固守志节的"君子"形象。

黄庭坚又有《次韵戏答彦和》,同样以戏谑之笔刻画了一个不慕名利、安贫乐道的儒家"君子"。诗歌说:

本不因循老镜春,江湖归去作闲人。天于万物定贫我,智效一官全为亲。布袋形骸增磈磊,锦囊诗句愧清新。杜门绝俗无行踪,相忆犹当遣化身。[3]

"布袋形骸"一句描写徐常(彦和)外表最是生动,同时奠定了全诗诙谐的笔调,但作者并非仅像曾国藩所理解的"借以喻彦和之肥伟",[4] 更是以《景德传灯录》中布袋和尚的不同凡俗来比喻徐常。在黄庭坚笔下,徐常的外表虽有几分惹人发笑,内在却是一个具有出众诗才和淡泊名利的高尚节操的君子。对于这样一个"年四十弃官,杜门不出"(原注)的陶渊明式的隐士,作者对他虽不乏调侃之语,内心却是满怀钦敬。诗歌用《庄子·大宗师》中子桑语,以及《庄子·逍遥游》和《后汉书·刘赵淳于江刘周赵列传序》的典故,写出徐常为穷所困的窘境和养亲而仕

---

1 [宋]黄庭坚著,刘琳等点校:《黄庭坚全集》外集卷十三,北京:中华书局,2021年,第1079页。
2 [宋]黄庭坚著,刘琳等点校:《黄庭坚全集》外集卷二,北京:中华书局,2021年,第822页。
3 [宋]黄庭坚著,刘琳等点校:《黄庭坚全集》外集卷九,北京:中华书局,2021年,第984页。
4 [清]曾国藩撰:《十八家诗钞》,北京:中华书局,2018年,第2684页。

的高义。尤其具有意味的是关于毛义的典故。据说"汉毛义家贫,以孝行称。张奉慕其名,往候之。坐定而府檄适至,以义守令。义捧檄书,动颜色,奉心贱之,辞去。及义母死,去官行服,数辟公府公车,徵不至。奉乃叹曰:'贤者固不能测,往日之喜,乃为亲屈也。'"[1]在儒家看来,"兼济天下"与"学而优则仕"是君子所为,养亲而仕更是他们所称扬的君子之举。前者主要体现了儒家的入世思想,并没有太多道德品质方面的意义;养亲而仕则以其深重人伦五常而又淡泊名利,更具道德典范的意味,是更获得社会普遍认同的儒家之"道"。黄庭坚正是在他看似带有几分游戏成分的笔墨中,刻画了一个深具儒家道德要义而又鲜活生动的君子典范。

在六君子的作品中,戏谑之辞不但是内心真实情感的巧妙的呈现方式,是对生活中的困窘的达观的书写方式,同时也是对于他人人生选择的宽容与理解的表达方式。如黄庭坚《戏答俞清老道人寒夜三首》刻画的就是与儒家"君子"很不一样的另类的文人形象:"索索叶自雨,月寒遥夜阑。马嘶车铎鸣,群动不遑安。有人梦超俗,去发脱儒冠。平明视清镜,政尔良独难。"[2]《王直方诗话》曾载黄庭坚述此诗缘起:"金华俞清老名子中,三十年前,与予共学于淮南。元丰甲子相见于广陵,自云荆公欲使之脱缝掖,着僧伽黎,奉香火于半山宅寺,所谓报宁禅院者,予之僧名紫琳,字清老,无妻子之累,去作半山道人似为不难事。然生龟脱筒,亦难堪忍。后数年,见之,儒冠自若,因尝戏和清老诗曰……"[3]也就是说,俞清老本为儒生,后受王安石"蛊惑"弃儒为僧,却又难忍佛门清苦,于是再次弃佛归儒。作者在诗中便传神地刻画了俞清老矛盾的内心世界和微妙的思想情感[4]。"索索"两句写寒夜之景,衬托出俞清老当和尚时清冷孤寂的生活;"马嘶"两句则写清晨万物开始活动

---

1 [宋]黄庭坚著;[宋]任渊等注;黄宝华点校:《山谷诗集注·山谷外集》卷一,上海:上海古籍出版社,2003年,第523页。

2 [宋]黄庭坚著,刘琳等点校:《黄庭坚全集》卷一,北京:中华书局,2021年,第11页。

3 [宋]王直方撰:《王直方诗话》,见郭绍虞辑:《宋诗话辑佚》,北京:中华书局,1980年,第62页。

4 详见拙文《俞清老:一个"另类"文人》,《文史知识》2003年第6期。

的景象。此四句从夜晚写到天明，表面是叙述客观之景，实际上暗含着俞清老思绪的变化，"不遑安"三个字正写出了清老内心的躁动不安。后四句由写景转为写人。先是以梦写俞清老祝发为僧的前尘往事，继而以照镜定格当下，镜中的形象代表身份的选择，是维持，还是改变？诗歌结束在"政尔良独难"的矛盾之中。"寒夜"是一个带来凄冷萧瑟之感的主题，它出自俞清老的原唱（今已不存），黄庭坚的和答既以寒夜之景暗寓俞清老面临人生选择的心境，又以"戏"笔替其化解了立场不坚定的尴尬。作者对俞清老的"寂寞难耐"虽略有调侃之意，但"善戏谑兮不为虐"，幽默而不流于庸俗，使人在一笑之余觉得俞清老这个既不能算真儒者也不能算真僧道的人，能够不矫饰地表达出他的七情六欲，其实也很有可爱之处。作者则以宽容的微笑，对他"儒冠自若"的选择表示理解。苏轼亦"屡哦此诗，以为妙"[1]，既赞黄庭坚诗之传神，亦当赞同于黄庭坚对俞清老的"变节"（当然并非立朝大节）所持的态度。

六君子诗文中的戏谑之语表现出苏门之"道"与程门之"道"的不同，侧艳之辞的写作则更为典型地体现了苏门之"道"的独特性。先来看秦观《水龙吟》词：

> 小楼连苑横空，下窥绣毂雕鞍骤。朱帘半卷，单衣初试，清明时候。破暖轻风，弄晴微雨，欲无还有。卖花声过尽、斜阳院落，红成阵，飞鸳甃。　玉佩丁东别后，怅佳期、参差难又。名缰利锁，天还知道，和天也瘦。花下重门，柳边深巷，不堪回首！念多情但有，当时皓月，向人依旧。

这首词的著名并不因它在秦观词中有多么出色，而在于洛、蜀二学的领袖程颐和苏轼都对它发表了一些评论。评论的角度相差甚远，却正体现

---

1 ［宋］王直方撰：《王直方诗话》，见郭绍虞辑：《宋诗话辑佚》，北京：中华书局，1980年，第62页。

出二学之"道"的区别。苏轼的批评针对第一句,谓其"十三个字只写得一个人骑马楼前过"[1];程颐的批评如前所述,指责秦观"名缰利锁"三句对"天"不敬。二者一个是从纯文学的角度,一个则是以文观道。虽然苏门也提倡文以践道,不过此道非彼道,是重内心自由之道而非程氏敬天守礼之道。其实文中写"天"并不始于秦观此词,李贺《金铜仙人辞汉歌》"天若有情天亦老"之句便为秦词所本,以李贺此诗之著名,程颐不太可能不知,但他只将矛头指向秦观,原因大概在于秦词是一首为理学所讳言的情爱之作,而李诗只是感慨家国盛衰之变,无涉男女私情。但在苏门诸君子的词中,将"天"与男女之情联系在一起,并非只有这首《水龙吟》。如秦观的《河传》词,尾句为"瘦杀人,天不管"[2],更加"大不敬"地将"天"扯到男女情爱中去;黄庭坚则与之同声相应,亦作此调,尾句为"好杀人,天不管",自注云:"因少游词,戏以'好'字易'瘦'字。"充满游戏之辞的味道,更毋言"上穿尊严"。

与写作戏谑之文一样,侧艳之辞亦为他们表达内心自由的方式,这可以说是对宋代文人传统的继承。宋代文人往往因兼有多重身份,而表现出多侧面个性气质。他们在朝堂上目不斜视、义正词严,在疏文中侃侃而谈、纵论国是,是让人肃然起敬的心忧天下的士大夫形象;而在酒宴歌会上轻拍檀板、婉吟诗词,又是截然不同的风流倜傥的多情公子形象。杨亿、寇准、欧阳修都可谓此类典型。胡仔曾说:"忠愍(按,寇准谥号)诗思凄婉,盖富于情者。如《江南春》云:'波渺渺,柳依依,孤村芳草远,斜日杏花飞。江南春尽离肠断,萍满汀洲人未归。'又云:'杳杳烟波隔千里,白萍香散东风起。日暮汀洲一望时,愁情不断如春水。'观此语意,疑若优柔无断者;至其端委庙堂,决澶渊之策,其气锐然,奋仁者之勇,全与此诗意不相类。盖人之难知也如此。"[3]其实所

---

1 [宋]曾慥著:《高斋诗话》,见郭绍虞辑:《宋诗话辑佚》,第497页。
2 现在的版本多为"闷损人,天不管",据《淮海词》四库提要考,当为后人妄改。
3 [宋]胡仔撰,廖德明校点:《苕溪渔隐丛话》后集卷二十,北京:人民文学出版社,1981年,第137页。

谓"人之难知"，只因寇准跟宋璟一样，清丽柔婉的诗风与其杀伐决断的政风不相类似。更有如欧阳修者，既有《与高司谏书》那样的大义凛然之作，也有《明妃曲和王介甫作》那样的文丽思深之作，还有《玉楼春》（尊前拟把归期说）、《蝶恋花》（庭院深深深几许）那样的柔婉之作，以及《惜芳时》（因倚兰台翠云軃）、《解仙佩》（有个人人牵系）那样的香艳之词。如《解仙佩》："有个人人牵系，泪成痕，滴尽罗衣。问海约山盟何时？镇教人，目断魂飞。　梦里似偎人睡，肌肤依旧骨香腻。觉来但堆鸳被，想忡忡，那里争知？"[1] 比柳永描写市井欢爱的俗词有过之而无不及，[2] 以至很多人不相信这类词是欧阳修所作而为之辩解。如王灼说："欧阳永叔所集歌词，自作者三之一耳。其间他人数章，群小因指为永叔，起暧昧之谤"；[3] 曾慥说："欧公一代儒宗，风流自命，词章幼眇，世所矜式。当时小人或作艳曲，谬为公词"；[4] 陈振孙说："亦有鄙亵之语一二厕于其中，当是仇人无名子所为也。"[5] 众人虽纷纷认为此类词绝非欧阳修所作，却无人能拿出证据，其实皆为揣测之辞而已。事实上，以当时文人的宴饮冶游之风来看，欧阳修写作市井俗词并非不可能。而众人为何不能接受呢？曾慥之语道出个中缘由。他认为欧阳修是"一代儒宗"，意即乃儒学宗师，因而自然不会写出有违儒家训诫的俚俗之词。而反过来看，可见俗词是不合于儒家之"道"的。仁宗对柳永的罢黜也说明了这一点。据《能改斋漫录》："仁宗留意儒雅，务本理道，深斥浮艳虚薄之文"，因柳永好为"淫冶讴歌之曲"而把他削落于进士之榜[6]。所谓

---

1 唐圭璋编：《全宋词》，北京：中华书局，1965年，第158页。
2 何谓"俗词"，学界有不同解释。本书认为，俗词指用俚俗之语，写市井人物，情感往往热烈直接。
3 [宋]王灼撰：《碧鸡漫志》卷二，上海：上海古籍出版社，1988年，第62页。
4 [宋]曾慥辑，曹元忠原校、葛渭君补校：《乐府雅词》序，上海：上海古籍出版社，2004年，第295页。
5 [宋]陈振孙撰，徐小蛮、顾美华点校：《直斋书录解题》卷二十一，上海：上海古籍出版社，2015年，第616页。
6 [宋]吴曾撰：《能改斋漫录》卷十六"柳三变词"条，上海：上海古籍出版社，1979年，第480页。

"儒雅",便是指儒家雅正之音,柳永虽亦有"渐霜风凄紧,关河冷落,残照当楼"(《八声甘州》)那样的高古之语,却还是因其俚俗之词而不能得到最高统治者的认同。词本属兴起于民间的边缘文学,带有艳情色彩的俚俗之词更是受到主流文化的排斥,如此一来,敢于公开承认自己写作侧艳之辞的文人士大夫自然少之又少,即使像欧阳修那样并不隐讳的,后人却也要替他辩"诬"。

六君子却承接了欧阳修的传统,并不讳言此点。颇得理学家好感的黄庭坚便曾以作艳词而闻名。《山谷词》四库提要说:"今考其词如《沁园春》,《望远行》,《千秋岁》第二首,《江城子》第二首,《两同心》第二首、第三首,《少年心》第一首、第二首,《丑奴儿》第二首,《鼓笛令》第四首,《好事近》第三首,皆亵诨不可名状。"[1]察上述各词内容,所谓"亵诨"者,其实就是指其以俚俗之语写男女之情。如《少年心》第一首:"对景惹起愁闷。染相思、病成方寸。是阿谁先有意,阿谁薄幸。斗顿恁、少喜多嗔。 合下休传音问。你有我、我无你分。似合欢桃核,真堪人恨。心儿里、有两个人人。"[2]语言虽然俚俗,却切合人物身份地写出了市井女子对情人又爱又恨的复杂心理。然而黄庭坚大量描写这种世俗情爱,在当时已遭人非议,最有名的是高僧法秀对黄庭坚的劝诫。胡仔在《苕溪渔隐丛话》中详述此事并发表了自己的意见:

> 《冷斋夜话》云:法云秀老,关西人,面目严冷,能以礼折人。李伯时画马,东坡第其笔当不减韩干,都城黄金易致而伯时画不可得。师让之曰:"伯时,士大夫,而以画马之名行,已可耻,矧又画马,人夸以为得妙入马腹中亦足可惧。"伯时大惊,不自知身去坐榻,曰:"今当何以洗其过?"师劝画观音像

---

[1] [清]永瑢等撰:《四库全书总目》卷一百九十《山谷词一卷》,北京:中华书局,1965年,第1809页。
[2] 唐圭璋编:《全宋词》,北京:中华书局,1965年,第409页。

以赎其罪。黄鲁直作艳语，人争传之，秀呵曰："翰墨之妙，甘施于此乎？"鲁直笑曰："又当置我于马腹中邪？"秀曰："公艳语荡天下淫心，不止于马腹中，正恐生泥犁耳。"鲁直领应之。故一时公卿，服师之善巧也。苕溪渔隐曰：余读鲁直所作《晏叔原小山集序》云：'余少时间作乐府，以使酒玩世，道人法秀独罪余以笔墨劝淫于我法中，当下泥舌之狱，特未见叔原之作邪？'观鲁直此语，似有憾于法秀，不若伯时之能伏善也。[1]

释普济《五灯会元》对此事有类似记载，不过最后一句是："鲁直悚然悔谢，由是绝笔。惟孳孳于道，著《发愿文》，痛戒酒色，但朝粥午饭而已。"[2] 此事颇有可考之处。据《山谷年谱》，黄庭坚的《发愿文》是作于元丰七年（1084）过泗州时[3]，这一年他三十九岁，并非从此"痛戒酒色"，其作于晚年的《宜州家乘》还多次提到饮酒、吃肉事，胡仔也说黄庭坚"其后悉毁禁戒，无一能行之"[4]；而所谓"悔谢"之说也很不可信，因为黄庭坚与法秀的交往是在京师，不但在作《发愿文》之后，且法秀的劝诫也并未让黄庭坚"绝笔"，普济所言与《冷斋夜话》中"鲁直领应之"其实都是出于作者的想当然。倒是胡仔在读了黄庭坚为晏几道所作序后认为其并未真心接受法秀劝诫，却是符合实情的，虽然他对黄庭坚"不能伏善"持否定态度。事实上，黄庭坚并不认为自己作俗词艳语便要堕泥犁之狱，他在《晏叔原小山集序》中的观点很耐人寻味：

晏叔原（几道），临淄公（晏殊）之暮子也。磊隗权奇，疏于顾忌，文章翰墨，自立规摹。常欲轩轾人而不受世之轻重。

---

[1] ［宋］胡仔撰，廖德明校点：《苕溪渔隐丛话》前集卷五十七，北京：人民文学出版社，1981年，第390页。
[2] ［宋］释普济著，苏渊雷点校：《五灯会元》卷十七，北京：中华书局，1984年，第1139页。
[3] ［宋］黄𩟾著：《山谷先生年谱》卷十七，明嘉靖刻本。
[4] ［宋］胡仔撰，廖德明校点：《苕溪渔隐丛话》后集卷三十一，北京：人民文学出版社，1981年，第233页。

诸公虽称爱之，而又以小谨望之，遂陆沉于下位。平生潜心六艺，玩思百家，持论甚高，未尝以沽世。余尝怪而问焉，曰："我槃跚勃窣，犹获罪于诸公；愤而吐之，是唾人面也。"乃独嬉于乐府之余，而寓以诗人之句法，清壮顿挫，能动摇人心，士大夫传之，以为有临淄之风耳。罕能味其言也。……至其乐府，可谓狎邪之大雅，豪士之鼓吹。其合者，《高唐》《洛神》之流；其下者，岂减《桃叶》《团扇》哉！……[1]

正如晏几道在《小山词》自序中所说，其词多写他与友人沈、陈二家家伎莲、鸿、苹、云"过从饮酒"及"悲欢离合"之情事，这种表现男女艳情的作品，意即黄庭坚序中所说"狎邪"之作；"狎邪"本多与"俗"联系在一起，黄庭坚为何却称其为"大雅"？而这其实与另一个问题密切相关：黄庭坚一向极力标举为文之"不俗"，那他为何又大量写作俗词？这并不能简单地以理论与创作的脱节来解释。事实上，正如我们在第二章所说，黄庭坚对于"不俗"的强调不在于语言形式而主要在其内涵，并常常将之与人的品性节操联系起来。如晏几道的"磊隗权奇""疏于顾忌""潜心六艺""持论甚高"等，便很有超脱尘俗、遗世独立的君子之风；并且他的词作虽是表现男女艳情，却能"动摇人心"，意即以情动人，故其乐府虽为"狎邪"之词，却亦为"大雅"之词。而黄庭坚所作表现酒宴歌会及市井里巷间男女的欢会艳情之词，虽为"亵诨"之词，在他看来同样不与对"雅"的崇尚相矛盾，因为这种对于多侧面个性气质的表现，以及对于"情"之一种的世俗情爱的表现，都是体现内心自由的苏门之"道"的反映，而这并不妨碍对于"君子"理想亦即儒家之"道"的追求。

在其他苏门君子看来，写作艳词、俗词还涉及"本色论"等问题，但他们的创作实践表明了对于黄庭坚上述观念的认同。如晁补之有《蓦

---

[1] ［宋］黄庭坚著，刘琳等点校：《黄庭坚全集》卷十五，北京：中华书局，2021年，第358页。

山溪》两首:

>凤凰山下,东畔青苔院。记得当初个,与玉人、幽欢小宴。黄昏风雨,人散不归家,帘旌卷,灯火颤,惊拥娇羞面。 别来憔悴,偏我愁无限。歌酒情都减,也不独、朱颜改变。如今桃李,湖上泛舟时,青天晚,青山远,愿见无由见。

>自来相识,比你情都可。咫尺千里算,惟孤枕、单衾知我。终朝尽日,无绪亦无言,我心里,忡忡也,一点全无那。 香笺小字,写了千千个。我恨无羽翼,空寂寞、青苔院锁。昨朝冤我,却道不如休,天天天,不曾么,因甚须冤我。[1]

第一首为艳情词,作者不遗余力地描写欢会之爱、相思之情,字里行间充溢着无限旖旎缠绵之意,真可谓是"浓得化不开";第二首则为市井俗词,以俚俗之语写市井女子直白而热烈的爱情。又如《斗百花》三首,表现作者与阎丽、褚延娘等妓女的交往,"曾共映花低语""但把纤腰,向人娇倚""微向耳边,同心有缘千里",[2] 种种浓情蜜意,可以想见晁补之在酒宴歌会上既不同于庙堂上的严肃、也不同于归来园中的淡然的风流一面。张耒仅有六首词存世,而其中就包括两首赠妓之作。据吴曾《能改斋漫录》:"右史张文潜,初官许州,喜官妓刘淑奴。张作《少年游令》云:'含羞倚醉不成歌,纤手掩香罗。偎花映烛,偷传深意。酒思入横波,看朱成碧心还乱。翻脉脉,敛双蛾,相见时稀隔别多。又春尽,奈愁何。'其后去任,又为《秋蕊香》寓意云:'帘幕疏疏风透,一线香飘金兽。朱栏倚遍黄昏后,廊上月华如昼。 别离滋味浓如酒,著人瘦。此情不及墙东柳,春色年年依旧。'"[3] 这类作品都是以侧艳之辞体

---

1 唐圭璋编:《全宋词》,北京:中华书局,1965年,第575页。
2 唐圭璋编:《全宋词》,北京:中华书局,1965年,第580页。
3 [宋]吴曾撰:《能改斋漫录》卷十七"张文潜词"条,上海:上海古籍出版社,1979年,第496页。

现了作者个性气质的多重特色。

至于秦观,更是有很多与侧艳之辞有关的风流韵事为人所津津乐道。如《桐江诗话》记载:"畅姓,惟汝南有之。其族尤奉道,男女为黄冠者,十之八九。时有女冠畅道姑,姿色妍丽,神仙中人也。少游挑之不得,乃作诗云:'瞳人剪水腰如束,一副轻纱裹寒玉。超然自有姑射姿,回看粉黛皆尘俗。雾阁云窗人莫窥,门前车马任东西。礼罢晓坛春日净,落红满地乳鸦啼。'"又,《绿窗新话》曰:"秦少游寓京师,有贵官延饮,出宠姬碧桃侑觞,劝酒惓惓,少游领其意,复举觞劝碧桃。贵官云:'碧桃素不善饮。'意不欲少游强之。碧桃曰:'今日为学士拼了一醉。'引巨觞长饮。少游即席赠《虞美人》词曰:'碧桃天上栽和露,不是凡花数。乱山深处水潆回。可惜一枝如画、为谁开。　轻寒细雨情何限。不道春难管。为君沉醉又何妨。只怕酒醒时候,逝水(集作断人)肠。'阖座悉恨。贵官云:'今后永不令此姬出来。'满座大笑。"[1] 秦观词虽为席间应酬之作,却能紧扣"碧桃"之名,写花亦写人,字里行间蕴含的春光易逝、红颜易老的惆怅叹惋之情,颇为打动人心,以至于"阖座悉恨"。秦观正因这多情才子之名而屡屡成为后代戏曲小说中的主角,例如洪迈《义倡传》就是讲述秦少游与一个多情倡女之间的悲剧故事,而这显然是以宋人笔记中秦观在酒宴歌会上才情横溢、即席赠词而屡屡为歌伎所爱慕的逸事为蓝本敷衍而成。这类词固然体现了秦观风流倜傥的一面,但其中有些词还有更深层的情感,这就是"将身世之感打并入艳情"[2] 之作。其中传唱最广者莫过于《满庭芳》:

> 山抹微云,天连衰草,画角声断谯门。暂停征棹,聊共饮离樽。多少蓬莱旧事,空回首烟霭纷纷。斜阳外,寒鸦万点,流水绕孤村。　销魂,当此际,香囊暗解,罗带轻分。谩赢得

---

1 [宋]皇都风月主人编;周楞伽笺注:《绿窗新话》,上海:上海古籍出版社,1991年,第82页。
2 唐圭璋编:《词话丛编》,北京:中华书局,2005年,第1652页。

青楼薄幸名存！此去何时见也？襟袖上空惹啼痕。伤情处，高城望断，灯火已黄昏。[1]

这首词虽是写缠绵悱恻的离情别意，其中却蕴含了比男女之情更复杂的人生感触。在作者由苍山、微云、远天、衰草、斜阳、寒鸦、孤村营造出来的秋日黄昏的萧索景象中，画角声声，那高亢哀厉的声音回响于空旷的天地之间，恍如词人无所逃遁的凄凉心绪。作者不仅是为爱人之间的别离而伤感，亦是为人生处处充满不如意而迷惘，一句"空回首，烟霭纷纷"，充满对人生际遇的叹息与失落。作者在他的词中屡次化用杜牧《遣怀》诗"十年一觉扬州梦，赢得青楼薄幸名"之句，更是借艳情来写身世之感、人生之叹。青楼往事如梦，只有薄幸名存，而作者所期盼、所追求的却总是如云烟一般不可捉摸，这大约就是为何与一个青楼女子的分离却带给作者如此浓重感伤的原因。

陈师道亦不乏侧艳之辞，正如杨慎《词品》所说："陈后山为人极清苦。诗文皆高古，而词特纤艳。如《一落索》换头云：'一顾教人微俏，那堪亲见。不辞紫袖拂清尘，也要识春风面。'又有《席上赠妓》词云：'不愁歌里断人肠，只怕有肠无堪断。'"[2] 这种"纤艳"之词与他不见权贵、拒穿赵挺之袄的耿介形象似乎相差甚远，却正是苏门君子多侧面个性气质的真实体现。又，据周煇《清波杂志》："晁无咎贬玉山也，过彭门。而陈履常废居里中，无咎出小鬟舞梁州以佐酒。履常作小阕《木兰花》云：'娉娉袅袅，芍药梢头红样小。舞袖低垂，心到郎边客已知。金樽玉酒，劝我花前千万寿。莫莫休休，白发簪花我自羞。'无咎云：'疑宋开府铁心石肠，及为《梅花赋》，清便艳发，殆不类其为人。履常清通，虽铁心石肠不至于开府，而此词清便艳发，过于梅花赋矣。'"[3] 陈师道此词虽清艳，却也是于艳词中包含人生之叹。"白发簪花"之句，在鲜明的对比中透出废居里中、年华老去的深沉悲哀。其后

---

1 ［宋］秦观著，龙榆生笺校：《淮海居士长短句》，上海：上海古籍出版社，2017年，第17页。
2 ［明］杨慎撰，高林广评注：《词品》卷三，北京：中华书局，2019年，第174页。
3 ［宋］周煇撰，刘永翔校注：《清波杂志校注》卷九，北京：中华书局，1994年，第413页。

黄庭坚在贬地宜州有《南乡子》词曰："花向老人头上笑，羞羞，白发簪花不解愁"，便是对陈师道"白发簪花"意象的沿用，而更鲜明地表达了对人生的感慨。与黄、晁等人一样，陈师道除了纤艳之词，亦不乏语言直白的俚俗之词，如《清平乐》："休休莫莫。更莫思量著。记著不如浑忘著。百种寻思枉却。　绣囊锦帐吹香。雄蜂雌蝶难双。眉上放开春色，眼前怜取新郎。"又："藏藏摸摸。好事争如莫。背后寻思浑是错。猛与将来放著。吹花卷絮无踪。晚妆知为谁红。梦断阳台云雨，世间不要春风。"

　　苏门六君子这些俗词和艳词的写作，在上层统治阶级以及文人阶层崇雅黜俗的风尚之中显得颇为独特。在一般人看来，六君子对"雅"的大力标举和俗、艳之词的写作体现了他们理论与实践的脱节；事实上，这种所谓的"脱节"主要是就文本呈现方式而言，而六君子对雅俗的看法，更注重的是创作主体和"文"所蕴含的意义。具体来说，这类"文"是作者多侧面个性气质和世俗情爱的真实表现，而在追求儒家之"道"的同时追求体现内心自由的苏门之"道"，是六君子不同于理学家的践道方式。值得一提的是，在写作俗、艳之词的问题上，他们的老师苏轼表现出较为传统的态度，即在语言表达和题材选择上仍然主张崇雅黜俗；这种分歧无关乎"道"，而体现了他们对于"文"的表现方式的不同看法。

　　身处儒学转型时期的六君子，无可避免地要受到当时大环境的影响并在其中思索、选择、确定自己的思想道路。以二程为代表的洛学和以苏轼为代表的蜀学都是儒学在北宋时期的不同派别，六君子显然倾向于后者，尽管这并不意味着他们完全不受洛学的影响。二程追求统一的"理"，而六君子与其师追求的是体现个性与内心自由的整体和谐。所以洛学和蜀学都讲"诚"、讲修身，六君子却还是屡屡被洛党攻击为"浮薄""无行"，这实际上体现了同以儒学为圭臬、却有着理学家与文学家的不同身份特质的二程与六君子的不同思路。事实上，六君子向往"平淡"的人生境界，刻画理想的"君子"形象，最根本的，他们有着始终如一的品性节操，从而典型地体现出对儒家之"道"的不懈追求；与理学家存在严重分歧的则在于六君子的文人之"道"。但是，这种争论并不妨碍六君子作为道德理想主义的坚定实践者而在后世成为士人典范。

第四章 "苏门六君子"的典范化

在中国历史上,以"六君子"之称闻名于世的,除了"苏门六君子",还有明末东林党的"六君子"和清末的"戊戌六君子"。他们的共同之处在于都具有士人的身份,且都与政治有关;不同之处在于后两者是更纯粹的政治团体,苏门六君子则主要留名于文学史上。这实际上正体现了"苏门六君子"独特的典范意义,而它的典范化过程,是一个蕴含着思想、政治、学术、文化的发展变化的漫长而有意味的过程。

第一节 "最爱元祐"

建炎二年(1128),宋廷诏"苏轼追复端明殿学士,尽还合得恩数"[1];建炎三年(1129),废元祐党籍,碑上有名者均给还原职。诏赠直龙图阁的既有洛党的程颐,也有苏门的黄庭坚、秦观、张耒、晁补之。值得注意的是,张耒在生前已以龙图阁学士的身份出知润州,如今再加诏赠,实属不当。《宋史》本传说是有司一时疏忽所致,其实背后另有让人深思的原因。它既反映了无论新旧党人均于党争之中屡次起伏浮沉,各人官职名目繁多,而战乱过后,资料缺失,以至连有司也不能明辨;更反映了南渡之后宋廷无心详查,只图急于为旧党平反、以清算新党的心理。

---
[1] [清]毕沅:《续资治通鉴》卷一百零一,北京:中华书局,1957年,第2672页。

北宋徽宗年间，蔡京掀起"崇宁党禁"，包括洛、蜀、朔在内的元祐党人几乎皆在党籍。到钦宗靖康元年（1126），诏除元祐党籍与学术之禁；但元祐党人得到彻底平反，则是在南宋年间。高宗于建炎二年（1128）五月定诗赋经义试士法，一反绍圣罢诗赋唯经义之法，而复归于元祐诗赋、经义兼取之制。[1] 这不仅暗示了最高统治者在新法与旧法之中的取舍，同时表示了对苏学的认同。因为罢诗赋唯经义是王安石变法的内容之一，而今回复元祐之制，意味着对王安石及其变法的否定。果然，到了六月，便罢王安石配享神宗，而以司马光配。后来更是用王绹"经义当用古注，不专取王氏说"之奏，[2] 进一步表示了对王安石新学的否定。如前所述，罢诗赋唯经义不仅为王安石所主张，也为司马光和洛学派所赞同，熙丰变法期间，只有苏轼势单力薄地上《议学校贡举状》，极力反对罢试诗赋；而今，高宗恢复诗赋、经义兼取的政策，正是对苏轼主张的回应，也为作为文人集团的"苏门六君子"在南宋的被重视奠定了官方基础。而作为最高统治者的高宗、孝宗对苏轼之文的喜好也推动了苏学热的兴起。洛学传人朱熹便无可奈何地承认说："孝宗最重大苏之文，御制序赞，特赠太师，学者翕然诵读，所谓人传元祐之学，家有眉山之书，盖纪实也。"[3] 其后理学大家魏了翁也说："苏氏之学，争尚于元祐，而讳称于绍圣以后，又大显于阜陵（按，指宋孝宗）褒崇之日。"[4] 关于朱熹所言"特赠太师"，其实本出于误会。乾道末年，孝宗误将作《金山寺诗》的"翰林学士赠太师"苏绅当作苏轼，便将错就错，曰："如轼名德昭著，亦当赠太师。"于是降旨施行。"然上实雅敬文忠，居常但称子瞻，或称东坡。舍人草制有曰：'人传元祐之学，家有眉山之书。'盖词头无所凭，故但为好语耳。"[5]

---

[1] ［明］陈邦瞻：《宋史纪事本末》卷七十五，北京：中华书局，1977年，第943页。
[2] ［清］毕沅：《续资治通鉴》卷一百零一，北京：中华书局，1957年，第2669页。
[3] ［宋］罗大经撰，王瑞来点校：《鹤林玉露》甲编卷二"二苏"条引，北京：中华书局，1983年，第33页。
[4] ［宋］魏了翁：《鹤山先生大全文集》卷六十四《跋朱文公帖》，见曾枣庄、刘琳主编：《全宋文》第三百一十册，上海：上海辞书出版社，安徽：安徽教育出版社，2006年，第183页。
[5] ［宋］李心传撰，徐规点校：《建炎以来朝野杂记》卷八，北京：中华书局，2000年，第162页。

虽出于误会，也正说明了孝宗对苏轼的偏爱。最高统治者对苏学的喜好固然有个人的因素在内，但他们必然是把政治利益放在首位，如果苏学乃至元祐学术不利其统治，必不能大行其道，而苏学热正是当时政治状况的风向标。

杨时在宋钦宗即位后就上疏说："蔡京用事二十余年，蠹国害民，几危宗社，人所切齿，而论其罪者莫知其所本也。蔡京以继述神宗为名，实挟王安石以图身利，……今日之祸，实安石有以启之。谨按：安石挟管商之术，饰六艺以文奸言，变乱祖宗法度。当时司马光已言其为害见于数十年之后。今日之事，若合符契。"[1] 杨时、胡安国诸人大倡王安石的新法新学为北宋灭亡之祸端，在南宋遂成定论。杨时乞毁去安石配享之像，安石遂降从祀之列。杨时又言："元祐党籍中，惟司马光一人独褒显，而未及吕公著、韩维、范纯仁、吕大防、安焘辈。建中初言官陈瓘已褒赠，而未及邹浩。"[2] 于是元祐诸臣次第牵复。又，据《建炎以来朝野杂记》："绍兴初，朝廷褒录元祐党人，且擢用其子弟。六年正月，枢密院检详文字范直方言：'自蔡京用事，凡妒贤嫉能，助成党论之人，偶乖迎合，遂成睚眦。京、卞欲终废之，故借党以报怨。如李清臣首唱异议，邢恕诬证太母，杨畏反覆变诈，皆隶名石刻之人。今又推恩子孙，伤教败俗，莫此为甚，请明近臣审订而甄别之。'上纳其言，遂命给、舍甄别元祐党籍。"[3] 剔出党籍者如李清臣、邢恕等皆为新党成员，进一步表示了朝廷对元祐旧党的肯定。到绍兴四年（1134），又有毁王安石舒王诰。同时旧党成员不断受到褒赠。作为苏轼高弟的黄庭坚、张耒、秦观、晁补之四人均名列"元祐党人碑"，且在崇宁三年（1104）的党籍中更是赫然列于余官前四位，可见当时苏门人士所受打击之重。而到了南宋，在一片"最爱元祐"的风潮之中，较早受到褒赠自是情理中事了。终南宋之世，朝廷支持旧党、反对新党的主张基本未变，这为"苏门六君子"

---

1 ［元］脱脱等撰：《宋史》卷四二八《杨时传》，北京：中华书局，1985年，第12741页。
2 ［元］脱脱等撰：《宋史》卷四二八《杨时传》，北京：中华书局，1985年，第12742页。
3 ［宋］李心传撰，徐规点校：《建炎以来朝野杂记》卷五，北京：中华书局，2000年，第120页。

得到普遍认可并逐渐典范化创造了良好的政治背景。但这并不意味着其典范化过程一帆风顺，恰恰相反，它是一段伴随着洛蜀学术之争以及在理学崇黜影响下而坎坷不平的历程。

第二节 理学崇黜与"苏门六君子"的典范化

南宋嘉定十六年（1223），魏了翁为周、程、张诸子请谥成功，标志着理学和理学家的政治地位得到最高统治者的正式承认，开始成为"正学之宗"。端平二年（1235），在李埴的奏请下，朝廷以胡瑗、孙明复、邵雍、欧阳修、周敦颐、司马光、苏轼、张载、程颢、程颐十人从祀孔子庙庭。这可以说是一个标志性的事件。在北宋纷争不已的洛、蜀、朔三党的代表人物二程、苏轼、司马光得以同祀孔子庙庭，[1] 意味着蜀、朔二派的儒学造诣亦得到官方认定，也意味着洛、蜀二派在长期的对立斗争之后已逐渐有会同之势。[2] 这种会同之势为"苏门六君子"得到普遍认可提供了良好的学术背景，但其过程是曲折而艰难的。如前所述，有宋一朝的学术并不仅仅是学术上的问题，而与政治有着极密切的关系。在南宋，理学的崇黜尤其说明了这一点。

南渡以后，宰相赵鼎、张浚汲引理学之士，《宋元学案》认为二人为相，"伊洛之学从此得昌"[3]。但绍兴六年（1136），陈公辅请禁程氏学，谓程颐、王安石之学皆有尚同之弊。上从之。[4] 绍兴十四年（1144）秦桧又重禁二程洛学，直到绍兴二十五年（1155）秦桧死，"士大夫之攻伊川者自是少息"[5]。洛学之所以在南宋初年两次遭禁，其实是政治斗争的结果。

---

1 洛蜀朔党争时，司马光虽已去世，但朔党代表刘安世等是其学生，继承了他的思想。
2 参粟品孝《试论"洛蜀会同"》，《西南师大学报》1997年第3期。
3 ［清］黄宗羲著，［清］全祖望补修，陈金生、梁运华点校：《宋元学案》卷四四《赵张诸儒学案》，北京：中华书局，1986年，第1411页。
4 ［明］陈邦瞻：《宋史纪事本末》卷八十《道学崇黜》，北京：中华书局，1977年，第873页。
5 ［清］黄宗羲著，［清］全祖望补修，陈金生、梁运华点校：《宋元学案》卷九六《元祐党案》，北京：中华书局，1986年，第3193页。

赵鼎、张浚在与秦桧的斗争中失败，他们所提倡的洛学自然也难逃被禁的命运。我们看到，洛学第一次被禁的理由是与当时遭到一致抨击的新学一样"有尚同之弊"，而第二次却不再提新学。其原因在于秦桧后期提倡新学，使得在南宋几已一蹶不振的新学有了表面上的短暂回复[1]，但也不过是昙花一现。到孝宗淳熙五年（1178），侍御史谢廓然再次乞戒有司，毋以程颐、王安石之说取士。不久，秘书郎赵彦中复疏言"士之信道自守，以六经圣贤为师可矣，而别为洛学，饰怪惊愚，士风日弊，人才日偷"[2]，得到上层的诏许。这仍然与政治上的争斗有关，而使洛学再次遭受到与新学相同的命运，这实际上给了以"尚同"为弊的苏学一个良好的发展机会。

有学者认为，南宋初苏学也受到抑制，原因在于一方面赵鼎与张浚失和，张浚为蜀人，故"蜀士仕于朝者，皆为沮抑"[3]，一方面秦桧专政，"深抑蜀士"，[4]蜀士往往喜爱苏学，他们仕途不畅，也影响了苏学的传播[5]。但蜀士被抑毕竟不等于苏学被抑，事实上，由于最高统治者的提倡，苏学在南宋前期得到了迅速传播，尤其是苏轼之文。正如朱熹所说："人传元祐之学，家有眉山之书，盖纪实也。"[6]而秦桧虽是历史上臭名昭著的奸臣，他本身却是颇有文学修养的，罗大经便说他"博记工文"[7]，而秦桧很喜爱张耒、陈师道等苏门文人的文章。据《朱子语类》："（张文潜）平昔议论宗苏子由，一切放倒无所为，故秦桧喜之，若其他岂肯无所为。陈无己亦是。以策言不用兵，孝文和戎好，桧亦喜之。"[8]可以看出，秦桧虽有利用师道主和不主战思想的一面，但喜爱其文字亦为事实。

1　《道学兴废》："其后，会之再得政，复尚金陵，而洛学废矣。"见［宋］李心传撰，徐规点校：《建炎以来朝野杂记》卷六，北京：中华书局，2000年，第138页。
2　［明］陈邦瞻：《宋史纪事本末》卷八十《道学崇黜》，北京：中华书局，1977年，第868页。
3　［元］脱脱等撰：《宋史》卷三八二《孙道夫传》，北京：中华书局，1985年，第11766页。
4　［元］脱脱等撰：《宋史》卷三八一《赵逵传》，北京：中华书局，1985年，第11752页。
5　见胡昭曦等著：《宋代蜀学研究》，成都：巴蜀书社，1997年，第110页。
6　［宋］罗大经撰，王瑞来点校：《鹤林玉露》卷二，北京：中华书局，1983年，第33页。
7　［宋］罗大经撰，王瑞来点校：《鹤林玉露》卷五，北京：中华书局，1983年，第78页。
8　［宋］黎靖德编，王星贤点校：《朱子语类》卷一百三十，北京：中华书局，1986年，第3122页。

陆游的《老学庵笔记》记载秦桧曾为后山集作跋，[1] 王明清《挥麈录》则曰："秦会之暮年作示孙文云：'曾南丰辟陈无己、邢和叔为英宗皇帝实录检讨官，初呈稿，无己便蒙许可，至邢乃遭横笔。'"[2] 秦氏的言语中亦透出对陈师道文才的欣赏。这些都在客观上促进了苏学的发展。正是这种苏学盛况，使朱熹对于理学的发展有了强烈的危机意识，一方面在各地设立书院、广收门徒，另一方面不遗余力地对苏学及苏门师徒发起攻击，以阻止苏学对理学的威胁。正如朱熹自己所说："苏氏之学，坏人心术，学校尤宜禁绝"[3]；"诚惧其（指苏学）乱吾学之传，而失人心之正"[4]。所以朱熹"极不满于二苏""于苏氏兄弟攻击如仇"[5]。

但是这种攻击并未能阻止苏学的传播，主要原因在于理学自身受到政治上的打击，正处于风雨飘摇之中。据《宋史纪事本末》"道学崇黜"条[6]：

> （高宗绍兴）六年（1136），左司谏陈公辅请禁程氏学，从之。
>
> 七年（1137）五月，张浚荐胡安国，帝召之。……公辅与中丞周秘、侍御史石公揆交章论安国学术颇僻，安国遂辞召命。
>
> （孝宗淳熙）十年（1183），监察御史陈贾请禁道学。
>
> （宁宗庆元）元年（1195）六月，右正言刘德秀请考核道学真伪，从之。……（朱）熹去，（韩）侂胄亦无忌惮矣。其党复为言，凡相与异者，皆道学之人也，阴疏姓名授之，俾以次斥逐。或又为言，以道学之目则有何罪，当名曰伪学，由是有伪

---

1 [宋]陆游撰，李剑雄、刘德权点校：《老学庵笔记》卷七，北京：中华书局，1979年，第87页。
2 [宋]王明清：《挥麈录》第三录卷一，北京：中华书局，1961年，第237页。
3 [宋]罗大经撰，王瑞来点校：《鹤林玉露》甲编卷二，北京：中华书局，1983年，第33页。
4 [清]黄宗羲著，[清]全祖望补修，陈金生、梁运华点校：《宋元学案》卷九十九《苏氏蜀学略》，北京：中华书局，1986年，第3297页。
5 [清]永瑢等撰：《四库全书总目》卷一百四十《龙川略志》，卷一百五十七《双溪集》，北京：中华书局，1965年，第1357页。
6 [明]陈邦瞻：《宋史纪事本末》卷八十，北京：中华书局，1977年，第867—876页。

学之目。

二年（1196）二月，以端明殿学士叶翥知贡举。翥与刘德秀奏言："伪学之魁，以匹夫窃人主之柄，鼓动天下，故文风未能丕变。乞将语录之类，尽行除毁。"故是科取士，稍涉义理者悉皆黜落，《六经》《语》《孟》《中庸》《大学》之书，为世大禁。

八月，申严道学之禁。

十二月，削秘阁修撰朱熹官。……诏熹落职，罢祠，窜元定（按，朱熹之徒蔡元定）于道州。已而选人余纮上书，乞斩熹以绝伪学。谢深甫抵其书于地，获免。

三年（1197）二月，知绵州王沇上疏："乞置伪学之籍，仍自今曾受伪学举荐关升及刑法廉吏自代之人，并令省部籍记姓名，与闲慢差遣。"从之。

南宋初年赵鼎、张浚等政治实权派人物对理学的推崇，使其得到迅速发展，其后赵汝愚、留正、周必大执政期间，仍然继续拔擢理学名家如胡安国、朱熹等，一方面使理学思想越来越多地参与到政治当中，另一方面也使理学逐渐处在政治漩涡的中心，打击理学成为政治对立派打击赵汝愚等当权者的手段。最后随着政治上的失利，赵汝愚、周必大、朱熹、陈傅良等人皆入党籍，理学也因此受到重创。而理学的被禁，客观上为苏学的传播提供了有利条件。绍兴六年（1136），陈公辅在请禁程氏学的疏文中说："今世取程颐之说，谓之伊川之学，相率从之，倡为大言，谓：'尧、舜、文、武之道传之仲尼，仲尼传之孟轲，孟轲传之颐，颐死遂无传焉。'狂言怪语，浮说鄙论，曰：'此伊川之文也。'幅巾大袖，高视阔步，曰：'此伊川之行也。''师伊川之文，行伊川之行，则为贤士大夫，舍此者非也。'诚恐士习从此大坏，乞禁止之。"[1] 陈公辅上此疏本是出于政治目的，要阻止程颐门人尹焞的入朝，而他反对程氏学的理由却

---

[1]〔明〕陈邦瞻：《宋史纪事本末》卷八十，北京：中华书局，1977年，第867—868页。

与苏学的主张颇为类似。"孟轲传之颐"等语正是苏轼所批评的"动辄欲人以周、孔誉己,自孟轲以下者,皆怃然不满也"之意;至于洛学所注重的服饰修容、言谈举止,即陈公辅所言"幅巾大袖,高视阔步"的"伊川之行",也正是苏轼当年所反对和讥讽的。所以当诏下曰:"士大夫之学,一以孔孟为师,庶几言行相称,可济时用。臣僚所奏,可布中外,使知朕意",[1] 实际上是否定了程颐作为"道"之传承者的地位,同时暗指理学之士徒在仪表形式上下功夫,无济于朝廷社稷。庆元元年(1195),朱熹上疏言"中外咸谓左右或窃其柄,臣恐主威下移,求治反乱矣",实指当时权臣韩侂胄。韩氏由此大恨朱熹,"使优人峨冠阔袖象大儒,戏于上前,因乘间言熹迂阔不可用。遂出内批,罢熹经筵,除宫观"[2]。朱熹在政治斗争中的失败,与尹焞一样,因为理学本身的特点而为对立者所利用,但韩侂胄对朱熹"迂阔"的指责,恰恰也是当年苏轼反对洛学的理由之一,是洛、蜀二学分歧的体现。苏轼曾多次表示:"素疾程颐之奸,未尝假以色词。"[3] 此处之"奸",是指苏轼认为程颐表面上处处言"道",实际矫饰做作、言不称行。而南宋的理学家们也遭到了对立派同样的批判。在韩侂胄等指斥理学为伪学后,刘德秀又上言曰:"邪正之辨无过于真与伪而已,彼口道先王之言而行如市人所不为,在兴王之所必斥也。昔孝宗锐意恢复,首务核实,凡言行相违者,未尝不深知其奸。臣愿陛下以孝宗为法,考核真伪以辨邪正。"[4] 诏下其章,理学之士又纷纷遭罢。韩侂胄等人并非推崇苏学者,但在与理学家的对立斗争中,某些对理学的批判却与苏学不谋而合。于是理学的受抑,客观上使苏学获得有利的发展环境。庆元四年(1198),右谏议大夫姚愈言:"近世行险侥幸之徒,倡为道学之名,聋瞽愚俗,权臣力主其说,结为死党。……

---

1 [明]陈邦瞻:《宋史纪事本末》卷八十,北京:中华书局,1977年,第868页。
2 [明]陈邦瞻:《宋史纪事本末》卷八十,北京:中华书局,1977年,第872页。
3 [宋]苏轼撰,[明]茅维编,孔凡礼点校:《苏轼文集》卷三十二《杭州召还乞郡状》,又见卷三十三《再乞郡札子》,北京:中华书局,1986年,第911、930页。
4 [明]陈邦瞻:《宋史纪事本末》卷八十,北京:中华书局,1977年,第873页。

习之深者,怙恶不悛,日怀怨望,反以元祐党籍自比。臣愿特降明诏,播告天下,使中外晓然知邪正之实,庶奸伪之徒,不至假借疑似,以盗名欺世。"[1]结果又是"帝从之,为下诏戒饬"。道学派自比为受迫害的元祐党人,反道学派认为道学派的自比之举是欺世盗名,这条材料说明,此时无论在道学派、反道学派还是皇帝眼中,"元祐党籍"已得到彻底正名。我们知道,元祐党籍主要由洛、蜀、朔三党组成,洛党即姚愈斥为"奸伪之徒"的南宋道学派之前身,所以此处对"元祐党籍"的肯定实际上主要是对蜀、朔二党的肯定。韩侂胄等人并未大张旗鼓地宣扬苏学,但反道学派出于政治上的需要,使苏学在南宋不仅没有遭受像理学那样的打击,而且客观上得到了较为宽松的生存与传播环境。

嘉泰二年(1202),随着朱熹的去世和理学家政治威胁的弱化,韩侂胄决定弛伪学党禁。而韩侂胄倒台以后,理学又迅速地发展了起来。据《宋史》:"端平元年,上既亲总庶政,赫然独断,而(郑)清之亦慨然以天下为己任,召还真德秀、魏了翁、崔与之、李埴、徐侨、赵汝谈、尤焴、游似、洪咨夔、王遂、李宗勉、杜范、徐清叟、袁甫、李韶,时号'小元祐'。"[2]"元祐"之名在南宋早已是正道的象征,而此时朝廷的中坚既然多为理学名家,正说明理学的重振。但理学的复兴并未阻碍苏学的传播,原因在于此期理学的代表如李埴、真德秀、魏了翁等都是主张洛蜀会同者,即以理学为本,借鉴吸收蜀学思想,而非与之势不两立。当朱熹对苏学进行猛烈攻击时,洛蜀会同之迹已隐约可见。与朱熹同时的理学名家吕祖谦、陈傅良、陈亮、叶适等都对苏学多有认同,他们"皆以文名,皆苏氏之后昆"[3]。刘光祖与朱熹友善,曾在光宗绍熙元年(1190)入对,极力反对"道学朋党"之论,捍卫朱熹,甚至身处庆元党禁还撰写《涪州学记》,为道学鸣不平,可说是朱熹的志同道合者,

---

1 [明]陈邦瞻:《宋史纪事本末》卷八十,北京:中华书局,1977年,第877页。
2 [元]脱脱等撰:《宋史》卷四一四《郑清之传》,北京:中华书局,1985年,第12420页。
3 [清]刘咸炘:《文学述林》卷二《宋元文派略述》,见[清]何文焕辑:《历代诗话》第十册,北京:中华书局,2004年,第9754页。

但他对苏学的态度与朱熹大相径庭。刘光祖说:"苏、程二氏之学,其源则一,而用之不同,皆有得于经术者也。"他肯定了苏学与理学一样是出于"正学",并且对苏轼为人的评价也不同于朱熹,后者极力贬斥,而他表示敬服:"平生于处事则疏,处祸福则勇,每见东坡胸中,未尝依倚一心,心窃慕之"[1]。"疏"与"勇"的评价,与黄庭坚赞赏的"视其平居,无以异于俗人,临大节而不可夺,此不俗人也"(《书嵇叔夜诗与侄榎》)是同一思路。刘光祖这种平视二学、融合会通的思想,得到真德秀的高度评价:"推公此心,使当元祐时,必能销洛蜀之争;使获用于庆元,必无党论排轧之祸。"[2] 洛蜀党争及庆元党禁的原因复杂,自然并非有会同之想便可消弭争端,但由此可以看出,真德秀亦是反对洛蜀之争、而主张融合会通的。另外,如此节开篇所言,李埴于端平二年(1235)奏请朝廷,将苏轼与二程同祀于孔子庙庭。此时理学早已解禁并发展迅速,而苏学在南宋一向没有遭受什么打击,在朝廷来说,同时承认二学的正统地位并非难事,难的是理学家自身观念的转变。过去,苏轼在理学家的眼中是个"人品不足观"的"文人",其学也是纵横捭阖的"浮薄之学";而现在理学家不仅承认了苏学的儒学造诣,并且承认了其与理学平起平坐的正统儒学地位。与这一转变密切相关的,是苏轼和六君子的文学成就及人品亦得到理学家的认可,进一步为"苏门六君子"的典范化创造了条件。这一点从理学大家魏了翁对苏轼及六君子的评价中可以清楚地看到。

魏了翁私淑张栻、朱熹,承接洛学衣钵,是朱熹之后最重要的理学大师之一。他数次上书朝廷,为周敦颐、程颢、程颐和张载四人请谥。到嘉定十六年(1223),终于请谥成功,标志着理学和理学家的政治地位得到官方正式承认,魏了翁在理学发展史上的重要作用不言而喻。正如

---

[1] 曾枣庄、刘琳主编:《全宋文》第三百一十四册,上海:上海辞书出版社、安徽:安徽教育出版社,2006年,第117页。
[2] [宋] 真德秀:《真文忠公文集》卷四十三《刘阁学(光祖)墓志铭》,见曾枣庄、刘琳主编:《全宋文》第三百一十四册,上海:上海辞书出版社、安徽:安徽教育出版社,2006年,第117页。

宋末元初虞集所说："朱元晦氏，论定诸君子之言，而集其成，……而一时小人用事，恶其厉己，倡邪说以为之禁，士大夫身蹈其祸，而学者公自绝以苟全。及其禁开，则又皆窃取余绪，侥幸仕进而已，……方是时，蜀之临邛，有魏华父氏，起于白鹤山之下，奋然有以倡其说于摧废之余，拯其弊于口耳之末，故其立朝惓惓焉，以周、二程、张四君易名为请，尊其统而接其传，非直为之名也。"[1]指出魏了翁为四子请谥的意义主要在于传承和复兴程朱理学之统绪。但魏了翁对苏学亦十分推重，截然不同于朱熹的态度。朱熹从"邪正之辨"的高度对苏学进行攻讨，[2] 魏了翁则以"正学直道"称誉苏学，[3] 理学家内部的转变不可谓不大。

魏了翁对苏轼有深入的了解，对苏诗、苏文及苏轼的忠义气节都十分叹赏。他曾为程子益所作《东坡诗谱》写序："文忠公之诗，盖不徒作，莫非感于兴衰治乱之变，非若唐人家花车斜之诗，竞为瘦词险韵，以相胜为工也。咏歌叹美之词，闳挺而不浮；隐讽谲谏之词，腜实而不怼。而又所与交者，皆一代之闻人，千载而下，诵其诗者，不必身履熙丰祐圣之变，而识世道之升降；不待周旋于熙丰祐圣诸公，而得人品之邪正。"[4]认为苏轼之诗，为书写兴衰治乱的沉厚诗史；苏轼其人，则为熙丰祐圣诸公中之正人君子。他还批评世人对苏轼的误解，盛赞其平生大节："世之知苏子者，必曰言语文章妙天下；其不知之，则曰讥讪嫚侮不足于诚。乃若苏子，始终进德之序，人或未尽知也。方嘉祐、治平间，年盛气强；熙宁以后，婴祸触患，靡所回挠；元祐再出，益趋平实，片言只词，风动四方。迨绍圣后，则消释贯融，沈毅诚悫，又非中身以前

---

1 ［元］虞集：《道园学古录》卷六《鹤山书院记应制》，见李修生主编：《全元文》卷八三九，南京：江苏古籍出版社，1998年，第442页。
2 ［宋］朱熹撰，朱杰人主编：《晦庵先生朱文公文集》卷七十二《杂学辨》，上海：上海古籍出版社，2022年，第3460页。
3 ［宋］魏了翁：《鹤山先生大全文集》卷五十三《黄太史文集序》，见曾枣庄、刘琳主编：《全宋文》第三百一十册，上海：上海辞书出版社、安徽：安徽教育出版社，2006年，第32页。
4 ［宋］魏了翁：《鹤山先生大全文集》卷五十一《程氏东坡诗谱序》，见曾枣庄、刘琳主编：《全宋文》第三百一十册，上海：上海辞书出版社、安徽：安徽教育出版社，2006年，第1页。

比矣。士不精考，而以一事概一人，一言蔽一生者，姑以是思之。"[1] 是从儒家"诚"与"德"的角度来评价苏轼，而肯定其一生"进德之序"。从魏氏语意看来，"不知苏子者"自是他批判的，而所谓的"知苏子者"，是认为苏轼"言语文章妙天下"，其实也并非真知苏轼。魏了翁在《杨少逸〈不欺集〉序》中说："观之苏文忠论近世辞章之浮靡，无如杨大年，而大年以文名，则以其忠清鲠亮，大节可考，不以末伎为文也。眉山自长苏公以辞章自成一家，欧尹诸公赖之以变文体，后来作者相望，人知苏氏为辞章之宗也，孰知其忠清鲠亮，临死生利害而不易其守，此苏氏之所以为文也。"[2] 这里谈到了文品与人品关系的两种类型。魏了翁并不认同杨亿之文，认为其文名是因"大节可考"而显；至于苏轼，在魏了翁评价杨亿时"失灵"的"文如其人"观此时重新生效，认为他之所以为辞章之宗，正在于人品之"临死生利害而不易其守"，故而那些仅以"言语文章妙天下"而知苏轼者，是知其末而不知其本。一言以蔽之，在魏了翁看来，不管文章如何，人之品德才是关键。魏氏对苏门诸君子的评价同样体现了这一观点。其《黄太史文集序》曰：

> 昔者幸尝有考于先民之言行，切叹乎世之以诗知公者，末也。公年三十有四上苏长公诗，其志已卓荦不凡，然犹是少作也。迨元祐初与众贤汇进，博文蓄德，大非前比。元祐中末，涉历忧患，极于绍圣。元符以后，流落黔戎，浮沉于荆鄂永宜之间，则阅理益多，落叶就实，直造简远。前辈所谓黔州以后句法犹高，虽然，是犹其形见于词章者然也。元祐史笔，迨章蔡用事，摘所书王介甫事，将以瑕众正而殄焉，公于是有黔戎

---

[1] ［宋］魏了翁：《鹤山先生大全文集》卷六十三《跋公安张氏所藏东坡帖》，见曾枣庄、刘琳主编：《全宋文》第三百一十册，上海：上海辞书出版社、安徽：安徽教育出版社，2006年，第173页。

[2] ［宋］魏了翁：《鹤山先生大全文集》卷五十五，见曾枣庄、刘琳主编：《全宋文》第三百一十册，上海：上海辞书出版社、安徽：安徽教育出版社，2006年，第69页。

之役。鼪狱之所噪，木石之与居，间关百罹，然自今诵其遗文，则虑淡气夷，无一毫憔悴陨获之态。以草木文章，发帝机杼；以花竹和气，验人安乐。虽百世之相后，犹使人跃跃兴起也。至其闻龚、邹冠豸，张、董上坡，则喜溢词端。荆江亭以后诗，又何其恢广而平实，乐不至淫，怨不及怼也。然而犹为小人承望时好，捃摭《承天院记》语，窜之宜阳，虽存离险艰，而行安节和，纯终不庇。呜呼！以其所养若是，设见用于建中靖国，将不弥蔡、邓之萌而消崇、观之纷纷乎？是恶可以词人目之也。国朝以记览词章，哗众取宠，非无丁、夏、王、吕之俦，而施诸用则悖。二苏公以词章擅天下，其时如黄、陈、晁、张诸贤，皆有闻于时人，孰不曰此词人之杰也。是恶知苏氏以正学直道，周旋于熙、丰、祐、圣间，虽见愠于小人，而亦不苟同于君子，盖视世之富贵利达，曾不足以易其守者，其为可传，将不在兹乎？诸贤亦以是行诸世，皆坐废弃，无所悔恨。其间如后山不予王氏、不见章惇，于邢、赵姻娅也，亦未尝假以词色；褚无副衣，匪焕匪安，宁死无辱，则山谷一等人也。张文潜之诗曰："黄郎萧萧日下鹤，陈子峭峭霜中竹"，是其为可传真在此而不在彼矣。……[1]

魏了翁与一般理学家尤其是洛学创立者程颐不同的是，他并不忽视"文"，更不认为"文"与"道"是对立的，而是充分肯定了苏轼与苏门诸君子的文学成就。但这并不是他关注的重点。如前所述，作为一个理学家，他更注重的是由文而看人——当苏门诸君子与苏轼一样都可用"文如其人"解释的时候。在他看来，苏轼与诸君子最可传于世的，在于他们的"不易其守"，而非词章之妙，所以他反对以"词人"（指仅

---

[1] ［宋］魏了翁：《鹤山先生大全文集》卷五十三，见曾枣庄、刘琳主编《全宋文》第三百一十册，上海：上海辞书出版社、安徽：安徽教育出版社，2006年，第32页。

擅词章之文人）看待他们。在对黄庭坚文集的阐发中，不仅开篇便表明"世之以诗知公者，末也"，而且自始至终关注的是黄庭坚在不同阶段的"文"中体现出来的"德"之益高，至于"文"本身，则主要是作为"德"的载体和表现。魏了翁作为反例的"文如其人"则是丁、夏、王、吕之辈（当指丁谓、夏竦、王钦若、吕夷简），认为他们的词章哗众取宠，无用于世，反映出来的是人品不足观。这进一步衬托出魏了翁对苏轼及苏门诸君子人品节操的高度肯定。

　　魏了翁在苏门六君子的典范化道路上可说是一个关键性的人物。他力主洛蜀会同，在使理学成为官方正学的同时亦十分推重苏学，同时高度赞扬苏轼及苏门诸君子的文学成就尤其是他们的立身行事、忠义节操，使六君子从长期的洛蜀党派之争及学派之争中走出来，而迅速为更大范围的人所接受。由于理学在后世作为官方哲学的绝对权威和正统地位，作为理学大师的魏了翁对苏门诸君子的评价无疑有着巨大影响力，可以说是其典范化过程中的重要一步。苏门六君子虽然是以"文人"而闻名于后世，但后人对他们的评价往往将其人品节操置于文学成就之上，魏氏影响，于此可见。事实上，魏了翁对文学是有着相当鉴赏力的，他对苏轼及苏门诸君子的文学成就也给予了肯定，之所以一再突出强调其立身大节，其一自然与其理学立场的重修身有关，另一个重要原因则是为了有补于时弊。魏了翁在《黄太史文集序》中说到苏轼"虽见慍于小人，而亦不苟同于君子"，概括了苏轼在新旧党争中独立不随的人格，而"君子""小人"之争是一个贯穿了两宋的重要政治问题。正是在这样的论争中，六君子始终"不易其节"的品性操守，于一片汲汲于仕进而不顾节操的时风中显得益发不同流俗，而魏了翁对他们的赞誉，不无有感于时弊而希图以其"君子"风范来改变士风之意。

第三节　"君子""小人"之辨与"苏门六君子"的典范化

　　端平元年（1234），魏了翁为直学士院，入对宁宗，"首乞明君子、小人之辨，以为进退人才之本，以杜奸邪窥伺之端"[1]。此前，当秘书郎蒋重珍乞召真德秀、魏了翁用时，宁宗说："人主之职无他，唯辨君子、小人。"重珍对曰："君子指小人为小人，小人亦指君子为小人，此为难辨。人主当精择人望，处之要津，正论日闻，则必知君子姓名、小人情状矣。"[2] "君子""小人"，由产生之初代表不同阶层或身份的称呼，到了宋代，由于与政治联系在一起，又加入道德评判的成分，而成为朋党之争的工具。终宋一代，无论君臣，君子小人之辨始终是他们关注的重点。而其情况的复杂性在于，正如蒋重珍所说，"君子指小人为小人，小人亦指君子为小人"，不同的党派、集团以此交攻不已。而"苏门六君子"正是经过了由北宋至南宋的漫长论争之路后，在南宋的现实状况中被树立为"君子"的典范。

一 北宋的"君子""小人"之辨

"君子"一词，据余英时考证，最早专指社会上居高位的人及少数王侯贵族的专号。如《左传》襄公二十九年吴公子札对叔孙穆子说："吾闻'君子务在择人'。吾子为鲁宗亲，而任其大政，不慎举，何以堪之？祸必及子。"文中"君子"即指"任大任"的宗亲。又如《国语》"晋语八"叔向答籍偃"君子有比乎"之问，说："君子比而不别。比德以赞事，比也；引党以封己，利己而忘君，别也。"此处的"君子"则专指各国朝廷上居高位的人。而当"君子"与"小人"相提并论时，前者指在位的贵族，后者指下层供役使的平民。如《诗经·谷风之什·大东》："君子所履，小人所视。"孔颖达《正义》云："此言君子、小人，在位与民庶相对。君子则引其道，小人则供其役。"《左传》襄公九年十月条知武子曰："君子劳心，小人劳力，先王之制也。"[3] 到了东汉，《白

---

[1] ［明］陈邦瞻：《宋史纪事本末》卷九十五，北京：中华书局，2015年，第1063页。
[2] ［明］陈邦瞻：《宋史纪事本末》卷九十五，北京：中华书局，2015年，第1062页。
[3] 余英时：《儒家君子的理想》，见氏著《中国思想传统的现代诠释》，南京：江苏人民出版社，1995年，第156页。

虎通义》为"君子"下定义曰:"或称君子者何?道德之称。君子为言,群也;子者,丈夫之通称也。故《孝经》曰:'君子以教以孝也,所以敬天下之为人父者也。何以知其通称也?以天子至于民。'故《诗》云:'恺悌君子,民之父母。'《论语》曰:'君子哉若人。'此谓弟子,弟子者,民也。"[1]尽管白虎观诸儒不得不承认,"君子"此时已成为男子的通称,但他们所重视的,如开篇所言,在于与道德的关系。事实上,后来"君子"确实成为一种充满道德意味的指称。而这一内涵的确定,儒家圣人孔子功不可没。

《论语》一书中有许多关于"君子""小人"的议论,显然不再是贵族、平民的含义而大多偏重于道德品质方面。如:

> 君子周而不比,小人比而不周。
> 君子之于天下也,无适也,无莫也,义之与比。
> 君子喻于义,小人喻于利。
> 有君子之道四焉:其行己也恭,其事上也敬,其养民也惠,其使民也义。
> 君子忧道不忧贫。[2]

在孔子的设想中,"君子"是一个仅次于圣人的形象:"圣人,吾不得而见之矣;得见君子者,斯可矣。"圣人只存在于想象中,君子却可以通过后天修养而出现于现实中。具体说来,这是一个内在以仁、义、道、德为理想,外在合乎"礼"的要求的儒家典范。后来成为儒家"四书"之一的《中庸》对于"君子"理想有一段总结性的话:"故君子尊德性而道问学,致广大而尽精微,极高明而道中庸。温故而知新,敦厚以崇礼。是故居上不骄,为下不倍。国有道,其言足以兴;国无道,其默足以容。

---

[1] [汉]班固撰,[清]陈立疏证:《白虎通疏证》卷二,北京:中华书局,1994年,第49页。
[2] [清]阮元校刻:《论语注疏》,北京:中华书局,2009年,为政第二5348页、里仁第四5367页、里仁第四5367页、公冶长第五5374页、卫灵公第十五5471页。

《诗》曰：'既明且哲，以保其身。'其此之谓与！"[1] 从修身与治国，或曰从"独善其身"与"兼济天下"两方面讨论了作为完美"君子"应具备的特点。而为了更鲜明地突出"君子"的特点，孔子特意树立了"小人"这样一个"反面典型"。凡是君子所极力追求的，小人必不屑为；凡是君子所厌恶、反对的，小人必乐在其中。总之，凡有违于"君子"之修身治国理想的，"小人"无不汲汲以求。至此，"君子""小人"已由最初作为贵族、平民的对举，转变为儒家思想中两个具有鲜明道德判断色彩的指称。

随着政治与社会的发展，人们对"君子"与"小人"内涵的理解自然会有一些变化，而打上不同时代的烙印。在北宋时期，最为突出的特点便是"君子""小人"之辨与朋党之争的密切联系。孔子说："君子不党"，"君子矜而不争，群而不党"，[2] 明确反对君子结党。但宋代本是一个勇于疑古议古的时代，虽有孔夫子的古训在前，宋人却并不泥古，而是在新的时代特点面前不断提出新的识见。所谓新的时代特点，最为突出的便是贯穿有宋一代始终的朋党斗争。王禹偁、欧阳修先后撰写《朋党论》，对"君子不党"表示不同看法。前者说："朋党之来远矣，自尧舜时有之。八元八凯，君子之党也；四凶族，小人之党也。"[3] 认为君子有党由来已久。后者论曰："朋党之说，自古有之，惟幸人君辨其君子小人而已。大凡君子与君子以同道为朋，小人与小人以同利为朋，此自然之理也。然臣谓小人无朋，惟君子则有之。"[4] 认为小人只是因利而暂时结为朋党，一旦利尽或为利而起了纷争，便会互相戕害，"引以为朋者，伪也"；而君子以修身治国为同道，才是真正的朋党，"故为人君者，但当退小人之伪朋，用君子之真朋，则天下治矣"。以孔子的逻辑，他虽只说

---

1 ［宋］朱熹撰：《四书章句集注·中庸章句》，北京：中华书局，2015年，第800页。
2 ［清］阮元校刻：《论语注疏》，北京：中华书局，2009年，述而第七5394页、卫灵公第十五5470页。
3 ［宋］王禹偁：《小畜集》卷十五，见曾枣庄、刘琳主编：《全宋文》第八册，上海：上海辞书出版社、安徽：安徽教育出版社，2006年，第43页。
4 ［宋］欧阳修著，李逸安点校：《欧阳修全集》卷十七，北京：中华书局，2001年，第297页。

"君子不党",但相对举的便是"小人有党";欧阳修则反其道而行之,认为小人无党,君子才有党。表面上与孔子相对立,实则还是强调儒家的修身治国理想,关于"道""利"的讨论正是孔子"君子喻于义,小人喻于利"思想的体现。而"义""利"之辨成为随后的熙丰变法中"君子""小人"之争的主要议题。程颐则通过解经,说明君子小人各有党,而天下也因之有泰否之别。其《伊川易传》如是解说《泰》卦初九:"君子之进,必与其朋类相牵援,如茅之根然,拔其一则其类进,同志以行其道,是以吉也。君子之进,必以其类,不唯志在相先,乐于与善,实乃相赖以济,故君子小人未有能独立不赖朋类之助者也。自古君子得位,则天下之贤,萃于朝廷,同心协力,以成天下之泰;小人在位,则不肖者并进,然后其党胜而天下否矣,概各从类也。"[1]以茅之根为喻,称君子小人都须靠朋类相助,故而君子有党也好、小人有党也好,都是正常现象,而对家国天下有根本影响的在于,得位者是君子党还是小人党。

新党领袖王安石对于"君子"的理解其实也是传统的儒家思想。他在《君子斋记》中说:"天下诸侯谓之君,卿大夫谓之子,古之为此名也,所以命天下之有德,故天下之有德通谓之君子。有天子、诸侯、卿大夫之位而无其德可以谓之君子,盖称其位也;有天子、诸侯、卿大夫之德而无其位可以谓之君子,盖称其德也。位在外也,遇而有之,则人以其名予之而以貌事之;德在我也,求而有之,则人以其实予之而心服之。……"[2]从"位"与"德"两方面来解释"君子"之名,准确地抓住了在其发展过程中不断衍生的内涵的多样性;而重"德"轻"位"的倾向正是孔孟思想的体现。既是尊崇正统儒家思想,王氏为何又会被斥为"小人"?——原因在于熙丰变法。反变法的领袖司马光在给王安石的信中指责其以求利为目的,而孔圣人早就说过:"君子喻于义,小人喻于利",于是变法派自然成了"小人"。旧党的刘挚便明白说道:"君子小

---

[1] [宋]程颢、程颐:《二程集·周易程氏传》卷一,北京:中华书局,2004年,第755页。
[2] [宋]王安石著,刘成国点校:《王安石文集》卷八十二,北京:中华书局,2021年,第1430页。

人之分,在义利而已。"[1]尽管王安石自身以儒家"君子"的修身治国为理想——并且后来得到了苏轼所代表的旧党的高度评价,[2]同时在著名的《答司马谏议书》中也驳斥了司马光指责其敛财、生利的论调,但是他的尴尬在于,由于奉行通过变法快速实现富国强兵的明显的政治实用主义思想,使得一些投机分子钻营于变法派的队伍之中,他们以获得政治上的利益为最大目的,往往为此不择手段、不顾道义、首鼠两端,因而败坏了新党之名,使得新党中人一概被斥为"小人"。于是,本是作为一种儒家道德理想主义体现的"君子",和作为其对立面而出现的"小人",均被打上了鲜明的党争的烙印。

在两个党派、两种思想的斗争中,苏轼与六君子都站到了旧党反变法的行列中。尽管他们后来对自己在熙丰变法中的思想行为有所反思,但终其一生并未改变这一基本立场。而这恰恰成为"六君子"典范化的一个基本条件。因为南宋以后,支持旧党、反对新党是上至朝廷、下至普通士人的舆论所向,"君子"由最初的旧党自称成为后来得到普遍认可的、对旧党人士的一种定称。但是,身为旧党并非"六君子"典范化的唯一条件,而与旧党内部的洛、蜀、朔党之争亦有密切关系。欧阳修《朋党论》所称"君子与君子以同道为朋,小人与小人以同利为朋"成为新旧党争"义""利"之辨的先声,同时也成为旧党内部尤其是蜀党进行斗争的理论来源。例如秦观在元祐年间有《朋党》上、下篇,就是在欧阳修《朋党论》的基础上生发而成。文中说:"人主御群臣之术,不务嫉朋党,务辨邪正而已。邪正不辨而朋党是嫉,则君子小人必至于两废,或至于两存。君子与小人两废两存,则小人卒得志,君子终受祸矣";"臣愿陛下观易道消长之理,稽帝虞废举之事,鉴汉唐审听之失,法仁祖

---

1 [宋]刘挚著,陈晓平、裴汝诚校:《忠肃集》卷三《论用人疏》,北京:中华书局,2002年,第50页。
2 苏轼《王安石赠太傅》:"名高一时,学贯千载;智足以达其道,辩足以行其言。瑰玮之文,足以藻饰万物,卓绝之行,足以风动四方。用能于期岁之间,靡然变天下之俗。"[宋]苏轼撰,[明]茅维编,孔凡礼点校:《苏轼文集》卷三十八,北京:中华书局,1986年,第1077页。

察见之明，杜媒蘖之端，窒中伤之隙，求贤益急，用贤益坚，而信贤益笃，使奸邪情沮而无所售其谋，谗佞气索而无所启其口。"[1] 正是欧阳修"唯幸人君辨其君子小人"之意，但秦观针对的是同属反变法派的洛党，因而"君子""小人"之争也由"义""利"之辨改为"邪""正"之辨。"邪"与"正"，较之"义""利"是更加直接的道德评判之语，也更加接近作为道德理想及其反面的"君子""小人"之争的本质意义。这种道德评判其实是从新旧党争中生发而来。

在王安石正议新法时，旧党元老富弼上《论辨邪正》疏曰："夫内外小大之官，所以致其不和者，何哉？止由乎君子小人并处其位也。盖君子小人，方圆不相入，曲直不相投，贪廉进退不相伴，动静语默不相应，如此而望议论协和，政令平允，安可得邪？安可幸而致邪？……必无两立之理。"[2] 认为君子小人思想相异、观念相左，同处朝堂必然造成政治混乱。无独有偶，王安石也反对君子小人并处其位，他在《本朝百年无事札子》中说："君子非不见贵，然小人亦得厕其间；正论非不见容，然邪说亦有时而用。"[3] 王安石上此札是为其即将开始的新法作准备，他反对君子小人共处是担心异论纷然，不利新法的实施。正如后来他在改革科举考试时所持的理由："学术不一，一人一义，十人十义，朝廷欲有所为，异论纷然，莫肯承听。此盖朝廷不能一道德故也。"[4] 王安石在谈到君子小人时所说的"正论""邪说"并非是针对人而言的道德评判，旧党则将对人的道德评判作为主要武器，例如苏辙在元祐元年（1086）上疏弹劾当时仍然在朝的新党人士韩缜："臣闻天下治乱在君子小人进退之间耳，冰炭不可以一器，枭鸾不可以同栖，共、鲧、皋、陶不可以同朝，颜回、盗跖不可以并处。"并对这两个群体作出了两极性的道德评价和人格区分：君子"推诚而不疑""孤立而不党""正言而不讳""洁廉而不

---

1 ［宋］秦观撰，徐培均笺注：《淮海集笺注》，上海：上海古籍出版社，2000年，第547页。
2 ［宋］吕祖谦编，齐治平校点：《宋文鉴》卷四十五，北京：中华书局，1992年，第688页。
3 ［宋］王安石著，刘成国点校：《王安石文集》卷四十一，北京：中华书局，2021年，第697页。
4 ［元］马端临撰：《文献通考》卷三十一《选举考四·举士》，北京：中华书局，2011年，第907页。

坏",小人则"窃用威福以市私恩,交通左右以结主知"[1]。

旧党在新旧党争时以道德评判攻击王安石及其新党,在洛蜀朔党争时又以道德评判互相攻击。洛学以正统的孔孟后学自居,注重内外兼修,对于文人气浓、不拘小节的蜀党自然颇多指责;而同样以儒学思想为圭臬的蜀党也并不认为洛党在修身治国方面有何可取之处。蜀党的孔文仲曾弹劾程颐"污下憸巧,素无乡行,经筵陈说,僭横忘分,遍谒贵臣,历造台谏,腾口间乱,以偿恩雠,致市井目为'五鬼'之魁"[2],在他们眼中的洛学领袖不仅毫无"君子"风范可言,而且是一个道德素养低下十足的追名逐利之徒,与苏辙所说的"小人"无异。吕中《宋大事记讲义》引邵伯温语,认为真、仁之际"寇、丁之党,为寇者皆君子,为丁者皆小人;吕、范之党,为范者皆君子,为吕者皆小人",自不难辨;而元祐时"群贤毕集于朝,贤者不免以类相从","元祐之所谓党,何人哉?程曰洛党,苏曰蜀党,刘曰朔党,彼皆君子也,而互相倾轧,此小人得以有辞于君子也。"[3]邵伯温自是站在旧党立场,但他所说"小人得以有辞于君子"却为事实。绍圣以后,旧党正是被新党以其人之道还治其人之身。据《宋宰辅编年录》,章惇初登宰辅,陈瓘以"当世之务"相问,章惇答曰:"司马光奸邪,所当先辨,无急于此。"[4]并且这种"君子""小人"之辨一直延续到北宋末年。建中靖国改元,当国者欲调和元祐、绍圣之人,故以"中"为名。而任伯雨反对说:"人才固不当分党与,然自古未有君子小人杂然并进可以致治理者。盖君子易退,小人难退,二者并用,

---

1 [宋]苏辙著,曾枣庄、马德富点校:《栾城集》卷三十七《乞责降韩缜第七状》,上海:上海古籍出版社,2009年,第823页。又见于[宋]李焘撰,上海师范大学古籍整理研究所、华东师范大学古籍整理研究所点校:《续资治通鉴长编》卷三七一元祐元年三月戊辰条,北京:中华书局,2004年,第8987页。

2 [宋]邵博撰,李剑雄、刘德权点校:《邵氏闻见后录》卷二十二,北京:中华书局,1983年,第170页。

3 [宋]李焘撰:《续资治通鉴长编》卷四七一元祐七年丁亥条引,北京:中华书局,2004年,第11240页。

4 [宋]徐自明撰,王瑞来校补:《宋宰辅编年录校补》卷十,北京:中华书局,1986年,第620页。

终于君子尽去，小人独留。"[1] 延续了富弼"君子小人不能并处其位"的思想。蔡京当国时，则以"元祐奸党"称呼旧党，所谓"奸""奸邪"之类的道德评判之辞此时早已成为新旧两党互相攻击的工具。

在这种新旧两党及旧党内部交攻不已的环境中，坚持政治操守意即儒家所说"临大节而不改"的"君子"风范，成为检验士风的有力因素，然而结果是令人失望的。纷繁复杂的朋党之争使"君子""小人"的标准混乱不堪，士人也在这种混乱中越来越放松了对自己的道德要求，而使士风日益鄙陋。此时无论新党还是旧党，缺乏政治气节和道德操守几乎已成普遍风气。张舜民有《哀王荆公》诗四首：

> 门前无爵罳张罗，元酒生刍亦不多。恸哭一声唯有弟，故时宾客合如何？
>
> 乡间葡匐苟相衰，得路青云更肯来？若使风光解流转，莫将桃李等闲栽。
>
> 去来夫子本无情，奇字新经志不成。今日江湖从学者，人人讳道是门生。
>
> 江水悠悠去不还，长悲事业典刑间。浮云却是坚牢物，千古依栖在蒋山。[2]

诗歌对士人进行了辛辣讽刺。"得路青云"及"浮云却是坚牢物"同是以云作喻，前者指士人以新学飞黄腾达，后者则以士人尚不如浮云来讥刺其并非真心信奉新学。据《渑水燕谈录》："荆国王文公，以多闻博学为世宗师，当世学者得出其门下者，自以为荣，一被称与，往往名重天下。公之治经，尤尚解字，末流务多新奇，浸成穿凿。朝廷患之，诏学者兼用旧传注，不专治新经，禁援引《字解》。于是学者皆变所学，至有著书

---

1 ［元］脱脱等撰：《宋史》卷三四五《任伯雨传》，北京：中华书局，1985年，第10965页。
2 ［宋］张舜民：《画墁集》卷四，见［宋］王安石撰，刘成国点校：《王安石文集》附录二"挽词"条，北京：中华书局，2021年，第1931页。

以诋公之学者,且讳称公门人。故芸叟为挽词云:'今日江湖从学者,人人讳道是门生。'传士林。及后诏公配享神庙,赠官并谥,俾学者复治新经,用《字解》。昔从学者,稍稍复称公门人,有无名子改芸叟词云:'人人却道是门生。'"[1]王氏新学作为当时的官方学术,盛行于世十多年,士人无不悉心钻研,并以拜在王安石门下为莫大光荣;而一旦其失势,便避之唯恐不及,一句"人人讳道是门生",可谓写尽世态炎凉。这无关立场和信仰问题,并非出于对王安石变法及其新学的不赞同,而是随着政治时局的变化,过去是"门生",如今才"讳道",士人丑态尽现其中。所以当绍圣年间新党重新主政,王安石又立刻得到士人们热情的"礼遇"和"人人却道是门生",便不足为怪了。据周煇《清波杂志》:"王荆公墓在建康蒋山东三里,与其子雱分昭穆而葬。绍圣初,复用元丰旧人,起吕吉甫知金陵,……当时士大夫道金陵,未有不上荆公坟者。"[2]普通士人见风使舵者自不在少数,就连熙丰变法中一些知名的大臣也是首鼠两端。如张商英,本是经章惇推荐而投于王安石门下的一员变法干将,然而一到元祐时期,张商英便急忙写信给时任翰林的苏轼说:"觉老近来见解与往时不同,若得一把茅盖头,必能为公呵佛骂祖。"[3]自表忠心并求苏轼荐为言官。而到了绍圣以后,又不遗余力地攻击元祐大臣。蔡京更是一个典型的投机者。元祐期间,曾因积极执行司马光废新法的举动而得到后者赞赏,等到自己上台,则设元祐党人碑,迫害元祐党人及其他政敌。在蔡京的带动下,士风更可谓每况愈下。《曲洧旧闻》说蔡京"厥后流离岭海,妻孥星散,不能相保,而门生、故吏皆讳言出其门"[4],之所以"讳言出其门",主要原因并非在于蔡京是一个身败名裂的"奸臣",也不仅仅与王安石一样体现了新党人士的悲剧,而是具有普遍性的士风不振的表现。不唯新党如此,旧党中同样充斥缺乏操守之人,如前述"苏门"

---

1 [宋]王辟之撰,吕友仁点校:《渑水燕谈录》卷十,北京:中华书局,1981年,第126页。
2 [宋]周煇撰,刘永翔点校:《清波杂志校注》卷十二,北京:中华书局,1994年,第514页。
3 [宋]朱弁撰,孔凡礼点校:《曲洧旧闻》卷八,北京:中华书局,2002年,第199页。
4 [宋]朱弁撰,孔凡礼点校:《曲洧旧闻》卷八,北京:中华书局,2002年,第194页。

中的毛滂、赵令畤等。苏轼曾说:"夫君子之所重者,名节也。故有'舍生取义''杀身成仁''可杀不可辱'之语。而爵位利禄,盖古者有志之士所谓鸿毛弊屣也。"[1] 而当苏轼会王安石于金陵时,戏曰:"今之君子,争减半年磨勘,虽杀人亦为之。"安石笑而不言。[2] 东坡此处所言之"君子",显然是以讽刺的口吻指称那些所重者乃爵位利禄、而视名节为鸿毛弊屣的士大夫们,安石的"笑而不言"则默认了苏轼对当时士风的批评。

  普通人的见利忘义,可以"世态炎凉"感叹之;士人的不顾节义操守、缺乏道德理想,却远非世态炎凉那么简单。宋代以士大夫治天下,而士大夫阶层普遍的道德危机很可能对国家造成灾难性的后果。据《宋史·李若水传》,(李若水)死后有自北方逃归者云:"金人相与言:'辽国之亡,死义者十数,南朝惟李侍郎一人。'"[3] 在国家生死存亡的关键时刻,为国死节的人数往往是考察这个朝代士风的重要指标,北宋人便以此慨叹五代士风鄙陋,导致朝代更替频繁,也才有了范仲淹的高倡"先天下之忧而忧,后天下之乐而乐",以图振作士风之举。靖康之难中,死义者自然并不止李若水一人,但金人所言也是由来有自。朱熹曾说:"本朝唯范文正公振作士大夫之功为多。"[4] 诚然,自庆历以后,士大夫慨然以天下为己任,即便是熙丰年间的新旧党争也有所不同于其后愈演愈烈的党同伐异;而到了北宋后期,士风在经过历次的朋党斗争及蔡京等奸相当权之后,已无复范仲淹时代的弘毅进取精神,靖康之难的发生,与士风的日益鄙陋确有一定关系。南宋人正是意识到了这一点,在对"君子""小人"之辨的反思中将士风问题摆在了重要位置,而始终不改其节的"苏门六君子"正是在这样的现实条件下被南宋人树为"君子"典范。

---

[1] [宋] 苏轼著,孔凡礼点校:《苏轼文集》卷二十九《乞将台谏官章疏降会有司根治札子》,北京:中华书局,1986年,第839页。
[2] [元] 脱脱等撰:《宋史》卷三三八《苏轼传》,北京:中华书局,1985年,第10810页。
[3] [元] 脱脱等撰:《宋史》卷四四六,北京:中华书局,1985年,第13162页。
[4] [宋] 黎靖德编,王星贤点校:《朱子语类》卷一二九,北京:中华书局,1986年,第3086页。

二 南宋士风与"苏门六君子"的典范化

南宋初期,朝野上下在反思北宋的潮流中,一致的舆论导向是王安石变法及其新党主政是靖康之难的罪魁祸首,对"君子""小人"之辨及朋党斗争的议论也多与旧党类似。据《宋史·常同传》:

> (绍兴)三年,召还,首论朋党之祸:"自元丰新法之行,始分党与,邪正相攻五十余年。章惇唱于绍圣之初,蔡京和于崇宁之后,元祐臣僚,窜逐贬死,上下蔽蒙,酿成夷虏之祸。今国步艰难,而分朋缔交、背公死党者,固自若也。恩归私门,不知朝廷之尊;重报私怨,宁复公议之顾。臣以为欲破朋党,先明是非,欲明是非,先辨邪正,则公道开而奸邪息矣。"上曰:"朋党亦难破。"同对:"朋党之结,盖缘邪正不分,但观其言行之实,察其朋附之私,则邪正分而朋党破矣。"上曰:"君子小人皆有党。"同又对曰:"君子之党,协心济国;小人之党,挟私害公。为党则同,而所以为党则异。且如元祐臣僚,中遭谗谤,窜殛流死,而后祸乱成。今在朝之士,犹谓元祐之政不可行,元祐子孙不可用。"上曰:"闻有此论。"同对以:"祸乱未成,元祐臣僚固不能以自明。今可谓是非定矣,尚犹如此,盖今日士大夫犹宗京、黼等倾邪不正之论。朋党如此,公论何自而出?愿陛下始终主张善类,勿为小人所惑。"[1]

常同论"君子之党""小人之党"是顺应当时普遍同情元祐的潮流,为旧党张目,其中元祐旧党即为"君子之党"之意甚明。这一观点终南宋之世,是官方和士林清议的主流。南宋末年文天祥在《雷州十贤堂记》中说:"国朝自天禧、乾兴迄建炎、绍兴,百五十年间,君子小人消长之故,凡三大节目,于雷州无不与焉。按《雷志》、丞相寇公准以司户至,

---

[1] [元]脱脱等撰:《宋史》卷三七六《常同传》,北京:中华书局,1985年,第11624页。

丁谓以崖州司户至。绍圣后，端明翰林学士苏公轼、正言任公伯雨以渡海至，门下侍郎苏公辙以散官至，苏门下正字秦公观至，枢密王公岩叟虽未尝至，而追授别驾，犹至也。未几，章惇亦至。其后丞相李公纲、丞相赵公鼎、参政李公光、枢密院编修官胡公铨，皆由是之琼、之万、之儋、之崖，正邪一胜一负，世道以之为轩轾。雷视中州为远且小，而世道之会，乃于是观焉。"[1] 就他文中所提到的北宋人而言，所谓"君子"与贤人，大多是党争中的旧党一派。文天祥是从正面为"贤"人立传，但从中不难看出"君子""小人"之间的朋党之争于南宋亦始终存在，并不因南宋初年常同等对北宋朋党斗争的反思而有所减弱。其中较为典型的即道学派与反道学派的斗争。

朱熹、魏了翁等论"君子""小人"皆沿袭旧党所谓"须辨君子小人""君子小人不能同朝""君子易退、小人难退""须去小人"等观点[2]，但在他们与反道学派的斗争中，中心议题不再是"义""利"之辨，也不再经常互指为小人而自称为君子[3]，双方转以士风问题为论辩焦点。如庆元元年（1195），御史中丞何澹上疏曰："绍兴间，谏臣陈公辅尝言程颐、王安石之学，皆有尚同之弊，高宗皇帝亲洒宸翰，有曰：'学者当以孔孟为师。'臣愿陛下以高宗之言风励天下，使天下皆师孔孟。有志于学者不必自相标榜，使众人得而指目，亦不必以同门之故更相庇护，是者从其为是，非者从其为非。朝廷亦惟是之从，惟善之取，而无彼此异同之别。听言而观行，因名而察实，录其真而去其伪，则人知勉励，无敢饰诈以求售。士风纯而国是定，将必由此。"[4] 何澹其实是指道学派为朋

---

1 ［宋］文天祥著：《文山先生全集》卷九，见曾枣庄、刘琳主编：《全宋文》第三百五十九册，上海：上海辞书出版社、安徽：安徽教育出版社，2006年，第193页。
2 见［宋］黎靖德编，王星贤点校：《朱子语类》卷一百二十九、一百三十、一百三十二，北京：中华书局，1986年。［宋］魏了翁：《鹤山先生大全文集》卷五十三《范正献公文集序》等，《全宋文》第三百一十册，上海：上海辞书出版社、安徽：安徽教育出版社，2006年，第39页。
3 魏了翁偶有"小人托伪学之名，排摈异己"之语，《鹤山先生大全文集》卷五十三《杨济道钝斋集序》，见曾枣庄、刘琳主编：《全宋文》第三百一十册，上海：上海辞书出版社、安徽：安徽教育出版社，2006年，第37页。
4 ［明］陈邦瞻：《宋史纪事本末》卷八十，北京：中华书局，2015年，第873页。

党,以师伊川而不师孔孟、自相标榜、互相庇护、有言无行、有名无实、存伪去真、饰诈求售等相攻,并将"士风"之不纯归咎于此,其实质即同于"君子""小人"之辨中的道德评判。而早在孝宗年间,朱熹就曾对反道学派进行过回击,其武器同样是士风问题:"纪纲不正于上,风俗颓弊于下,其为患之日久矣。而浙中为尤甚。大率习为软美之态、依阿之言,以不分是非、不辨曲直为得计,甚者以金珠为脯醢,以契券为诗文,宰相可啖则啖宰相,近习可通则通近习,惟得之求,无复廉耻。一有刚毅正直、守道循理之士出乎其间,则群讥众排,指为'道学',而加以矫激之罪。十数年来,以此二字禁锢天下之贤人君子,复如昔时所谓元祐学术者,排摈诋辱,必使无所容其身而后已,此岂治世之事哉?"[1]朱熹是出于为理学辩护的目的而将批判矛头直指反理学派,所谓"风俗之颓弊",主要即指反理学派影响下的士风。理学派和反理学派之所以不约而同地以士风问题作为攻击对方的武器,原因正在于这是当时日益被关注的重大问题,具有突出的现实意义。

南宋建国以后,偏安一隅的小朝廷始终处于外敌的强大威胁之下,国势飘摇,虽然他们反省过靖康之难,并且其中对于王安石片面重视经义策论、忽视道德修养的政治实用主义目的造成士大夫阶层道德素质低下的指责不为无理,但这并不能改变当时的现状:失去了进取精神的士人无力也无心拯救朝廷百姓,而国势的微弱更使士人在强大的精神压力下得过且过,汲汲于攫取私利。正如常同所说:"今国步艰难,而分朋缔交、背公死党者,固自若也";"恩归私门,不知朝廷之尊;重报私怨,宁复公议之顾"。对于延续"以文治国"政策的南宋朝廷来说,士风问题是关乎国运的重大问题。李纲曾忧心忡忡地说:"窃观近年士风尤薄,随时好恶以取世资。瀹訾成风,岂朝廷之福哉"[2];"自是之后,朝廷非大有惩创,士风非大有变革,内外大小同心协办以扶持宗社、保全家室为事,

---

1 [元]脱脱等撰:《宋史》卷四二九《朱熹传》,北京:中华书局,1985年,第12761页。
2 [元]脱脱等撰:《宋史》卷三五八《李纲传》,北京:中华书局,1985年,第11268页。

扫去偷惰苟且之习，娼嫉潜诉之风，虽使寇退亦岂易支吾哉。"[1]认为士风之变革是跟"使寇退"一样严重的问题，其时士风之浇薄，从中可见一斑。然而最高统治者并没有意识到这一点，只是急于巩固统治，尤其由于秦桧等权臣当国，士风进一步恶化。到了理学派与反理学派的斗争中，双方便往往以士风问题互相指责。在这样的现实状况下，"苏门六君子"的高尚节操就很有为士人楷模的典范意义了。就理学派的朱熹而言，虽然出于发展理学的目的曾猛烈攻击苏门及苏学，但他对于苏轼及诸君子的指责其实大多出于修身的具体方式上的分歧，而未曾质疑过他们根本的品性节操，所以尽管朱熹一再批评苏门"不律""浮薄"，却仍然对黄、陈等人的立身行事表示钦敬。例如他在《跋山谷草书千文》中说：

> 李端叔崇宁三年八月一日题云："绍圣中，诏元祐史官甚急，皆拘之畿县，以报所问，例悚息失据，独鲁直随问为报，弗隐弗惧，一时栗然知其非儒生文士而已也。"绍圣史祸，诸公置对之辞，今皆不见于文集，独尝于苏魏公家得陆左丞画一数条，皆诋元祐语也。其间记黄太史欲书王荆公勿令上知之帖，而己力沮之，黄公争辩甚苦，至曰："审如公意，则此为佞史矣！"是时陆为官长，以是其事竟不得书，而黄公犹不免于后咎。然而后此又数十年，乃复赖彼之言，而事之本末因得尽传于世，是亦有天意矣。惜乎秉史笔者不能表而出之，以信来世，而顾独称其词笔，以为盛美。因观此卷李端叔跋语，为之感慨叹息，辄记其后。若其书法，则世之有鉴赏者自能言之，故不复及云。庆元己未十一月既望，云谷老人朱熹记。[2]

关于黄庭坚修《神宗实录》欲书王安石勿令上知而与陆佃争辩事，背后

---

1 ［宋］李纲：《梁溪集》卷一七一《靖康传信录序》，见曾枣庄、刘琳主编：《全宋文》第一百七十二册，上海：上海辞书出版社、安徽：安徽教育出版社，2006年，第1页。
2 ［宋］朱熹：《晦庵先生朱文公文集》卷八十四，上海：上海古籍出版社，2022年，第3972页。

的是非曲直且另当别论,但其坚持秉笔直书的态度和绍圣年间坦然受审的气概,正是后来屡被称扬的"君子"之风。朱熹在文中对"独称其词笔者"表示不赞同,又曰不言其书法(这本是一篇草书的跋文),而独对李之仪跋语"为之感慨叹息",其实正是表达对黄庭坚立朝大节的激赏。与修史事有关的还有《朱子语类》卷一百二十八所记:"先生问罃:'有山谷陈留对问否?'曰:'无之。'曰:'闻当时秦少游最争得峻,惜乎亦不见之。'"[1] 陈留对问即指绍圣年间黄庭坚被讯问事,朱熹对黄庭坚的态度于上文已明,类推之,及"惜乎"的语气中,对"秦少游最争得峻"显然也是表示赞赏。朱熹虽看不惯秦观的文人习气而曾批评他"浮薄",但对其政治节操无疑是持肯定态度。

朱熹对黄、陈等人的个人品行也不乏赞誉之辞。据《朱子语类》:"先生看《东都事略》,文蔚问曰:'此文字如何?'曰:'只是说得个影子。适间偶看陈无己传,他好处都不载。'问曰:'他好处是甚事?'曰:'他最好是不见章子厚,不著赵挺之丝袄。傅钦之闻其贫甚,怀银子见他,欲以赒之。坐间听他议论,遂不敢出银子。如此等事,他都不载。如黄鲁直传,鲁直亦自有好处,亦不曾载得。'文蔚问鲁直好处在甚处,曰:'他亦孝友。'"[2] 陈师道之清贫守节是当年大得苏轼激赏并最终成为苏门中人的重要原因,在南宋"以金珠为脯醢,以契券为诗文"的士风面前,无疑是对比强烈的极具典范意义的"君子"之风。朱熹特别地提及陈师道的这些"好处",当是有感于时弊而希图以此加以矫正之意。朱熹又道黄庭坚的好处是"孝友",而这正是儒家提倡的道德品质之一,所以朱熹一面攻击苏门,一面却也不得不承认他们的儒家修养,尤其值得注意的是,此评价是对苏轼赞黄庭坚"孝友之行,追配古人"之语的认可。而以下这条材料,更可证明朱熹或许在内心是承认黄、秦等苏门人士为"君子"的。据《朱子语类》,朱熹与门人谈及北宋仁宗时期著名的

---

1 [宋]黎靖德编,王星贤点校:《朱子语类》卷一百二十八,北京:中华书局,1986年,第3079页。
2 [宋]黎靖德编,王星贤点校:《朱子语类》卷一百三十,北京:中华书局,1986年,第3121页。

苏舜钦等被黜事时,认为:"范文正招引一时才俊之士聚在馆阁,如苏子美、梅圣俞之徒,此辈虽有才望,虽皆是君子党,然轻儇戏谑……""虽是拱辰、安道辈攻之甚急,然亦只这几个轻薄做得不是,纵有时名,然所为如此,终亦何补于天下国家邪?"与对黄庭坚、秦观等人的评价一样,朱熹以"轻儇戏谑""轻薄"之语评苏舜钦、梅尧臣等庆历时期的著名文人,但同时他也承认,他们皆是"君子"之党,并且认为当时朝廷为反"轻薄"而补选的所谓"持重"之人其实是"可笑"的"朴纯无能之人"[1],可见朱熹对苏门诸子具体修身方式的指摘并不意味着对他们"君子"品格的否定。尤其是,在他看到当时士林中的种种丑恶时,或会更清楚地意识到六君子的风范足为士人楷模。沈继祖"为小官时,尝采摭熹语、《孟》之语以自售,至是以追论程颐,得为御史"[2],可见其为逐政治之利而毫无操守。庆元党禁时,"士之绳趋尺步、稍以儒名者,无所容其身。从游之士,特立不顾者,屏伏丘壑;依阿巽懦者,更名他师,过门不入,甚至变易衣冠,狎游市肆,以自别其非党。"[3]恶劣环境下的自保虽然可以理解,但无疑也反映了士风之不振,尤其是在注重修身和节义操守的理学门下却多变节者,较之苏门六君子可谓判若云泥,身为理学领袖的朱熹,心中只怕也是百味杂陈。

在南宋历史上,还有过两个以"六君子"相称的群体。一个是理宗时,侍御史丁大全用事,"志气骄傲,道路以目"[4],太学生陈宜中、黄镛、林测祖、曾唯、刘黻、陈宗六人上书揭露,丁大全发怒,削陈宜中学籍,将其编管建昌军,并立碑学中,"戒诸生亡妄议国政",陈宜中等因此获得"六君子"美称。[5]但他们入仕以后,纷纷投靠权臣贾似道,陈宜中因此被拔擢为签书枢密院事兼权参知政事。南宋末年,黄镛知庐陵,

---

1 [宋]黎靖德编,王星贤点校:《朱子语类》卷一百二十九,北京:中华书局,1986年,第3088—3089页。
2 [明]陈邦瞻:《宋史纪事本末》卷八十,北京:中华书局,1977年,第875页。
3 [元]脱脱等撰:《宋史》卷四二九《朱熹传》,北京:中华书局,1985年,第12768页。
4 [元]脱脱等撰:《宋史》卷四七四《丁大全传》,北京:中华书局,1985年,第13778页。
5 [元]脱脱等撰:《宋史》卷四一八《陈宜中传》,北京:中华书局,1985年,第12529页。

千方百计破坏文天祥起兵勤王，后来又与曾唯等人率先投降了元朝。此六人的揭露丁大全之举虽值得称许，但后来的斑斑劣迹，足以湮没他们当年义举。如此"六君子"，自不足为人道。

此前宁宗庆元年间亦有"六君子"。当时为韩侂胄逐赵汝愚事，国子生杨宏中等六人上书曰："自古国家祸乱之由，初非一道，唯小人中伤君子，其祸尤惨。君子登庸，杜绝邪枉，要其处心实在于爱君忧国。小人得志，仇视正人，必欲空其朋类，然后可以肆行而无忌。于是人主孤立，而社稷危矣。党锢敝汉，朋党乱唐，大率由此。元祐以来，邪正交攻，卒成靖康之变，臣子所不忍言，而陛下所不忍闻也。"[1] 书中以"君子"称赵汝愚，以"小人"指韩侂胄，此六人并非赵汝愚一党，却以传统的"君子""小人"之辨为武器而卷入了朋党斗争，他们本人则因不畏权贵的精神而获得"君子"美誉。但是，此"六君子"为何远远不及"苏门六君子"显著于世呢？主要原因首先在于"苏门六君子"皆为北宋文坛的重要文人。作为一个著名文人集团的成员，其文学成就使得他们声名远播。更何况他们不仅以文学之美扬名于世，亦以君子之德知名于当时及后世；他们既有传统儒家所高扬的道德理想，又有这种理想在现实政治层面的表现，即党争中的守节不阿。"庆元六君子"称号的获得仅因上书一事，他们的行为虽得到时人钦敬，却终不若"苏门六君子"一生几经浮沉而不改其节更堪为士人表率。在历史上，"庆元六君子"入《宋史》"忠义传"，"苏门六君子"则以"文苑传"中人而兼有"忠义"之行为，其在士人中的影响力和典范性自非"庆元六君子"所能比。从传播途径来看，"庆元六君子"只于史传上有名，而"苏门六君子"更有大量的文章别集和总集流传于世，其声名之显也就不足为怪了。

周必大《敷文阁学士李文简公焘神道碑》载李焘著述有"范、韩、富、王、欧阳、三苏及六君子《年谱》各三卷"，李焘生于政和五年（1115），去六君子未远，其所撰年谱的谱主如范、韩、富、王、欧阳、

---

1 ［元］脱脱等撰：《宋史》卷四五五《杨宏中传》，北京：中华书局，1985年，第13373页。

三苏等均为北宋名动天下之人,"六君子"中的个体大多不能与之相提并论,而他们在去世不久便得李焘为其撰写年谱,主要原因当在于他们作为一个整体所具有的特性。其后有邵浩所编《坡门酬唱集》和传为陈亮所辑《苏门六君子文粹》。张叔椿在《坡门酬唱集序》中说:"……乃苏文忠公与其弟黄门,偕鲁直而下六君子者……"[1];邵浩亦在《坡门酬唱集引》中说:"……既又念两公之门下士黄鲁直、秦少游、晁无咎、张文潜、陈无己、李方叔所谓六君子者……"[2],皆明确提出"六君子"之称。而这些年谱和诗文集的出现,表明"六君子"称号在南宋前期已广为流播。《苏门六君子文粹》赖明末胡仲修的重刻而得以流传于世,在毛晋的《汲古阁校刻书目》(小石山房丛书本)中注录有号为《苏门六君子集》的六人文集,包括豫章集四卷、淮海集十四卷、宛邱集二十二卷、济南集五卷、济北集二十一卷、后山集四卷、卷数与《文粹》完全一致,与胡仲修的重刻本当为同一底本。其实《文粹》是一个偏重于程式之文的很不完整的文章选本,而据陈振孙《直斋书录解题》,当时有蜀刊本的豫章集四十四卷、宛邱集七十五卷、后山集二十卷、淮海集四十六卷、济北集七十卷、济南集二十卷,"号《苏门六君子集》"[3]。虽然与毛氏注录的本子名称相同,但这是一部收录较完整的六君子诗文总集,其中陈师道、秦观、晁补之的文集卷数与今日流传的完全吻合。

以上几种文集在南宋的出现,扩大了六君子作为苏门文人集团成员的作品的传播范围,也使"苏门六君子"作为士人典范越来越成为一种固定的称呼。这一称呼的出处缘起虽已不见明确记载,但或许在北宋后期即已出现。据魏了翁《游忠公鉴虚集序》:"……君壮时犹及见苏黄门,

---

1 见曾枣庄、刘琳主编:《全宋文》第二百八十册,上海:上海辞书出版社、安徽:安徽教育出版社,2006年,第269页。
2 见曾枣庄、刘琳主编:《全宋文》第二百七十四册,上海:上海辞书出版社、安徽:安徽教育出版社,2006年,第401页。
3 [宋]陈振孙撰,徐小蛮、顾美华点校:《直斋书录解题》卷十七,上海:上海古籍出版社,2015年,第510页。

黄门谓君'使得见先兄，当不在六君子下。'"[1]苏辙说此话的时间应在苏轼去世的建中靖国元年（1101）至他本人去世的政和二年（1112）之间，如此语属实，则在北宋后期已有"六君子"之称。这段话见于魏了翁为游仲鸿文集所作序中。游忠公，字仲鸿，生于绍兴七年（1137）左右，不可能见到苏辙，也不可能如序所说与唐庚、张舜民交游，魏了翁或误记了游仲鸿父辈之事。这条材料虽颇有可疑之处，但还是有些耐人寻味的意思。苏辙本人是否如序所引明确提到过"六君子"之称，由于没有别的材料可以证明，尚须存疑，或许它只是魏了翁在追述的过程中才使用到这一称号，不过这也至少能说明两点问题：其一，"六君子"是当时已广泛流传、代表着"苏门"最杰出文人这种意思的一个称号；其二，从中正可看出魏了翁对"六君子"的认可和称赏。虽然这条证明"六君子"之称在北宋后期已经产生的材料属于不太可靠的孤证，但该称号在南宋前期已广泛被人提及则为事实。如王十朋在其诗中说："斯文韩欧苏，千载三大老。苏门六君子，如籍湜郊岛。……"[2]王氏生于政和二年（1112），此诗当作于南宋初年，是笔者所见最早完整提出"苏门六君子"这一称呼的。更多时候，在与苏轼有关的背景下人们则直称"六君子"。如王明清《挥麈余话》："元祐二年，东坡先生入翰林，暇日会张、秦、晁、陈、李六君子于私第，……"[3]楼钥诗："首干乐全次六一，二公自是燕许宗。奏篇六论初流传，四海一日俱承风。其间杰出六君子，香薰班马犹为浓……"[4]方大琮《本朝诸儒之学》："眉山之学雄伟博洽，门人如六君子者从而光大之，卓卓为一时冠。"[5]方回则在《桐江集》中对时人

---

[1] [宋]魏了翁：《鹤山先生大全文集》卷五十六，见曾枣庄、刘琳主编：《全宋文》第三百一十册，上海：上海辞书出版社，安徽：安徽教育出版社，2006年，第80页。

[2] [宋]王十朋：《梅溪集》后集卷十九《喻叔奇采坡诗一联云今谁主文字公合把旌麾为韵作十诗见寄某惧不敢和酬以四十韵》，四部丛刊本。

[3] [宋]王明清：《挥麈录》余话卷一，北京：中华书局，1961年，第288页。

[4] [宋]楼钥：《吴少由惠诗百篇久未及谢又以委贶勉次来韵》，见顾大朋点校：《楼钥集》，杭州：浙江古籍出版社，2010年，第103页。

[5] [宋]方大琮：《铁庵集》卷二十七，见曾枣庄、刘琳主编：《全宋文》第三百二十二册，上海：上海辞书出版社、安徽：安徽教育出版社，2006年，第264页。

郭思所著诗话《瑶池集》于"元祐黄、陈、晁、张、秦少游、李方叔诸公,无一语及之"表示了不满之意,[1]显然,方回认为上述诸人乃元祐诗坛的中坚力量,并非巧合的是,所列六人正为"六君子";而他于《送倪耕道之官历阳序》中更是明确提出了"苏门六君子"之称呼[2]。在《宋史·文苑传》中,虽未出现"苏门六君子"的字样,但黄、秦、陈、晁、张、李六人被放在一起,不难看出作者(亦代表了权威的官方机构)对"六君子"称号的默认。从内容来看,作者虽将六人的身份归为文人,在传中赞扬了他们的文学成就,但同时不惜花费大量笔墨称许他们的人品节操,从而以正史的权威性肯定了六人的道德文章。其后,人们往往或从其道德,或从其文章,或二者兼备来描述"苏门六君子"。如清代田雯说:"苏门六君子,无不掉鞅词场,凌躐流辈";[3]秦云锦说:"宋廷有六君子之名,忠孝传家,历世不替。"[4]徐嘉的《题苏门六君子诗文集拟颜延年五君咏体》分咏六人诗文,[5]其中不乏对六人遭际气节的品评。如咏《豫章集》曰:"元祐四学士,涪翁标逸尘。瑰玮妙当世,瘦硬弥通神。云龙敌韩孟,天马先秦陈。西江启诗派,垂辉亦千春。"咏《淮海集》:"太虚凤豪隽,慷慨文超然。郴横再徙置,风影怀忧煎。不愿万户封,愿得从坡仙。黄尘日月换,散漫留斯篇。"咏《后山集》:"布衣荐教授,择仕辞华轩。瓣香祝南丰,云气飞彭门。颍川剩馥丐,泗水奔流浑。荒祠昔游眺,名并韩苏尊。"单从诗题来看,颜延年笔下的"五君"以气节文章知名于世,徐嘉将苏门六君子与之作比,其意已不言自明。

1　[元]方回:《桐江集》卷七,见李修生主编:《全元文》卷二一九,南京:江苏古籍出版社,1998年,第272—273页。
2　[元]方回:《桐江续集》卷三十三,见李修生主编:《全元文》卷二一〇,南京:江苏古籍出版社,1998年,第54—55页。
3　[清]田雯:《古欢堂集·杂著》卷二,见周义敢、周雷编:《秦观资料汇编》,北京:中华书局,2001年,第234页。
4　[清]秦毓钧辑:《锡山秦氏文钞》卷五《重建归山凤麓宗祠记》,见周义敢、周雷编:《秦观资料汇编》,北京:中华书局,2001年,第319页。
5　[清]徐嘉:《味静斋集》诗存卷八,见周义敢、周雷编:《秦观资料汇编》,北京:中华书局,2001年,第334页。

综观后世对苏门六君子的评价，就其文章而言，与对历史上任何一位文人的作品一样，不同的人有自己不同的文学观念和感受，评价也自褒贬不一；而对于其人品节操的评价，则是一件颇耐人寻味的事情。六君子的立朝大节，当然是获得了一致的褒扬，而对于他们坚持不改其节的艰难过程中的痛苦、脆弱、悲哀等种种心灵的矛盾和挣扎，却随着时间的流逝越来越被淡化。并非人们善忘，事实上，这是一种有意的选择，是人们在有意塑造一种典范，而典范往往是在原型被接受的过程中融入了接受者的主观意识，所以大多不会与真实完全吻合。

第四节　后人眼中的苏门六君子

六君子始终不改其节的操守是他们使"苏门"区别于文学史上其他文人集团的独特之处，不过，虽然六人最终都能坚持大节，每个个体却因性格、经历等的不同而有着并不相同的心路历程。大体来说，他们分为三种类型：黄庭坚、陈师道为守节不移型，秦观为脆弱善感型，张、晁、李则介于二者之间。从后人对他们的评价中，我们不仅能看到他们的这种区别，也能看到后人在接受他们的过程中怎样将他们一步步塑造成了典范。

谥号往往是对一个人毕生行实的评判。黄庭坚谥号"文节"[1]，从中便可看出世人对他的评价。按谥法，道德博闻，曰"文"，能固所守，曰"节"。汪应辰在《书张士节字叙》中如是说：

> 鲁直之以士节字张君也，若曰，无此节，则非士矣。其言可谓峻直而精确者也。闻之前辈，鲁直疏通乐易，而其中所守，毅然不可夺。绍圣初坐史院事，所对不少屈，于同时史官中得

---

1 ［明］王圻：《续文献通考》卷一百四十五谥法考："起居舍人黄庭坚，分宁人，谥文节。"明万历三十年松江府刻本。据黄德华《黄庭坚"文节"谥号史考》，黄庭坚于宋高宗时期被追谥"文节"。参《江西地方志》，2023年第4期。

罪最远,转徙万里,流落累年。会徽宗即位,召之,不即就,于还朝诸公中独不复用。崇宁间,前之得罪于绍圣、元符者,特不用而已耳,而鲁直以言语触讳,独再被谪。闲居谈说名义易耳,颠沛之际,则已失措,或者一更患难,不复人色,顾乃追咎乡之持论,以为讲学未精。若其摧沮撼顿,至于再三,而卒以不悔,视死生祸福,曾不芥蒂,可信其为信道之笃也。张才叔以正直名一时,于鲁直独师事焉,彼诚有以服其心也。士节之子携鲁直所为字叙见过,余曰:此鲁直日用之余,推以予人者,非苟为空言也。因为详道所闻于前辈者如此。[1]

汪应辰认为黄庭坚为张才叔字"士节",正体现了他自己的追求,而鲁直一生所守,亦足可见其信道之笃。汪氏之论,可谓的当。黄庭坚评他人之语,往往亦被用作后人评黄庭坚之辞。如度正说:"山谷谓濂溪胸中洒落,如光风霁月,延平以为善形容有道者气象。……方凶京得志,痛斥元祐诸人,生者远窜,死者追削,缙绅之祸酷矣。山谷于是移书其家如平日,岂胸中洒落人固自尔耶?山谷之世孙出示此卷,览之慨然。《诗》云'惟其有之,是以似之',愿为赋之云。"[2] 度正游于朱子之门,而周敦颐乃理学先贤,黄庭坚被度正赞为有濂溪气象,其评价不可谓不高。杨希闵亦曰:"山谷生平极有道气,行事具循坊表,观其深契濂溪德器,可以想见。虽在苏门,亦为涑水、华阳所知。而于党人之林,超然不为所系,未尝偏立议论,真有凤凰翔千仞气象也。教后生子弟,谆谆以熟读书史深求义味,不可以文人自了,至真至切,不腐不迂。履患难困厄,浩然以义命自安,无纤毫陨获怨尤意。以其余兴寄梵夹缁流歌词谐语,昧者仞以为真而不知非也。是在于好学深思,心

---

[1] [宋]汪应辰:《文定集》卷一一,见曾枣庄、刘琳主编:《全宋文》第二百一十五册,上海:上海辞书出版社、安徽:安徽教育出版社,2006年,第191页。
[2] [宋]度正:《性善堂稿》卷十五《书山谷手帖后》,见曾枣庄、刘琳主编:《全宋文》第三百一十册,上海:上海辞书出版社、安徽:安徽教育出版社,2006年,第139页。

知其意者矣。"¹我们知道，黄庭坚虽属蜀学与苏门中人，但与洛学亦有会同之处，其赞濂溪光风霁月与超然于洛蜀党争之事便最得理学家好感，从杨氏的评价中，甚至俨然有将黄庭坚看作理学中人的意思。"极有道气""不可以文人自了""浩然以义命自安"等语，以及认为其写作歌词谐语不过是"余兴"而已，都体现了理学家眼中的黄庭坚形象。元代苏天爵说黄庭坚"孝友刑家，清节名世，生死患难不动其心，富贵利达不易其守，岂记览词章、哗众取宠者可方其万一哉"²。虽然苏天爵自身亦长于文，但在理学已成正统之学的元代，表现出重道轻文的思想并不奇怪；而他对于文学的贬斥，主要目的还是在于突出黄庭坚的气节。与重道轻文者殊途同归的是，重文者亦对黄庭坚人品思想称赏有加，不过是从肯定而非贬斥文墨的角度。如明代周季凤在《山谷黄先生别传》中说："洪炎亦序其诗，发源以治心修性为宗，本放而至于远声色，薄轩冕极其致，忧国爱民忠义之气，蔼然见于笔墨之外。……其著述虽先《庄子》，而后《语》《孟》，晚年则以合于周孔者为内集，不合周孔者为外集，说经虽尊荆公而遗程子，至论人物，则谓周茂叔人品最高，程伯淳平生所欣慕。炉香隐几，万虑俱销，有孟氏养心之学；木落江澄，本根独在，有颜子克复之功。"³又，周氏在《山谷全书序》中曾说："宋儒黄伯起称其著作合周孔者居多，而流于庄周者无几。"⁴这说明早在宋代已有"儒者"替黄庭坚著作辩解，认为其体现的是儒家之道而非老庄之学，周季凤虽然并不认同"流于庄周者无几"，但他在《别传》中也是极力维护黄庭坚，指出黄庭坚著述中虽有老庄之学，而其最终与最根本的思想却仍在儒家之道，其诗中的"忧国爱民忠义之气"也正是儒家之道的体现；另

---

1 ［清］杨希闵：《黄文节公年谱》卷首《黄文节公年谱序》，见傅璇琮编：《黄庭坚和江西诗派资料汇编》，北京：中华书局，1978年，第284页。
2 ［元］苏天爵著，陈高华、孟繁清点校：《滋溪文稿》卷三十，北京：中华书局，1997年，第515页。
3 ［宋］黄䞇：《山谷先生年谱》卷首，明嘉靖本。
4 ［明］周季凤《山谷全书》序，见［宋］黄庭坚著，刘琳等点校：《黄庭坚全集》附录《嘉靖刊本黄先生全书序》，北京：中华书局，2021年，第2192页。

外,《别传》中"木落江澄"云云,在黄庭坚"落木千山天远大,澄江一道月分明"(《登快阁》)的描写中,本是表现厌倦仕途的出世之思,在周季凤的解读中却成为蕴"道"之语;至于"炉香隐几",更是将黄诗中原本常与佛禅、闲居等联系在一起的语象解读为儒家养心之学。这些"误读"都是将黄庭坚视为同道的肯定和赞赏。

唐肃则在《跋山谷墨迹》中说:"公以六十之年,横至贬斥,郡守从而陟之,至不容居关城中,其困苦至矣。然观其跋《李资深书》,有云:'子城僦舍,上雨傍风,无所盖障。人将不堪其忧,余自念家本农桑,使不从进士,则田中庐舍亦当如是,又何不堪其忧耶!'公之乐天知命,不以得失蒂介于中者如此,故能以文墨自娱,而书法至老益臻其妙也。……虽然,公之所以名当时、传后世者,岂止于书哉!第因其书想其人,有以系百年之思耳。"[1] 与徐明善所称"太史忠信孝友,所以为文章翰墨之本"[2],都是将品性节操视作为文的根本,在肯定黄庭坚之"文"的成就时亦衬托出人品的高洁。关于黄庭坚墨迹,《范滂传》也是常为人提及的一篇作品。而它的不断被提及,是因为其中突出体现了黄庭坚的品性节操。据岳珂《桯史》,黄庭坚谪居宜州时,有仰慕者前来求字,请书《范滂传》一篇,黄庭坚默诵全书、一挥而就,全篇只有二三字的疑误,观者相顾愕服,黄庭坚说:"《汉书》固非能尽记也,如此等传,岂可不熟。"闻者敬叹[3]。后来人们见到这篇字,多感慨而赋诗。如俞畴说:"……宜州老子笔有神,蝉蜕颜扬端逼真。少模龙爪已名世,晚用鸡毛亦绝人。平生孟博吾尚友,时事駸駸建宁书。胸蟠万卷老蛮乡,独感斯文聊运肘。老子书名横九州,一纸千金不当酬。此书岂但翰墨设,心事悢悢关百忧。人言老子味禅悦,疾恶视滂宁尔切。须知许国本精忠,不幸

---

1 [明]程敏政:《明文衡》卷四十六,见李修生主编:《全元文》卷一七六三,南京:江苏古籍出版社,1998年,第442页。
2 [元]徐明善:《芳谷集》卷上《送黄景章序》,见李修生主编:《全元文》卷五五二,南京:江苏古籍出版社,1998年,第192页。
3 [宋]岳珂撰,吴企明点校:《桯史》卷十三,北京:中华书局,1981年,第146—148页。以下所引俞畴、柴中守、楼钥诗皆见于此。

为滂甘伏节……"俞畴同样反对黄庭坚耽于禅悦之说,而其理由就是黄庭坚与"志划萧艾扶兰芳"的范滂一样,是心忧天下、精忠为国之士;在俞畴看来,黄庭坚之挥毫是有感于斯文不振,因此,他的书法固然精妙,但绝不仅仅是单纯的文人翰墨,而是体现了黄庭坚生要致君尧舜、死则合于夷齐的儒家之"道"与"德"。柴中守也在跋诗中强调了黄庭坚书法的内容所蕴含的意义:"兰亭瘗鹤徒尔为,好刻此书裨庙算。"人人都知兰亭帖和瘗鹤铭是书法史上的名篇,柴氏则有意贬斥之,显然是为了突出黄庭坚之文所体现的政治含义和人格品性。楼钥亦题诗曰:"……岩岩汝南范孟博,清裁千载无比伦。坡翁侍母曾启问,百谪九死气自伸。别驾去官公亦已,身虽既衰笔有神。我闻此书久欲见,摹本尚尔况其真。辍君清俸登坚珉,可立懦夫羞佞臣。"所谓立懦夫、羞佞臣,读者虽可从黄庭坚书法中感受到一种笔力风骨,但楼钥的感慨恐怕更多地还是来自于对黄庭坚身世经历的了解和感动。他在诗中不仅将黄庭坚与所书写的对象范滂联系起来,更将之与同样事涉范滂[1],又同样百谪九死而泰然处之的苏轼联系起来,其中之意,不言自明。

楼钥还曾为黄庭坚日记作跋,通过分析黄庭坚之文来体察其性情气度。他在《跋黄子迈所藏山谷〈乙酉家乘〉》中说:"呜呼!建中靖国以至崇宁,元祐诸公多已南归,而先生乃以《承天塔记》更斥宜,人谁能堪之?而先生方翛然自适。观所记日用事,岂复有迁谪之叹。所谓青山白云,江湖之水湛然,宁复有不足者。《家乘》止四年八月二十八日,而先生卒于季秋之晦,相去才月余耳。三山陆待制务观尝言:先生临终时,暑中得雨,伸足檐外,沾湿清凉,欣然自以为平日未有此快,死生之际乃如此。"[2]《乙酉家乘》是黄庭坚所作、中国古代较早出现的一部

---

[1] 苏辙《亡兄子瞻端明墓志铭》:"太夫人尝读《东汉史》,至《范滂传》慨然叹息。公侍侧,曰:'轼若为滂,夫人亦许之否乎?'太夫人曰:'汝能为滂,吾顾不能为滂母耶?'公亦奋厉有当世志。"见〔宋〕苏辙著,陈宏天、高秀芳点校:《苏辙集·栾城后集》卷二十二,北京:中华书局,1990年,第1117页。
[2] 〔宋〕楼钥著,顾大朋点校:《楼钥集》,杭州:浙江古籍出版社,2010年,第1329页。

私人日记,记载了他一生中最后几个月的生活。黄庭坚的贬谪生活,绝非如"青山白云,江湖之水湛然"那般诗情画意,事实上,地处百越的宜州当时自然条件极为恶劣,"秋季之晦"尤为潮湿闷热,而黄庭坚所居又是城外一间"无所盖障"的破屋,年过六十、体弱多病的黄庭坚在经过难熬的闷热之后,乍逢暴雨,虽然凉爽一时,却也正是这场雨最终夺走了黄庭坚的生命,故而所谓快意之事,真实的景况是令人伤感的;但楼钥有意引用陆游的说法,强调黄庭坚"死生之际乃如此",即坦然面对一切的超旷之气,其实正如黄庭坚之记东坡"谈笑而化",是从其平生为人与为文推之。楼钥此处所举《乙酉家乘》,便是以其文而观其人的一个很有代表性的例子。作为日记,《乙酉家乘》所记虽属日常琐事,较之言志之诗文,却更能从字里行间透出作者的真实心境和思想情感。所以楼钥从《乙酉家乘》所看到的"翛然自适"、无"迁谪之叹"的黄庭坚,较之理学家笔下高大然而有些空洞的形象,或许更为接近生活的真实。

黄庭坚以其操守气节获得了文人和理学家的一致肯定,也因此不断被称扬为"君子"。如杨万里说:"先生饥寒穷死之地,今乃为骚人文士伫瞻钻仰之场。来者思,去者怀,而所谓太守者(按,指当时百般迫害黄庭坚的贬地太守),犹有臭焉。则君子之于小人,患不得罪耳,得罪奚患哉!"[1] 谢启昆亦曰:"启昆尝校刻任、史所注山谷集,每叹先生羁管宜州时,饥寒穷困,竟死于南楼之上,亲戚无一人在,独成都范信中视含敛。呜呼!君子之厄于小人,至如斯极乎!"[2] 杨万里和谢启昆都在文中将"君子""小人"对举,既是认旧党为君子、新党为小人的传统思想的体现,亦是对黄庭坚饥寒穷困而坚持守节的"君子"行为表示敬仰。马曰璐在《题庆远守查恂叔修复黄文节公祠堂记后》所赞的"君子"则

---

[1] [宋]杨万里著,辛更儒笺校:《杨万里集笺校》卷七十二《宜州新豫章先生祠堂记》,北京:中华书局,2007年,第3028页。
[2] [清]谢启昆:《树经堂文集》卷四《重修庆远黄山谷先生祠记》,见傅璇琮编:《黄庭坚和江西诗派资料汇编》,北京:中华书局,1978年,第306页。

纯粹是就其内涵而言:"双井黄公古君子,节义文章彪信史。"[1]"节义文章",正体现了黄庭坚谥号"文节"的核心意思,也道出了"苏门六君子"的"君子"内涵正在"节义"与"文章"二点。

陈师道与黄庭坚一样,不仅以"文"知名于世,亦因气节操守而获得后人一致称赏。在他的家乡徐州有"四贤堂",纪念与徐州有关的四位"贤人",分别是韩愈、苏轼、陈师道、杨时。舒芬在《四贤堂记》开篇说:"夫所谓贤者,道德也,文章也,政事也。道德之贤,贤矣,文章、政事,在《周礼》则谓之能,然则贤固无不能与。"舒氏认为此四人在文章和政事上都有所成就,至于道德,就宋代的三位贤人而言,舒芬认为:"苏子学博而识敏,志洁而才广,于出处用舍之际,挺然以节义,固其所守,不贤而能之乎?虽以嬉笑,几成党祸,要亦狂之疾而不知所裁者也。近日有著论目之梼杌者,盖厚诬矣;岂以朱子尝辩其学不知道而自以为是,乃一赤帜邪?陈生持己谨严,拒宰相章惇之请而终不一见,盖三代以下士之所难能也;妻子饥饿而身卒以冻死,史称其高介有节,安贫乐道,而奥学至行,世或莫之闻也。然则孔门之所谓狷者,非若人邪?若夫龟山之道,固伊洛之所指授,或者病其晚年一出,然力罢新经,深诋和议,盖亦不负所学矣。"[2] 苏轼与杨时分别为蜀学和洛学大家,舒芬却对他们各有指摘,独于陈师道赞誉有加。而且这并非舒芬一家之言,纵观后人对陈师道的评价,"高介有节,安贫乐道"几为众口一词。王寂和胡助便分别在诗中表示了对后山之德的景仰,前者曰:"坡公守余杭,饯客伤乍远。人生贵知己,旅退其可忍?陈三天下士,好德吾未见。垂涎嗜熊掌,摆手谢关键。观过斯知仁,如月蚀辄满。闻风激庸儒,所恨我生晚。"[3] 后者曰:"我怀陈履常,向来有斯人。岔然修苦节,宁畏丞相

---

1 [清]马曰琯:《沙河逸老小稿》卷六《题庆远守查恂叔修复黄文节公祠堂记后》,见傅璇琮编:《黄庭坚和江西诗派资料汇编》,北京:中华书局,1978年,第277页。
2 [明]舒芬:《舒梓溪文钞》卷五,见傅璇琮:《黄庭坚和江西诗派卷》,北京:中华书局,1978年,第545页。
3 [金]王寂:《拙轩集》卷一《和陈无己送东坡韵》,见傅璇琮:《黄庭坚和江西诗派卷》,北京:中华书局,1978年,第517页。

嗔。文章提一笔,阁笔黄楼宾。送远旷官守,不负知己恩。正夫未温饱,忍冻甘死贫。彭城古形胜,英雄昔成群。勋业亦何有,青史不满嚫。俯仰三叹息,浩浩黄河奔。"[1] 诗中述及陈师道拒见时相、黄楼赋诗、越界送别苏轼、忍冻不穿赵挺之袄等事迹,赞赏其作为"天下士"之"德"。人们在评价师道之文时,亦往往先赞其人。例如杨一清认为:"自今读后山诗,固惊其雄健清劲,幽邃淡雅,有一尘不染之气,夷考其行,矫厉凌烈,穷饿不悔,则诗又特其绪余耳。"[2] 与黄庭坚一样,陈师道得到了文人和理学家一致的敬重。

至于秦观,他成为"君子"的过程则要曲折得多。如前所述,与"苏门四学士"称号的形成是由于四人皆任馆职的客观条件不同,"六君子"是一个不仅重文才、亦重节义道德,得到士林清议乃至官方公认的称号,它的要求,某种意义上比"四学士"更高。"苏门六君子"的称号虽然早在南宋时期已被广泛认可,但当时人们对六人的评价却有高低之别,有时甚至相差颇远。然而随着时间的推移,这种差别在逐渐减小,主要原因就在于人们对秦观的评价发生变化,或者说渐趋一致。随着秦观"君子"形象的典范化,"苏门六君子"才得以真正确立其典范地位。

宋人对秦观的看法分歧最大,北宋的洛党及南宋理学派自不必说,对其攻击之多之激烈在苏门六君子中可说是首屈一指;而在宋人笔记中也不乏对秦观的种种说法,其中关于秦观的性格特征是争论较多的一个话题。例如王直方便对秦观意气之盛衰不以为然:"秦少游始作蔡州教授,意谓朝夕便当入馆,步青云之上,故作《东风解冻诗》云:'更无舟楫碍,从此百川通。'已而久不召用,作《送张和叔》:'大梁豪英海,故人满青云。为谢黄叔度,鬓毛今白纷',谓山谷也。说者以为意气之盛衰

---

[1] [元] 胡助:《纯白斋类稿》卷三《黄楼怀古》,见傅璇琮:《黄庭坚和江西诗派卷》,北京:中华书局,1978年,第541页。
[2] [明] 杨一清:《书后山诗注后》,[宋] 任渊《后山诗注》卷末,见傅璇琮:《黄庭坚和江西诗派卷》,北京:中华书局,1978年,第543页。

一何容易。"[1] 而关于秦观愁苦于贬谪的记载就更多了。如曾敏行《独醒杂志》:"秦少游谪古藤,意忽忽不乐。过衡阳,孔毅甫为守,与之厚,延留待遇有加。一日,饮于郡斋,少游作《千秋岁》词。毅甫览至'镜里朱颜改'之句,遽惊曰:'少游盛年,何为言语悲怆如此!'遂赓其韵以解之。居数日别去,毅甫送之于郊,复相语终日,归谓所亲曰:'秦少游气貌大不类平时,殆不久于世矣。'未几果卒。"[2] 曾季貍亦曰:"秦少游词云:'春去也,落红万点愁如海。'今人多能歌此词。方少游作此词时,传至予家丞相,丞相曰:'秦七必不久于世,岂有愁如海而可存乎!'已而少游果下世。"[3] 剔除谶语色彩,孔平仲和曾季貍其实是从秦观词中看出了那无法排遣的愁苦对他的巨大打击。

秦观深具文人气质,敏感纤细,有时甚至是脆弱的,他的早亡与其性格因素的确不无关系。胡仔便拿他效仿陶渊明所作挽词两相比较,认为"渊明之辞了达,太虚之辞哀怨",并说"东坡谓太虚'齐死生,了物我,戏出此语',其言过矣。此言惟渊明可以当之,若太虚者,情钟世味,意恋生理,一经迁谪,不能自释,遂挟忿而作此辞。岂真若是乎?"[4] 但从南宋开始亦颇多为秦观辩解之人。如周紫芝说:"山谷先生吊秦少游诗云:'少游醉卧古藤下,谁与愁眉唱一杯。解道樽前断肠句,江南唯有贺方回。'此以言语文字知少游者也。余乡人有官藤州者,谓:'藤人为余言,少游既病,洗沐步上光华亭,手持白玉杯,取江水立酌一杯而逝。'呜呼,此岂徒然哉!东坡《题少游自作挽词》,以为能'一死生,齐物我',是真知少游者也。"[5] 关于秦观与"藤"的关系,是后世言说不已的一个话题。秦观在其著名的《千秋岁》词中说:"醉卧古藤阴

---

1 [宋]王直方:《王直方诗话》,见郭绍虞辑:《宋诗话辑佚》,北京:中华书局,1980年,第28页。
2 [宋]曾敏行撰,朱杰人整理:《独醒杂志》卷五,"秦少游千秋岁词谶",上海:上海古籍出版社,2012年,第124页。
3 [宋]曾季貍:《艇斋诗话》,见丁福保辑:《历代诗话续编》,北京:中华书局,2006年,第302页。
4 [宋]胡仔撰,廖德明校点:《苕溪渔隐丛话》后集卷三,北京:人民文学出版社,1981年,第20—21页。
5 [宋]周紫芝:《太仓稊米集》卷九,文渊阁四库全书本。

下,了不知南北",被认为是后来卒于藤州的诗谶,黄庭坚的悼诗亦从秦观此词而来。"愁眉"二字,可谓深知少游悲苦之语;而周紫芝引黄庭坚诗,却在于解说"少游醉卧古藤下"乃"旷达"之举,并以藤人眼中的秦观临终情景和苏轼对秦观自作挽词的评价为证。但是,周文的矛盾之处显而易见,——而这也正体现了秦观性格中的矛盾之处。在《宋史·秦观传》中,这种旷达与愁苦的两极性,被进一步放大而更清晰可见:"徽宗立,复宣德郎,放还,至藤州,出游华光亭,为客道梦中长短句,索水欲饮,水至,笑视之而卒。先自作《挽词》,其语哀甚,读者悲伤之。"[1]

然而,在南宋"最爱元祐"与"家传眉山之书"的时代环境下,作为苏轼得意门徒的秦观也得到了越来越多的赞誉。刘受祖便在《海棠桥记》中将秦观塑造成了类似于黄、陈的守节忘忧的典范形象:

……当是时,学有新义,政有新法,雷同附和,例置通显。淮海穷困无聊中,东坡已知其有介然独立之操,不以富贵利达动其心矣。夫志,气之帅也。士当未遇时,志苟不立,则阿意而苟合,妾妇以取容。有小遇焉,未有不诱于势利、怵于忧患者。淮海又尝为王安石所知,安石得其诗,读之而不释手。淮海稍自贬损,高官厚禄可坐而致也。淮海不炙于安石之门,而北面于东坡之室,文章行谊,并驾山谷诸公间。元祐初,坡、谷继进,淮海以次录用,而绍圣之事作矣。淮海之在绍圣,犹元祐也,当其醉眠花下,又安知身在宁浦耶?昌黎尝谓孟郊卒不弛,有以昌其诗。东坡曰:"不如昌其志。志一气自随,养之塞天地,孟氏不吾欺。"淮海盖有得于此矣。或曰:"古之君子,畎畞不忘其君。淮海脱屣轩冕,肆情放志于宇宙间。高则高矣,非古人不忘君之意也。"余应之曰:子独不观宁浦书事之诗乎:

---

[1] [元]脱脱等撰:《宋史》卷四四四《秦观传》,北京:中华书局,1985年,第13113页。

"挥汗读书不已,人皆怪我何求?我岂更求闻达,日长聊以消忧。"淮海何忧乎?《诗》云:"知我者谓我心忧,不知我者谓我何求。"绍圣以来,群贤屏斥,奸夫窃柄,剥床而肤可虞,城圮而隍可复。淮海之忧,盖在是耳。在天下者,不忘其忧;在吾心者,不改其乐。淮海之志,惟志于忧国忧民。故淮海之气,不诎于流离迁谪。孟子曰:"志壹则动气。"此淮海之所以超轶绝群者欤?[1]

如前所述,秦观《宁浦书事》组诗有忧国忧民的,也有愁苦于个人际遇的,并非一概"不诎于流离迁谪"。"挥汗读书不已"一首诚如刘受祖的解读,表达了秦观身处贬地仍不忘心忧天下,但如果说秦观时时处处表现了"在天下者,不忘其忧;在吾心者,不改其乐",且"唯志于忧国忧民",则未免夸大其词。刘受祖强调了秦观不炙手于安石之门、而北面于东坡之室的一面,认为他比脱屣肆情的文人风流更为可贵的,是能以孟子之气"昌其志"。正是在这样的接受和塑造中,秦观成为"眷眷不忘其君"的"君子"。在士风卑陋的南宋,这契合了需要士人典范的时代需要。秦观虽有矛盾、痛苦与挣扎,但终大节不亏,与苏轼同浮沉、共患难,体现出"君子"最根本的精神,于是这一点在后人的想象中被不断地提及并放大,那些枝节之弊则被轻轻带过,甚至完全被"颠覆"。如蔡光祖称赞秦观贬横州时"胸次舒豁,绝无牢愁愤叹之意,殆与道行志遂者无异,高怀达观,无适不乐"[2],与刘受祖对秦观的评价类似。颇受北宋人非议的秦观性格中的脆弱和易于愁苦之情绪,在南宋已经越来越被有意地"忘却"了。这标志着秦观典范地位的初步确立,而元以后,几乎是一边倒的赞誉之辞使其典范形象得到不断加强。

---

1 [宋]刘受祖:《海棠桥记》,《横州志》卷十二,见周义敢、周雷编:《秦观资料汇编》,北京:中华书局,2001年,第133—134页。
2 [明]蔡光祖:《怀古亭记》,《横州志》卷十二,见周义敢、周雷编:《秦观资料汇编》,北京:中华书局,2001年,第126页。

如元代的陈基作《高邮》诗："常怜秦太虚，材兼文武术。慷慨谈孙吴，议论每奇崛。遨游二苏间，文采尤骏发。平生英迈风，想象见仿佛。顾余亦何知，黾勉从行役。岁晚过其乡，徘徊为终日。忆昔元祐际，中国久宁谧。二虏独猖狂，公心常愤切。中原属涂炭，四野多白骨。使公当此时，岂惜焦毛发。秋风吹淮甸，征骑四驰突。九原不可作，悲歌暮萧瑟。"[1]陈基眼中的秦观是一个文武兼备的豪隽之才，不但文采峻发，且常怀壮士报国志，充满凛凛英迈之风。《宋史》谓秦观"少豪隽，慷慨溢于文词，……强志盛气，好大而见奇，读兵家书与己意合"[2]，可见陈基描绘的秦观并非出于想当然，但强化表现其壮志在胸的慷慨一面，无疑是对敏感愁苦的秦观形象的有意反拨。明代的郎瑛更是就秦观自作挽词事直接为之"翻案"："夫至死之际，而犹能自作挽词，亦伟矣。若渊明之歌词三章，了达此理，不待言也。秦少游虽多哀怨怆楚之情，然其实践，不得不然。故东坡亦谓其能齐生死、了物我耳。《渔隐丛话》以坡言为过，惟渊明可当，殊不思陶在放达之时，秦当逐迫之日，言安能不尔耶？予故尝以吴潜谪循州，临终自挽之词，哀尤过秦，亦可谓达，但视其能措辞说理否耳。能则过人远矣。使秦、吴当官之日，亦能如陶辞爵隐去，则临终之辞，亦必有可观者。"[3]郎瑛为秦观作设身处地之想，称秦观在放逐时犹能自作挽词，词虽哀苦亦称得上达观了，而如果他与陶渊明一样是在辞官归隐的情况下自作挽词，也必能如陶氏般旷达。张綖则在秦观文集序中大赞其浩然之气："乃若孝友出于天性，行义孚于朋友，少年慷慨论事，尝有系笞二虏、回幽夏故墟之志。方王氏用事时，公能少贬其说，可立登显要，独守正不挠，乃至谪死穷荒，没齿无怨。是其旷度高怀，藐万钟而弗顾；坚操劲气，历九折而不回。中之所存，有过人者。《浩气》一传，其殆自见也。呜呼，以此为文，兹其所以名世

---

[1] [元]陈基：《夷白斋稿》卷三，见周义敢、周雷编：《秦观资料汇编》，北京：中华书局，2001年，第154—155页。
[2] [元]脱脱等撰：《宋史》卷四四四《秦观传》，北京：中华书局，1985年，第13112页。
[3] [明]郎瑛：《七修类稿》卷十七，上海：上海书店出版社，2009年，第179页。

者耶？岂非吾乡百世之师乎！孟子论夷惠清和，而称其为百世之师。他日又谓伯夷隘，柳下惠不恭。隘与不恭，君子不由者，何耶？盖圣之清和，此其源本也。隘不恭，则绪余末流之弊耳。是以君子由其清和，不由其隘不恭也。"[1] 以常情推之，张綖不可能不知秦观"飞红万点愁如海"之词，而他在此序中强调秦观"谪死穷荒，没齿无怨""旷度高怀""坚操劲气""藐万钟而弗顾"等等，与北宋人眼中愁怨感伤的形象可以说完全判若两人，显然是出于维护秦观而对北宋评价的有意反拨。张綖还特意以孟子论伯夷和柳下惠为例，暗指秦观虽或有不足，那些"绪余末流之弊"却并不妨碍其成为"百世之师"的"君子"。另外，秦观还常常被与其师苏轼及其他苏门君子同提并赞，从而凸显了他们作为一个集团的共同特色。如明代邵宝在《秦淮海先生祠记》中说："……盖吾尝观于前宋苏文忠公，以文章气节重于当代，而先生文丽思深，风致清逸，与黄、陈数子并游于门，亟见称许。既入史院，不幸死于迁谪。至于今，诵其言想望其风采者，犹肃然起敬，谓当与文忠并传不朽。"[2] 清代余恭亦将其与苏、黄等人作比曰："其人如此，宜其百折不回，与苏、黄诸君子同不朽也"；"山谷老人有言：'临大节而不可夺，此真不俗人也。'至哉斯语！其殆为先生言之欤？"[3] 毛之鹏则对世人仅重秦观之文表示不满，而突出强调了其一生大节："……是公虽以坎壈终，而心行天日之表，气作江河之柱，其大节实有不可没者。世岂复有斯人哉！诚有宋一人杰也。昔人谓其为文精好，方驾于屈、宋、鲍、谢诸人。噫！是以文重公也。是耶？非耶？后之读淮海全书者，其以余言为河汉否也。"[4] 重其文章之

---

1 ［明］张綖：《嘉靖己亥刊秦少游先生淮海集序》，见祝尚书主编：《宋集序跋汇编》卷第一七，北京：中华书局，2010年，第788页。
2 ［清］秦缃业编：《无锡金匮县志》卷三十六，见周义敢、周雷编：《秦观资料汇编》，北京：中华书局，2001年，第163—164页。
3 ［清］余恭：《补刻淮海集后序》，见［宋］秦观著，徐培均笺注：《淮海集笺注》附录，上海：上海古籍出版社，2000年，第1784页。
4 ［清］毛之鹏：《补刻淮海集序》，见［宋］秦观著，徐培均笺注：《淮海集笺注》附录，上海：上海古籍出版社，2000年，第1785页。

美,而先重其君子之德,这正是后人对苏门诸君子的普遍态度。

　　成为"典范"的秦观,不仅在立朝大节上深受称扬,且不再被看成是一个徒以文采风流著称的文人,而屡屡被尊为有"德"之士。如林机在乾道本《淮海居士文集后序》中说:"……抑由养之于中,博洽宏深,故发越于外,宜乎粹然一出于正,足以关治道而补名教者,具于淮海所载是也。至于感兴咏怀,间于歌词,世之浅薄往往谓尤长于乐府,未见好德如好色者也。"[1] 赞扬秦观之文关乎道德名教,同时引用孔子"未见好德如好色者"之语,批评世人以词人看待少游是重其色而轻其德。到了绍熙年间,邵辑更称秦观为"理学名家"[2],此称呼虽未得后世认同——秦观自己大约也会对此不以为然,但在当时理学大盛的背景下,当是针对朱熹屡次指责秦观为"浮薄之人"而表达对秦观的高度肯定。明代以后,黄琮、盛仪等进一步以"天秩人伦"等理学思想来赞扬秦观为有"德"之人。如盛仪《重刻〈淮海集〉序》说:"公之事亲也、事君也、友弟也、教子也、择交也,天秩人伦,可谓无惭德矣。不幸为群奸所挤,屡投穷荒,百折不回,竟以迁死。君子犹以世岂复有斯人悲之,此诵其诗读其书者,所以贵知其人论其世也。《淮海集》岂可不传也哉!嗟乎,昔人以诗文鸣世,而人品未足称重者有矣,虽其集刻之传,亦未免为訾议之资尔,何足贵哉!益见《淮海集》之不可不传也已。"[3] 在理学早已成为官方正学之后,通过肯定秦观之"德"来将其纳入具有正统思想的文人范围中,以示其并非"无行"之"文人",秦观在两宋时屡屡所受关于"浮薄"的攻击至此已得到"翻案"。清代的卢世㴶说:"……夫其持论如此(按:指评苏氏之道最深于性命自得之际之语),则其所自得岂浅浅哉!又其为人有志世务,读书取友,一味严洁。后遭谪迁,毫不介意,

---

[1] [宋]秦观著,徐培均笺注:《淮海集笺注》附录,宋乾道本《淮海集》后序,上海:上海古籍出版社,2000年,第1772页。

[2] [宋]秦观著,徐培均笺注:《淮海集笺注》附录,宋绍熙本《淮海集》跋,上海:上海古籍出版社,2000年,1791页。

[3] [宋]秦观著,徐培均笺注:《淮海集笺注》附录,[明]盛仪《重刻淮海集序》,上海:上海古籍出版社,2000年,第1777页。

谈笑而游,落落翛翛,是性命中大得手。人世徒以风流文采目之,何其薄待少游也。"[1]指秦观严于读书取友,心怀兼济天下之志,而又不以个人得失为意,其儒学之道于"思"与"行"两方面都是"大得手"。这样的形象,假若孔子再世,亦当毫不犹豫地赞为"君子"了。

各地祠堂的兴建进一步确立了秦观作为"君子"的典范形象。与秦观一生行迹有密切关系的无锡、高邮、龙井、横州、处州等地皆有其祠堂,足见世人对他的肯定和怀念。其中既有对他挥毫泼墨的绝世文才的怀想,更有对其始终如一的高尚节操的敬仰之情。前者如龙井祠堂,是为少游访辩才僧作《龙井记》而建;后者如秦瀛在《处州万象山淮海先生祠堂记》中所说:"《易》曰:'君子得舆,小人剥庐',君子小人之进退剥复,系乎国家之治忽。宋自党祸兴而神州陆沉,后世士君子过先生祠,所当太息痛恨于绍圣之已事也。顾当时之祸先生者,其骨已朽,而先生及诸君子之名,至今犹在天壤,亦可见小人之祸君子,无往不福君子,小人之智,适成为小人之愚已也。而先生踪迹所至,官于其地者,无不为之流连感慕。"[2]另外,在秦观的家乡高邮有"四贤堂",祀乡贤孙觉、秦观等四人[3],在其贬卒地藤县则有八贤祠,祀李白、苏轼、苏辙、黄庭坚、秦观等八人[4]。与苏、黄、陈等一样,秦观也以"贤人"身份受到后世延绵不绝的香火祭祀。他从为人处世颇受争议的"文人"形象而终成"君子"典范,这一颇有些戏剧性的转变过程无疑是耐人寻味的。

张耒、晁补之、李廌同样以其节义文章成为"君子"典范。张、晁二人自因始终与苏轼同浮沉而得到后人敬重;李廌虽因布衣终身得以免

---

[1] [清]卢世㴶:《尊水轩集略》卷七,见周义敢、周雷编:《秦观资料汇编》,北京:中华书局,2001年,第211页。
[2] [清]潘绍诒修,[清]周荣椿纂:《(光绪)处州府志》卷八,见周义敢、周雷编:《秦观资料汇编》,北京:中华书局,2001年,第287页。
[3] 见[宋]陈造《四贤堂记》,《江湖长翁集》卷二十一,见曾枣庄、刘琳主编:《全宋文》第二百五十六册,上海:上海辞书出版社、安徽:安徽教育出版社,2006年,第352页。
[4] [清]边其晋修,[清]胡毓璠纂:《(同治)藤县志》卷五,见周义敢、周雷编:《秦观资料汇编》,北京:中华书局,2001年,第301页。

于党祸，但正如钱谦益所说："少而求知，事师之勤渠，生死不间"[1]，同样终生不渝追随苏轼。《师友谈记》说："……书中称哲宗为今上，盖作于元祐中。末记苏轼为兵部尚书及帅定武事，轼到定州不久即南迁，则是书之成又当在元祐诸人尽罹贬斥之后。知其交游神契，非以势利相攀；且以潦倒场屋之人，于新经义盛行之时，曲附其说，即可以立致科第，而独载排斥笑谑之语，不肯稍逊穷视其所不为，亦可谓介然有守矣。寥寥数简之书，而至今孤行于天地，岂偶然哉。"[2] 从考辨书之写作时间及内容来推断其人品节操，言之有据，不为无理。《宋史》谓李廌"当喧溷仓卒间如不经意，睥睨而起，落笔如飞驰"[3]，寥寥数笔刻画出李廌的奇隽之气，与秦观的"对客挥毫"一样洒脱，而更多了几分狂狷的味道。在朱熹看来，这也许正是他所指责的"浮诞佻轻"，但后人以载入官方正史的方式接受了李廌这一个性特色。不过，李廌以布衣而能入《宋史》，更在其种种儒家君子行迹。如《宋史》本传所载：虽因家贫而三世未葬，却念念不忘其志，终能将"累世二十余柩，归葬华山下"；从学于苏轼，在苏轼"作诗以劝风义"时虚心受教；苏轼去世后，李廌为其身后事"相地卜兆"，又恸哭作文以祭之。这些事迹凸显了李廌重于忠孝人伦的特点，从而强调了其"君子"内涵中的儒家色彩。《宋史》以后，《华州志》《宋元学案》等都原文转载以上内容，使李廌作为儒家君子的形象逐渐典范化。

"苏门六君子"名称在南宋的广泛出现，本身就具有标志性的意义，只不过到了钱谦益为《苏门六君子文粹》所作序中，才把它的具体意义加以阐明。钱谦益对"六君子"内涵的阐发是比较接近历史真实的，但这并不说明人们对六人一些个性化的阐释无足轻重。事实上，苏门六君

---

1 ［清］钱谦益撰，［清］钱曾笺注，钱仲联标校：《牧斋初学集》卷二十九《苏门六君子文粹序》，上海：上海古籍出版社，2009年，第870页。
2 ［宋］李廌撰，孔凡礼点校：《师友谈记》附录，北京：中华书局，2002年，第51页。
3 ［元］脱脱等撰：《宋史》卷四四四，北京：中华书局，1985年，第13117页。

子之所以成为士人典范，是由他们自身与作为接受者的后人共同塑造而成。就六君子而言，首先是因为他们具备了"君子"的基本特质，即突出的文学成就与不易其守的节操，尽管六人的文学成就有高低之别，坚持操守的过程也各不相同，但他们大体的结果趋于一致，这奠定了后人将他们塑造为"典范"的基础。如果没有这两点而成为士人典范，那将只是历史的一个谎言，因为后人毕竟只能稍作加工。除了人为的因素，政治和社会的发展状况也是促成六君子典范化的必要条件，而南宋是尤为关键的时期。如果没有当时统治阶级上层"最爱元祐"的文学倾向，没有洛蜀会同带来的宽松的发展环境，没有当时希图振作士风的现实条件的需要，六君子可能永远只是以单纯的文人身份作为苏门一员而不会成为士人典范。

结　语

　　苏门六君子，作为一个有着共同思想基础和学术主张、共同政治倾向和政治命运、共同师友关系和人生经历、共同文学观念和创作追求的整体，其集团创作在文学史上具有鲜明个性和独特意义。他们以苏轼为核心，在频繁的交游中探讨文艺思想，交流创作心得，形成一种和谐自由的文学氛围，并由此辐射至整个元祐文坛，呈现出繁荣发展的局面。他们的文学观念促进了元祐诗学的进一步成熟，而其创作成就更使他们成为文坛的中坚力量。他们不但在苏轼所倡导的"成一家之言"的文学精神鼓励下形成各具特色的创作风格，同时也在交流与沟通中体现出共同的审美追求，例如他们对诗歌之"意"和人文内涵的重视，对"平淡"艺术风格和审美境界的向往。而这都成为元祐文学的典型特色。元祐时期被认为是宋代文学发展最为繁荣成熟的阶段，苏门文人集团对此作出了重要贡献。

　　但苏门六君子还具有文学以外的更多意义，而这正是形成其文学独特性的原因所在。元祐时期的政治、思想、学术、文化的发展并不仅是六君子进行文学创作的背景，而与苏门文人集团的形成、存在及六君子的创作本身都具有密不可分的关系。以儒学为圭臬、而又力图保持内心自由成为苏门思想学术的特征，在党争中相同的政治倾向和不改其节的政治品格则奠定了"苏门六君子"称号形成的基础，这些复杂却客观存在的因素不仅丰富了集团的创作，而且为我们提供了重新审视和解读某些文学现象的新视角。例如贬谪文学成为苏门文人集团共同的创作类型，这在文学史的集团创作中具有独特的类型意义，而作品对于困境中的心路历程的体现，也以其真实深刻、打动人心的力量，成为元祐文学的重要组成部分；六君子对于"平淡"的追求、对于戏谑之语和侧艳之辞的写作，则与他们的思想学术观念有密切关系，而不仅仅是其文学观念的体现。这些政治思想文化因素除了对于六君子的创作本身具有非同一般的意义，也深刻影响了六君子在文学史和文化史上的地位，六君子突出的文学成就和不改其节的政治操守使他们成为士人典范，而这又反过来影响了六君子文学的传播和人们对其认识与评价。

本书对苏门六君子交游的考察主要限定在苏门文人集团之内，这对六君子的研究或有不足，但也为笔者拓展相关研究领域提供了可能。作为元祐文坛的中坚力量，苏门文人集团的成员联系着当时相当广泛的士人阶层，所以本书的写作也为笔者下一个课题《文化视域下的北宋元祐诗坛研究》打下了基础。

苏门六君子交游年表[1]

仁宗景祐三年（1036）

苏轼生。

庆历五年（1045）

黄庭坚生。

皇祐元年（1049）

秦观生。

皇祐五年（1053）

晁补之、陈师道生。

至和元年（1054）

张耒生。

---

[1] 年表参以下著述：吴文治：《中国文学史大事年表》，合肥：黄山书社1993年版；孔凡礼：《苏轼年谱》，北京：中华书局1998年版；刘乃昌：《晁补之年谱》，见刘乃昌、杨庆存笺注《晁氏琴趣外篇》，上海：上海古籍出版社1991年版；乔力：《晁补之年谱简编》，见《晁补之词编年笺注》，济南：齐鲁书社1992年版；孔凡礼：《晁补之的家世和早期事迹》，见《孔凡礼古典文学论集》，北京：学苑出版社1999年版；易朝志：《晁补之年谱简编》，《烟台师范学院学报》1990年第3期；刘少雄：《晁补之年谱》，《中国文哲研究通讯》第6卷第2期；徐培均：《秦观年谱》，见《淮海集笺注》附录，上海：上海古籍出版社2000年版；郑永晓：《黄庭坚年谱新编》，北京：社会科学文献出版社1997年版；张秉权：《黄山谷的交游及作品》，香港：香港中文大学出版社1978年版；邵祖寿：《文潜先生年谱》，《张耒集》附录，北京：中华书局1990年版；郑骞：《陈后山年谱》，台北：台北联经出版事业公司1984年版。

嘉祐四年（1059）

李廌生。

英宗治平四年（1067）

晁补之始知读苏轼书。其《鸡肋集》卷五十一《再见苏公书》自述初读苏文之体验云："不佞生十五年，知读阁下书。……"

熙宁四年（1071）

苏轼出京，先赴陈州看望苏辙，在陈州留七十余日，初识张耒。据《宋史》本传："耒十七时作《函关赋》，已传人口。游学于陈，苏辙爱之，因得从轼游。"

熙宁五年（1072）

苏轼寄诗孙觉，首次提及后者之婿黄庭坚。庭坚本年除北京国子监教授。

苏轼始见黄庭坚诗文于孙觉座上，后常为庭坚称扬。

是岁，晁补之尝上书，求谒见以受教益。（据《鸡肋集》卷五十一《上苏公书》《再上苏公书》，卷五十二《及第谢苏公书》。）另，《咸淳临安志》卷五十一《秩官 县令 新城县 晁端友》谓补之侍父于官所，东坡行县，以文来谒，遂知之。

晁补之见苏轼。补之作《七述》，述苏轼之意。补之自见苏轼，乃知学之所趋。苏轼为补之优游讲析，不记寝食。其撰《晁君成诗集引》称补之"于文无所不能，博辩俊伟，绝人远甚，将必显于世。"《宋人轶事汇编》卷六云："晁补之与东坡唱和，东坡称之为风流别驾。"

熙宁六年（1073）

苏轼至新城，晤晁补之，赋诗，补之和之。

熙宁七年（1074）

苏轼在高邮，晤孙觉，读秦观诗词，盛赞之。

熙宁八年（1075）

秋，苏轼作《后杞菊赋》，以示涟水令盛乔，乔以示张耒，耒作《杞菊赋》赞苏轼。

熙宁九年（1076）

文同寄《超然台赋》与苏轼，轼书其后。张耒亦作《超然台赋》。

苏轼作《薄薄酒》二章。《山谷外集诗注》卷五《薄薄酒·引》（元丰元年）赞轼作"愤世疾邪，其言甚高"。

熙宁十年（1077）

苏轼至济南，与李常游，常出甥黄庭坚诗文以观。（《苏轼文集》卷五十二《答黄鲁直书》第一简："其后过李公择于济南，则见足下之诗文愈多，而得其为人益详。"时庭坚仍在北京国子监教授。）

苏轼与晁补之会于汶上，对补之诵黄庭坚诗。

晁补之至京师，拜谒苏轼。

苏轼始见陈师仲、师道兄弟于徐州太守任上。为陈师道言关朗（子明）《易传》等乃阮逸伪撰，或为此时事。

元丰元年（1078）

黄庭坚寄书并古诗二首予苏轼。

苏轼赋《春菜》，黄庭坚次韵。庭坚次韵苏轼诗，此为始。

苏轼作《芙蓉城》诗。秦观尝简苏轼，云"素纸一幅，敢冀醉后挥扫近文并《芙蓉城》诗"（《淮海集》卷三十《与苏公先生简》第二简）。

秦观入京应举，过徐，首次见苏轼，呈诗《别子瞻》，苏轼有《次韵秦观秀才见赠，秦与孙莘老李公择甚熟，将入京应举》。

在徐，陈师道始知秦观。据后山《淮海居士字序》："熙宁、元丰之间，眉苏公之守徐，余以民事太守，间见如客。扬秦子过焉，置醴备乐，如师弟子。"

苏轼复黄庭坚书，盛赞其诗，并寄次韵庭坚《古风》二首。

秦观给苏轼寄来《黄楼赋》并简，苏轼盛赞其赋。陈师道作《黄楼铭》。

苏轼跋秦观《汤泉赋》。

秦观秋试失利，苏轼以简慰之，并作诗为其鸣不平。

秦观致简苏轼，抒秋试不利心情。

元丰二年（1079）

苏轼寄《祭文与可文》与黄庭坚。庭坚尝致书轼，又有《和粲字韵三首》，轼次韵之。

苏轼画枯木于泉山，晁补之作记。

晁补之及第。补之致苏轼书，谢轼之教育。时黄庭坚教授北京，与补之有诗唱和。

苏轼至高邮，见秦观。

苏轼与道潜、秦观游惠山，览唐处士王武陵、窦群、朱宿所赋诗，皆次韵。苏轼又过松江，与关景仁等会于垂虹。秦观亦会，分韵赋诗。

端午，苏轼遍游飞英诸寺，作诗。秦观同游。

七月，苏轼得罪下狱。秦观闻讯，急至吴兴，探询得实。十二月二十九日，苏轼责授黄州团练副使。

元丰三年（1080）

苏轼谪居黄州，秦观致简相慰。

苏轼跋秦观元丰二年所作游杭《题名记》，叙夜与迈小舟至赤壁事。

秋，黄庭坚自北京教授改知吉州太和县，过高邮，与秦观相从两日，为观书《龙井》《雪斋》二记，寄杭州勒石。庭坚示以《敝帚》《焦尾》两编，秦观为之心折。

岁晚，苏轼答秦观长简，赞其诗文，劝其多著可用之书。

元丰四年（1081）

苏轼与李廌多简。《苏轼文集》卷五十三答廌第一简首云"久不奉书问为愧"，知此前廌已与苏轼有交往。据《石林诗话》卷中："李廌，阳翟人。少以文字见苏子瞻，子瞻喜之。"苏轼答廌第二、三简皆及秋试事。

冬初，秦观赴京师途中致简苏轼，报得解。

李廌来访苏轼，轼赞其才，勉以节。廌旋别去谋葬亲，苏轼作诗以劝风义者。

元丰五年（1082）

秦观落第。至黄州谒东坡，作《吊镈钟文》。

苏轼在与李昭玘简中赞李鹰诗"虽狂气未除而笔势澜翻，已有漂砂走石之势"。

是年陈师道自钱塘北归，过扬州时遇秦观于逆旅，旋别去。

元丰六年（1083）

四月六日，黄庭坚作书与苏轼，并寄《食笋》，轼次韵。

元丰七年（1084）

苏轼和秦观梅花诗。

黄庭坚移监德州德平镇，途中路过颍昌，与陈师道相遇。互有赠诗。

苏轼离黄州，八月与秦观会于金山，有唱和。

苏轼在真州与王安石简，荐秦观。

十月十三日，苏轼舟次竹西，为秦观题真赞，并有书。数日后，苏轼至高邮与秦观会。高邮有文游台，传为苏轼、秦观、孙觉、王巩四贤聚会之所，屡为后世文人所追思。

元丰八年（1085）

陈师道客东都，秦观来晤。

苏轼晤陈师道，与师道商论作帖与江淮发运路昌衡，以慰神宗之丧，中辍。

李鹰自阳翟来见苏轼，轼以故人梁先所馈绢十匹、丝百两转赠之，作其父李悙哀词。写《眉子石砚歌》赠鹰。盛赞鹰之文。据《宋史·李鹰传》叙鹰见苏轼于黄州后，再见轼，"轼阅其所著，叹曰：'张耒、秦观之流也'"。

张耒与黄庭坚书。是年冬，张耒得苏轼答书："……仆老矣，使后生犹得见古人之大全者，正赖黄鲁直、秦少游、晁无咎、陈履常与君等数人耳。"

秦观登进士第。

黄庭坚赠茶及诗予晁补之，诗中有"曲几团蒲听煮汤，煎成车声绕羊肠"之句，苏轼云："黄九怎得不穷？"补之次韵之。

哲宗元祐元年（1086）

苏轼始与黄庭坚相见。

陈师道撰《淮海居士字序》，谓秦观易字少游，苏轼以为可。

是时章惇在枢府，秦观欲荐师道于章惇，师道却之。傅尧俞亦欲因秦观识师道，皆不允。

苏轼次韵和王巩。黄庭坚、晁补之亦次韵。

张耒至京师，为太学录。

黄庭坚初会张耒，张耒有诗《初到都下供职寄黄九》，庭坚次韵。后又赠张耒《明月篇》。

张耒作《赠无咎以既见君子云胡不喜为韵》，黄庭坚有《奉和文潜赠无咎篇末多见及以既见君子云胡不喜为韵》。

六月，诏黄庭坚、晁补之、张耒等九人参加学士院考试，主考官为苏轼。

八月二十二日，苏轼等观黄庭坚诗，轼作《书黄鲁直诗后》。

苏轼邀黄庭坚等至西太一宫，见王安石旧题六言，次韵。

十月二十九日，黄庭坚、晁补之、张耒并擢馆职。

晁补之与张耒同荐陈师道为太学录，不就。

晁补之、张耒访陈师道不遇，题壁而去。师道有诗《晁无咎张文潜见过》，补之次韵。

十一月十九日，黄庭坚、张耒、晁补之去苏轼宅，获《黄泥坂词》手稿。

十一月二十九日，苏轼作《武昌西山诗》，黄庭坚、张耒、晁补之等三十余人和之。苏轼复次以《西山诗和者三十余人，再用前韵为谢》。

苏轼与黄庭坚等游宝梵寺，论庭坚字。

秦观以《秋日》诗题邢敦夫扇，黄庭坚戏之。

元祐二年（1087）

二月二十一日，苏轼与黄庭坚等会于李公麟斋舍，书鬼仙诗并跋。

杨孟容知广安军，苏轼有诗送之。自谓其诗效鲁直体，庭坚赋诗解之。

四月，复制科，苏轼、鲜于侁荐秦观于朝，以备著述之科。

四月，陈师道以苏轼等荐举为徐州州学教授。

秦观约于此年经苏轼以贤良方正荐于朝，除太学博士。

五月二十日，鲜于侁卒。李廌撰其行状，苏轼简廌赞其文丰容隽壮。

苏轼与张耒至王直方家，读耒所作诗，深爱之。据《王直方诗话》："文潜先生与周翰、公择辈来饮余家，作长句。后数十日，再同东坡来。读其诗，叹息云：'此不是吃烟火食人道底言语。'盖其间有'漱井消午醉，扫花坐晚凉''众绿结夏帷，老红驻春妆'之句也。山谷次韵云：'张侯笔端势，三秀丽芝房。作诗盛推赏，月珠计斛量。扫花坐晚吹，妙语亦难忘。'"按：耒诗乃《张耒集》卷十一《文周翰邀至王才元园饮》，庭坚诗乃《山谷诗集注》卷六《次韵文潜同游王舍人园》。《鸡肋集》卷七有《次韵张著作文潜饮王舍人才元家，时坐客李尚书公择、光禄文少卿周翰、大理杜少卿君章、黄著作鲁直》。

李公麟藏韩干所画马，苏辙题诗，苏轼、黄庭坚、张耒次其韵。

苏轼作《郭熙画秋山平远》，黄庭坚次韵之。

苏轼、苏辙经筵唱和。黄庭坚、晁补之、张耒皆有次韵。

黄庭坚有《双井茶送子瞻》，苏轼和答之。

六月，苏轼、苏辙、黄鲁直、晁补之、张耒、王诜、李之仪、米芾、李公麟等会于王诜之西园。

秋暑，苏轼与李廌书，以积学不倦为勉。

苏轼尝与李之仪论李廌文。

是岁，六君子尝至东坡私第谈诗论文，相与唱酬笑谑。据王明清《挥麈余话》卷一："元祐二年，东坡先生入翰林，暇日会黄、张、秦、晁、陈、李六君子于私第。"李廌《师友谈记》："东坡新迁东阙之第，廌与李端叔、秦少游往见之。"《王直方诗话》："东坡尝以所作小词示无咎、文潜，曰：'何如少游？'二人皆对曰：'少游诗似小词，先生小词似诗。'"

八月，党争又烈，秦观作《朋党论》上下篇，为苏轼等辩护。

十一月，苏轼上《举黄庭坚自代状》，称"蒙恩除臣翰林学士，伏见某官黄庭坚孝友之行，追配古人，瑰玮之文，妙绝当世，举以自代，实允公议"。不报。

元祐三年（1088）

苏轼知贡举，辟黄鲁直、晁补之、张耒、李公麟等为参详、编排、点检、试卷各官，同入试院。

三月六日，苏轼书试院中诗，叙考校既毕与黄庭坚、晁补之等唱酬事。

苏轼作《戏书李伯时画御马好头赤》，黄庭坚、晁补之、张耒次韵之。

李廌落第，苏轼赋诗自责。黄庭坚次韵之。其后轼谋与范祖禹同荐廌于朝，未果。

八月五日，苏轼、苏辙、秦观等同游相国寺，观王晋卿墨竹。

九月，苏轼卧病，张耒、晁补之来。

冬，黄庭坚赋《戏答俞清老道人寒夜三首》，苏轼屡哦以为妙。

是岁，苏轼为叔丈人王庆源辞官归隐赋诗一首，黄庭坚、秦观同和之。

是岁，黄庭坚作《苏李画枯木道士赋》《东坡居士墨戏赋》。

是岁，张耒尝画马，苏轼赞为妙墨。

是岁，李公麟作《西园雅集图》，绘苏轼等有姓名者十七人雅集西园之状，米芾为之记。

是岁，苏轼尝与张耒等同观晁补之所藏野马图，有题。

是岁，苏轼尝为黄庭坚醽池寺书斋之旁画小山枯木、丛竹怪石，庭坚在秘书省题轼所画竹石。

本岁前后，舒焕尝以诗乞盟于苏轼，轼推黄庭坚为盟主。

元祐四年（1089）

秦观与张耒、李公麟评画，作《书晋贤图后》。

四月下旬，苏轼离京赴杭，李廌前来送别，赠以诗，轼以御赐马惠李廌并书赐马券。黄庭坚有跋。

五月，苏轼至南都，陈师道自徐州告疾来南都相晤，作诗；留守李承之宴，师道与会。据《元城先生尽言集》卷六《论陈师道不合擅去官守游宴事》:"臣闻苏轼出守钱塘,经由南都,师道以诚告徐守孙览,愿往见轼,而览不之许,乃托疾在告,私出州界,与轼游从凡累数日。"时师道为徐州教授。又云师道与苏轼"同赴留守李承之宴会,不惮众目"。

苏轼离南都,陈师道送之,至宿州而归。

十一月三日,苏轼有进论高丽进奉状,客有传朝议欲以苏轼使高丽,大臣有惜其去者,白罢之,秦观作诗以纪之。

元祐五年(1090)

苏轼在杭守任上。正月,秦观之弟觏自杭别苏轼而归,轼作《太息》饯行,盛赞秦观与张耒为士之超逸绝尘者。据《苏轼文集》卷六十四:"张文潜、秦少游此两人者,士之超逸绝尘者也,非独吾云尔。二三子亦自以为莫及也。士骇于所未闻,不能无异同,故纷纷之言,常及吾与二子,吾策之审矣。士如良金美玉,市有定价,岂可以爱憎口舌贵贱之欤?"

五月,秦观入京除太学博士,寻罢命。据《长编》卷四四二,是岁五月庚寅,"右谏议大夫朱光庭言:新除太学博士秦观,素号薄徒,恶行非一,岂可以为人之师?伏望特罢新命,别与差遣"。按,朱光庭系程颐门人,初,苏轼与程颐戏笑相失,御史朱光庭怨之,密疏责轼策题不当,轼因乞补外郡而守杭,洛蜀之争遂烈。至是光庭又劾少游,亦为二党之争斗也。

六月,秦观任职秘书省。此时黄庭坚亦在秘书省兼史局,张耒为著作佐郎,后加集贤校理,晁补之为校书郎,同在京师。本年陈师道以言者谓在官尝越境出南京见苏轼,改官教授颍州。

元祐六年(1091)

三月十日前后,晁补之在符离舟中作《书鲁直题高求父扬清亭诗后》,云:"鲁直于治心养气,能为人所不为。故用于读书、为文字,致思高远,亦似其为人。"

朋党之争愈演愈烈,七月六日,苏轼上《论朋党之患》,洛党、朔党的贾易、赵君锡等交章弹劾,二苏及秦观卷入其中。贾、赵论秦观,事涉苏轼,轼乃上《辨贾易弹奏待罪札子》以辩之。秦观旋罢正字。

苏轼守杭，李廌尝赋组诗怀之。

苏轼知颍州，时陈师道为颍州州学教授，二人唱和颇多，并谈画论词。

秦观作《题赵团练江干晚景四绝》，陈师道在颍州次韵之，对其身陷党争的境遇表示理解。

李廌欲居颍从游苏轼，轼以将离颍止之。

元祐七年（1092）

赵令畤尝以苏轼在颍州与陈师道等人唱酬，编为《汝阴唱和集》。绍圣四年，李廌为后序。集佚。

三月，诏赐馆阁花酒，以中浣日游金明池、琼林苑，又会于国夫人园，会者二十有六人，秦观、张耒等在其中，并有诗。

三月，苏轼知扬州，时晁补之在扬州通判任，以诗迎之。五月二十四日，苏轼与晁补之会于随斋。七月，补之随轼游大明寺。

苏轼和陶渊明《饮酒诗》，其中一篇乃为补之而赋，有句云："晁子天麒麟，结交未及仕。"补之亦有《饮酒二十首》次韵苏公。二人尝论陶诗。见《鸡肋集》卷三十三《题陶渊明诗后》。

黄庭坚寄书苏轼，并惠双井茶。

陈师道上书苏轼，以为朝慎重为言。

元祐八年（1093）

元月二十六日，苏轼在扬州任，李廌来见，为言讲筵为哲宗论进学须好乐中有所悟入事。见李廌《师友谈记》。

五月十六日，秦观为监察御史黄庆基所论，谓"惟知有轼，而不知有朝廷"。(《续资治通鉴长编》卷四八四引黄庆基论苏轼曰："轼自进用以来，援引党羽，分布权要，附丽者力与荐扬，违者公行排斥。……前者张耒为著作郎，近者除晁补之为著作佐郎，皆轼力为援引，遂至于此。")

元祐在朝时，苏轼尝与黄庭坚论诗、词、书、画，相得甚欢。

元祐在朝时，张耒尝与苏轼简论史，轼又尝与耒论诗。

元祐在朝时，苏轼尝评秦观之书，盛赞其诗、文、书。

元祐在朝时，苏轼尝以欧阳修文章宗主之勉自勉，并寄望于李廌等为异日盟主。尝名鷹所居斋为月岩斋。尝与鷹论俗语。尝与鷹简,论人才决不徒出。

苏轼知定州,张耒、李鷹及诸馆职饯送于惠济。

苏轼得雪浪石,滕希靖赋诗,次韵。苏辙、秦观、张耒、晁补之等有和。

十一月,秦观盖尝至定州谒东坡,后作有《清和先生传》。传云:"予尝过中山,慨然想先生之风声,恨不及见也,乃为之传以记。"

绍圣元年(1094)

苏轼谪惠州。七月,与黄庭坚相会于彭蠡之上,为黄庭坚铜雀砚作铭。此次作别,竟成永诀。

是岁,黄庭坚、秦观、晁补之、张耒、陈师道皆坐党籍遭贬谪或罢黜。

绍圣三年(1096)

苏轼居惠,黄庭坚自黔州寄诗。张耒知宣州,派人至惠探望苏轼。耒作和陶《饮酒》诗。

黄庭坚在黔南,作书答秦观。

绍圣四年(1097)

张耒是年贬官黄州。

苏轼在惠尝书秦观五言诗及张耒《寒衣歌》。

苏轼再贬昌化军(儋州)。入儋后,李公麟为苏轼画像,黄庭坚有赞。

秦观自雷州惠书诗累幅与苏轼,轼题其后付子过,盛赞观与耒才识学问。据朱弁《曲洧旧闻》卷五:"东坡尝语子过曰:'秦少游、张文潜,才识学问,为当世第一,无能优劣二人者。少游下笔精悍,心所默识,而口不能传者,能以笔传之;然而气韵雄拔,疏通秀朗,当推文潜。二人皆辱与予游,同升而并黜。'"

是年黄庭坚与秦观等虽均处贬谪逆境,仍有书互致问候。另,据王济《君子堂日询手镜》:"……数年前,建业黄琮守州,改为淮海书院。余尝至访遗迹,有坏碑数通,漫灭不可读。后一小碑仆于地,拂拭观之,乃刻晁无咎像也。云晁不远万里来访淮海,故存其刻。"按,晁补之曾至横州访秦观事，不见于任何史料记载，可信度不高。淮海书院出现晁补之像，当与秦、晁二人同为苏门弟子有关；而后人对补之不远万里探访秦观的揣想，乃建立在苏门诸君子相互之间情谊深厚的基础之上。

元符二年（1099）

新秋，晁补之过徐州，访陈师道，相从数日。据《后山居士文集》卷十《与鲁直书》云："无咎向过此，服阕赴贬所，相从数日，颇见言色，他皆不通问矣。"

苏轼在儋和秦观《千秋岁》词。

陈师道作《怀远》，表达对苏轼的思念之情。

元符三年（1100）

五月，告命下，苏轼量移廉州。先是秦观来简，报苏轼移廉州，轼答简期与观一见。得告命后，复与观简，报登舟日期及经行路线。

六月，苏轼至雷州，晤秦观。二十五日，与秦观别。观自作挽词。

陈师道除秘书省正字。时苏轼在英州，答其兄师仲简，赞其兄弟操守。

陈师道有书信与黄庭坚。

黄庭坚闻苏轼北归，为轼作画像赞。

八月，秦观卒于藤州，年五十二。十一月十五日，苏轼为秦观致奠。

徽宗建中靖国元年（1101）

四月，黄庭坚作《跋子瞻和陶诗》。

五月，苏轼至金陵，作《答李廌书》，对秦观之死深致痛悼。

七月，苏轼卒于常州，年六十六。

张耒知颍州，为苏轼举哀，后以此被贬黄州。

黄庭坚与苏辙简，致悲痛之意。

陈师道记太学生为苏轼举哀事。

李廌有疏文，其"皇天后土，知一生忠义之心，名山大川，还千古英灵之气"之语，一时传诵。

黄庭坚在荆南，有《病起荆江亭即事》十首，怀陈师道、秦观、张耒等人。并有《与王庠周彦书》，对苏轼、秦观等人离世痛惜不已。

十二月，陈师道卒于开封，年五十。

三省籍记元祐党人姓名。九月，定元祐党籍，由徽宗自书，刻石端礼门。苏轼与黄庭坚、秦观、张耒、晁补之皆名列其上。

崇宁元年（1102）

五月二十日，黄庭坚过湖口，作《追和东坡壶中九华》诗。

张耒责授房州别驾黄州安置。时黄庭坚在鄂城，与黄州仅一江之隔。庭坚自鄂往见之，作《武昌松风阁》《次韵文潜》等诗。苏轼生前曾贬居黄州，黄庭坚与张耒触景生情，悲痛不已。

崇宁二年（1103）

四月，诏焚苏氏父子及黄庭坚、秦观、张耒、晁补之等文集。

黄庭坚有《追和东坡题李亮功归来图》。

崇宁三年（1104）

三月，黄庭坚贬宜途中过长沙，遇秦观子婿扶柩居此，以银二十两为赙，并赠之以诗。道过衡阳，见秦观《千秋岁》词，追和之。后又有《花光仲仁出苏秦诗思两国士不可复见开卷绝叹因花光为我作梅数枝及画烟外远山追少游韵记卷末》，以对秦、苏元丰年间所作梅花诗的追和表达对二人的怀念之情。

十月，晁补之作《题陶渊明诗后》。补之此时寓居东皋，深慕陶潜为人，自号归来子，其居室各处多依《归去来辞》文意取名。

六月，重定党籍，刻石朝堂。秦观、黄庭坚、张耒、晁补之列余官前四位。

崇宁四年（1105）

闰二月，秦湛奉父丧经黄州，谒张耒，耒为文以祭秦观。

九月，黄庭坚卒，年六十一。

崇宁五年（1106）

正月，毁元祐党人碑，大赦天下。

张耒得便居住，回故乡淮阴，后移居陈州。

晁补之改提西京嵩山崇福宫，仍寓居东皋。

大观元年（1107）

二月，张耒为秦观《投吕正献公卷》题跋。

大观三年（1109）

李廌卒，年五十。

大观四年（1110）

晁补之擢知泗州，到官不久即以疾卒，年五十七。临终作《洞仙歌》。张耒有文祭之，又为撰墓志铭。

政和四年（1114）

张耒卒，年五十九。

参考书目

一 古籍文献

［汉］班固撰，陈立疏证：《白虎通疏证》，北京：中华书局，1994年。

［晋］陶渊明著，逯钦立校注：《陶渊明集》，北京：中华书局，1979年。

［南朝梁］皇侃撰，高尚榘校点：《论语义疏》，北京：中华书局，2013年。

［南朝梁］钟嵘著，周振甫译注：《诗品译注》，北京：中华书局，1998年。

［唐］白居易著，朱金城笺校：《白居易集笺校》，上海：上海古籍出版社，2020年。

［唐］白居易著：《白氏长庆集》，上海：上海古籍出版社，1994年。

［唐］常建著，王锡九校注：《常建诗歌校注》，北京：中华书局，2017年。

［唐］钱起撰，王定璋校注：《钱起集校注》，杭州：浙江古籍出版社，2015年。

［宋］曾敏行著，朱杰人整理：《独醒杂志》，上海：上海古籍出版社，2012年。

［宋］曾慥辑，曹元忠原校、葛渭君补校：《乐府雅词》，上海：上海古籍出版社，2004年。

［宋］晁补之著，龙榆生笺校：《晁氏琴趣外篇》，上海：上海古籍出版社，2017年。

［宋］晁补之著，乔力校注：《晁补之词编年笺注》，济南：齐鲁书社，1992年。

［宋］晁公武著，孙猛校证：《郡斋读书志校证》，上海：上海古籍出版社，2011年。

［宋］陈师道撰，李伟国校点：《后山谈丛》，上海：上海古籍出版社，1989年。

［宋］陈师道撰，任渊注，冒广生补笺：《后山居士补笺》，北京：中华书局，1995年。

［宋］陈师道撰：《后山居士文集》，上海：上海古籍出版社，1984年。

［宋］陈振孙撰，徐小蛮、顾美华点校：《直斋书录解题》，上海：上海古籍出版社，2015年。

［宋］程颢、程颐著，王孝鱼点校：《二程集》，北京：中华书局，2004年。

［宋］程颢、程颐著：《二程遗书》，上海：上海古籍出版社，2000年。

［宋］程颢、程颐著：《河南程氏外书》，北京：中华书局，1981年。

［宋］程颢、程颐著：《河南程氏遗书》，北京：中华书局，1981年。

［宋］程颢、程颐著：《程氏经说》，文渊阁四库全书本。

［宋］程颐著：《伊川易传》，上海：上海古籍出版社，1989年。

［宋］费衮撰，金圆整理：《梁溪漫志》，上海：上海古籍出版社，2012年。

［宋］傅藻撰：《东坡纪年录》，四部丛刊本。

［宋］何薳撰，张明华点校：《春渚纪闻》，北京：中华书局，1983年。

［宋］胡仔撰，廖德明校点：《苕溪渔隐丛话》，北京：人民文学出版社，1981年。

［宋］皇都风月主人编，周楞伽笺注：《绿窗新话》，上海：上海古籍出版社，1991年。

［宋］黄庭坚著，陈文新译注：《日记四种·宜州家乘》，武汉：湖北辞书出版社，1997年。

［宋］黄庭坚著，刘琳等点校：《黄庭坚全集》，北京：中华书局，2021年。

［宋］黄庭坚著，屠友祥校注：《山谷题跋》，上海：上海远东出版社，1999年。

［宋］黄庭坚著，［宋］任渊等注，黄宝华点校：《山谷诗集注》，上海：上海古籍出版社，2003年。

［宋］黄䈄著：《山谷先生年谱》，明嘉靖刻本。

［宋］释惠洪撰，陈新点校：《冷斋夜话》，北京：中华书局，1988年。

［宋］江少虞编：《宋朝事实类苑》，上海：上海古籍出版社，1981年。

［宋］黎靖德编，王星贤点校：《朱子语类》，北京：中华书局，1986年。

［宋］李焘撰：《续资治通鉴长编》，北京：中华书局，1979年。

［宋］李心传撰，徐规点校：《建炎以来朝野杂记》，北京：中华书局，2000年。

［宋］李心传著：《建炎以来系年要录》，北京：中华书局，1956年。

［宋］李之仪著：《姑溪居士文集》，丛书集成初编本。

［宋］李廌著：《德隅斋画品》，文渊阁四库全书本。

［宋］李廌撰，孔凡礼点校：《师友谈记》，北京：中华书局，2002年。

［宋］林逋撰，沈幼征校注：《林和靖集》，杭州：浙江古籍出版社，2012年。

［宋］刘安世著：《元城先生尽言集》，四部丛刊本。

［宋］刘挚著，陈晓平、裴汝诚校：《忠肃集》，北京：中华书局，2002年。

［宋］楼钥著，顾大鹏点校：《楼钥集》，杭州：浙江古籍出版社，2010年。

［宋］陆游著，钱仲联、马亚中主编：《陆游全集校注》，杭州：浙江古籍出版社，2015年。

［宋］陆游撰，李剑雄、刘德权点校：《老学庵笔记》，北京：中华书局，1979年。

［宋］罗大经撰，王瑞来点校：《鹤林玉露》，北京：中华书局，1983年。

［宋］吕中撰：《宋大事记讲义》，文渊阁四库全书本。

［宋］吕祖谦编：《宋文鉴》，北京：中华书局，1992年。

［宋］米芾著：《宝晋英光集》，丛书集成初编本。

［宋］欧阳修著，洪本健校笺：《欧阳修诗文集校笺》，上海：上海古籍出版社，2009年。

［宋］欧阳修著，李逸安点校：《欧阳修全集》，北京：中华书局，2001年。

［宋］彭百川撰：《太平治迹统类》，台北：台北成文出版社，1966年。

［宋］潜说友撰：《咸淳临安志》，清刊本。

［宋］秦观著，龙榆生笺校：《淮海居士长短句》，上海：上海古籍出版社，2017年。

［宋］秦观著，徐培均笺注：《淮海集笺注》，上海：上海古籍出版社，2000年。

［宋］秦观著，徐培均笺注：《淮海居士长短句笺注》，上海：上海古籍出版社，2008年。

［宋］阮阅辑：《诗话总龟》，北京：人民文学出版社，1987年。

［宋］邵博撰，李剑雄、刘德权点校：《邵氏闻见后录》，北京：中华书局，1983年。

［宋］邵浩编：《坡门酬唱集》，文渊阁四库全书本。

［宋］沈括撰，金良年点校：《梦溪笔谈》，北京：中华书局，2015年。

［宋］释惠洪著，周裕锴校注：《石门文字禅校注》，上海：上海古籍出版社，2021年。

［宋］释普济著，苏渊雷点校：《五灯会元》，北京：中华书局，1984年。

［宋］司马光著：《温国文正公文集》卷五十二，《四部丛刊》本，上海：商务印书馆，1929年。

［宋］苏轼著：《东坡易传》，上海：上海古籍出版社，1989年。

［宋］苏轼著，舒大刚、曾枣庄主编：《苏东坡全集》，北京：中华书局，2021年。

［宋］苏轼著，邹同庆、王宗堂校注：《苏轼词编年校注》，北京：中华书局，2007年。

［宋］苏轼著，［清］朱孝臧编年，龙榆生校笺：《东坡乐府笺》，上海：上海古籍出版社，2017年。

［宋］苏轼著，［明］茅维编，孔凡礼点校：《苏轼文集》，北京：中华书局，1986年。

［宋］苏轼著，［清］王文诰辑注，孔凡礼点校：《苏轼诗集》，北京：中华书局，1982年。

［宋］苏轼著，［宋］郎晔选注：《经进东坡文集事略》，北京：文学古典刊行社，1957年。

［宋］苏辙著，曾枣庄、马德富点校：《栾城集》，上海：上海古籍出版社，2009年。

［宋］苏辙著，陈宏天、高秀芳点校：《苏辙集》，北京：中华书局，1990年。

［宋］孙升口述，［宋］刘延世笔录，杨倩描、徐立群点校：《孙公谈圃》，北京：中华书局，2012年。

［宋］汪应辰著：《文定集》，清武英殿聚珍丛书本。

［宋］王安石著，董岑仕点校：《王安石诗笺注》，北京：中华书局，2021年。

［宋］王安石著，刘成国点校：《王安石文集》，北京：中华书局，2021年。

［宋］王偁撰：《东都事略》，文渊阁四库全书本。

［宋］王明清撰：《挥麈录》，北京：中华书局，1961年。

［宋］王辟之撰，吕友仁点校：《渑水燕谈录》，北京：中华书局，1981年。

［宋］王十朋著：《梅溪集》，四部丛刊本。

［宋］王灼撰：《碧鸡漫志》，上海：上海古籍出版社，1988年。

［宋］魏庆之著，王仲闻点校：《诗人玉屑》，北京：中华书局，2007年。

［宋］吴曾撰：《能改斋漫录》，上海：上海古籍出版社，1979年。

［宋］吴坰撰：《五总志》，北京：中华书局，1985年。

［宋］徐度撰，尚成校点：《却扫编》，上海：上海古籍出版社，2012年。

［宋］徐明善著：《芳谷集》，文渊阁四库全书本。

［宋］徐自明撰，王瑞来校补：《宋宰辅编年录校补》，北京：中华书局，1986年。

［宋］杨万里著，辛更儒笺校：《杨万里集笺校》，北京：中华书局，2007年。

［宋］叶梦得撰：《石林诗话》，北京：中华书局，1991年。

［宋］叶寘撰，孔凡礼点校：《爱日斋丛抄》，中华书局，2010年。

［宋］佚名撰，孔一校点：《道山清话》，上海：上海古籍出版社，2012年。

［宋］俞文豹撰：《吹剑录全集》，上海：中国古典文学出版社，1958年。

［宋］岳珂撰，吴企明点校：《桯史》，北京：中华书局，1981年。

［宋］张九成著，杨新勋整理：《张九成集》，杭州：浙江古籍出版社，2013年。

［宋］张侃著：《张氏拙轩集》，四库全书珍本初集本。

［宋］张耒著：《张右史文集》，四部丛刊本。

［宋］张舜民撰：《画墁集》，文渊阁四库全书本。

［宋］张耒著，李逸安、孙通海、傅信点校：《张耒集》，北京：中华书局，1990年。

［宋］赵彦卫撰，傅根清点校：《云麓漫钞》，北京：中华书局，1996年。

［宋］真德秀著：《真文忠公文集》，四部丛刊本。

［宋］周煇撰，刘永翔校注：《清波杂志校注》，北京：中华书局，1994年。

［宋］周紫芝著：《太仓稊米集》，文渊阁四库全书本。

［宋］朱弁撰，陈新点校：《风月堂诗话》，北京：中华书局，1988年。

［宋］朱弁撰，孔凡礼点校：《曲洧旧闻》，北京：中华书局，2002年。

［宋］朱熹撰：《御纂朱子全书》，文渊阁四库全书本。

［宋］朱熹著：《杂学辨》，文渊阁四库全书本。

［宋］朱熹撰，夏剑钦、吴广平点校：《楚辞集注》，长沙：岳麓书社，2013年。

［宋］朱熹著，朱杰人主编：《晦庵先生朱文公文集》，上海：上海古籍出版社，2022年。

［宋］朱熹撰，朱杰人主编：《伊洛渊源录》，上海：上海古籍出版社，2022年。

［宋］朱熹撰：《四书章句集注》，北京：中华书局，2015年。

［宋］邹浩著：《道乡集》，文渊阁四库全书本。

［金］王寂著：《拙轩集》，武英殿聚珍版丛书。

［金］元好问著：《遗山先生文集》，四部丛刊本。

［金］元好问著，姚奠中主编：《元好问全集》，太原：三晋出版社，2015年。

［元］陈基著：《夷白斋稿》，四部丛刊本。

［元］方回著：《桐江集》，宛委别藏本。

［元］方回著：《桐江续集》，文渊阁四库全书本。

［元］方回选评，李庆甲集评校点：《瀛奎律髓汇评》，上海：上海古籍出版社，2020年。

［元］胡助著：《纯白斋类稿》，文渊阁四库全书本。

［元］刘埙撰：《隐居通议》，丛书集成初编本。

［元］马端临撰：《文献通考》，北京：中华书局，2011年。

［元］苏天爵著，陈高华、孟繁清点校：《滋溪文稿》，北京：中华书局，1997年。

［元］脱脱等著：《宋史》，北京：中华书局，1985年。

［元］虞集撰：《道园学古录》，四部丛刊本。

［元］祝尧撰：《古赋辨体》，文渊阁四库全书本。

［明］陈邦瞻撰：《宋史纪事本末》，北京：中华书局，2015年。

［明］胡应麟撰：《诗薮》，上海：上海古籍出版社，1979年。

［明］胡震亨撰：《唐音癸签》，上海：上海古籍出版社，1981年。

［明］郎瑛撰：《七修类稿》，上海：上海书店出版社，2009年。

［明］陶宗仪等编：《说郛》，文渊阁四库全书本。

［明］王圻撰：《续文献通考》，明万历松江府刻本。

［明］杨慎撰，高林广评注：《词品》，北京：中华书局，2019年。

［清］毕沅：《续资治通鉴》，北京：中华书局，1957年。

［清］曾国藩著：《足本曾文正公全集》，长春：吉林人民出版社，1995年。

［清］曾国藩编选：《十八家诗钞》，北京：中华书局，2018年。

［清］黄氏撰：《蓼园词评》，北京：中华书局，2005年。

［清］黄宗羲著，［清］全祖望补修，陈金生、梁运华点校：《宋元学案》，北京：中华书局，1986年。

［清］李清馥著，徐公喜等点校：《闽中理学渊源考》，南京：凤凰出版社，2011年。

［清］陆心源撰：《宋史翼》，北京：中华书局，1991年。

［清］马曰璐著：《沙河逸老小稿》，粤雅堂丛书本。

［清］潘永因辑：《宋稗类钞》，北京：书目文献出版社，1985年。

［清］钱谦益撰，［清］钱曾笺注，钱仲联标校：《牧斋初学集》，上海：上海古籍出版社，2009年。

［清］秦缃业编：《无锡金匮县志》，中国方志丛书本。

［清］阮元校刻：《论语注疏》，北京：中华书局，2009年。

［清］宋翔凤撰：《乐府余论》，南京：凤凰出版社，2019年。

［清］田雯著：《古欢堂集》，文渊阁四库全书本。

［清］吴景旭撰：《历代诗话》，北京：京华出版社，1998年。

［清］谢启昆著：《树经堂文集》，清刊本。

［清］谢钟龄修，朱秀纂：《横州志》，清乾隆十一年修光绪二十五年重刊本。

［清］徐嘉著：《味静斋集》，中华书局仿宋排印本。

参考书目　247

[清]徐松著:《宋会要辑稿》,北京:中华书局,1957年。

[清]叶燮著:《原诗》,上海:上海古籍出版社,1978年。

[清]永瑢等主编:《四库全书总目提要》,北京:中华书局,1965年。

[清]王士禛撰,刘奕点校:《带经堂诗话》,上海:上海古籍出版社,2020年。

[清]张宗泰撰:《鲁岩所学集》,清道光刊本。

程树德撰,程俊英、蒋见元点校:《论语集释》,北京:中华书局,1990年。

程毅中主编:《宋人诗话外编》,北京:中华书局,2017年。

丁传靖辑:《宋人轶事汇编》,北京:中华书局,2003年。

丁福保辑:《历代诗话续编》,中华书局,2006年。

傅璇琮编:《黄庭坚和江西诗派资料汇编》,北京:中华书局,1978年。

傅璇琮等主编:《全宋诗》,北京:北京大学出版社,1991年。

高亨注:《诗经今注》,上海:上海古籍出版社,2019年。

顾宏义、李文编:《宋代日记丛编》,上海:上海书店出版社,2013年。

郭绍虞辑:《宋诗话辑佚》,北京:中华书局,1980年。

何文焕辑:《历代诗话》,北京:中华书局,2004年。

李修生主编:《全元文》,南京:江苏古籍出版社,1998年。

唐圭璋编:《词话丛编》,北京:中华书局,2005年。

唐圭璋编:《全宋词》,北京:中华书局,1965年。

王叔岷撰:《庄子校诠》,北京:中华书局,2007年。

吴文治编:《宋诗话全编》,南京:江苏古籍出版社,1998年。

颜中其编注:《苏东坡轶事汇编》,长沙:岳麓书社,1984年。

曾枣庄、刘琳主编:《全宋文》,上海:上海辞书出版社、安徽:安徽教育出版社,2006年。

曾枣庄主编:《宋代序跋全编》,济南:齐鲁书社,2015年。

祝尚书主编:《宋集序跋汇编》,北京:中华书局,2010年。

二 近人著述

[美] 包弼德（Peter K. Bol）著，刘宁译：《斯文：唐宋思想的转型》，南京：江苏人民出版社，2001年。

[丹麦] 勃兰兑斯（Brandes, G.）著，张道真译：《十九世纪文学主流》，北京：人民文学出版社，1980年。

昌彼得等编：《宋人传记资料索引》，台北：台湾鼎文书局，1976年。

陈永正选注：《黄庭坚诗选注》，上海：上海古籍出版社，1985年。

陈植锷著：《北宋文化史述论》，北京：中国社会科学出版社，1992年。

陈钟凡著：《两宋思想述评》，北京：东方出版社，1996年。

程千帆、吴新雷著：《两宋文学史》，上海：上海古籍出版社，1991年。

程千帆编选：《宋诗精选》，南京：江苏古籍出版社，1992年。

范月娇著：《陈师道及其诗研究》，台北：文史哲出版社，1988年。

傅璇琮编：《黄庭坚和江西诗派卷》，北京：中华书局，1978年。

傅璇琮、张剑主编：《宋才子传笺证》，沈阳：辽海出版社，2011年。

葛兆光著：《中国思想史》（第二卷），上海：复旦大学出版社，2000年。

关长龙著：《两宋道学命运的历史考察》，上海：学林出版社，2001年。

郭绍虞辑：《宋诗话考》，北京：中华书局，1979年。

郭绍虞著：《中国文学批评史》，上海：上海古籍出版社，1979年。

韩经太著：《理学文化与文学思潮》，北京：中华书局，1997年。

侯外庐主编：《宋明理学史》，北京：人民出版社，1984年。

胡昭曦等著《宋代蜀学研究》，成都：巴蜀书社，1997年。

黄宝华选注：《黄庭坚选集》，上海：上海古籍出版社，1991年。

黄宝华著：《黄庭坚评传》，南京：南京大学出版社，1998年。

黄启方主编：《中国文学批评资料汇编》，台北：台北成文出版社，1978年。

贾顺先主编：《四川思想家》，成都：巴蜀书社，1988年。

蒋述卓等编：《宋代文艺理论集成》，北京：中国社会科学出版社，2000年。

金中枢著:《宋代学术思想研究》,上海:幼狮文化事业公司,1989年。

孔凡礼著:《孔凡礼古典文学论集》,北京:学苑出版社,1999年。

孔凡礼著:《苏轼年谱》,北京:中华书局,1998年。

李国铃编:《宋人传记资料索引补编》,成都:四川大学出版社,1994年。

廖承良选注:《苏门四学士》,长沙:岳麓书社,1998年。

林语堂著,张振玉译:《苏东坡传》,北京:作家出版社,1997年。

刘复生著:《北宋中期儒学复兴运动》,台北:台北文津出版社,1991年。

刘咸炘著:《推十书》,成都:成都古籍书店,1996年。

卢国龙著:《宋儒微言》,北京:华夏出版社,2001年。

罗家祥著:《北宋党争研究》,北京:文津出版社,1993年。

缪钺著:《诗词散论》,上海:上海古籍出版社,1982年。

潘伯鹰选注:《黄庭坚诗选》,上海:古典文学出版社,1957年。

潘富恩著:《程颢、程颐评传》,南宁:广西教育出版社,1996年。

皮锡瑞著:《经学历史》,北京:中华书局,1959年。

钱锺书选注:《宋诗选注》,北京:生活·读书·新知三联书店,2021年。

沈松勤著:《北宋文人与党争》,北京:人民出版社,1998年。

沈松勤著:《唐宋词社会文化学研究》,杭州:浙江大学出版社,2000年。

束景南著:《朱子大传》,福州:福建教育出版社,1992年。

四川大学中文系编:《苏轼资料汇编》,北京:中华书局,1994年。

唐圭璋选释:《唐宋词简释》,上海:上海古籍出版社,1981年。

王水照主编:《宋代文学通论》,郑州:河南大学出版社,1997年。

王水照、崔铭著:《苏轼传》,天津:天津人民出版社,2000年。

王水照、朱刚著:《苏轼评传》,南京:南京大学出版社,2004年。

王水照著:《苏轼研究》,上海:上海人民出版社,2019年。

王水照著:《北宋三大文人集团》,上海:上海古籍出版社,2021年。

王水照著:《王水照自选集》,上海:上海教育出版社,2000年。

吴晟著：《黄庭坚诗歌创作论》，南昌：江西人民出版社，1998年。

吴文治著：《中国文学史大事年表》，合肥：黄山书社，1993年。

萧庆伟著：《北宋新旧党争与文学》，北京：人民文学出版社，2001年。

谢佩芬著：《北宋诗学中"写意"课题研究》，台北：台湾大学出版委员会，1998年。

徐复观著：《中国艺术精神》，沈阳：春风文艺出版社，1987年。

杨海明著：《唐宋词史》，南京：江苏古籍出版社，1987年。

杨胜宽著：《苏轼与苏门人士文学概观》，成都：四川文艺出版社，2001年。

姚瀛艇主编：《宋代文化史》，郑州：河南大学出版社，1992年。

衣若芬著：《赤壁漫游与西园雅集》，北京：线装书局，2001年。

余英时著：《中国思想传统的现代诠释》，南京：江苏人民出版社，1995年。

俞陛云撰：《唐五代两宋词选释》，上海：上海古籍出版社，1985年。

曾枣庄等著：《苏轼研究史》，南京：江苏教育出版社，2001年。

张秉权著：《黄山谷的交游及作品》，香港：香港中文大学出版社，1978年。

张鸣选注：《宋诗选》，北京：人民文学出版社，2004年。

张其凡、陆勇强主编：《宋代历史文化研究》，北京：人民出版社，2000年。

赵齐平著：《宋诗臆说》，北京：北京大学出版社，1993年。

郑骞著：《陈后山年谱》，台北：联经出版事业公司，1984年。

郑永晓著：《黄庭坚年谱新编》，北京：社会科学文献出版社，1997年。

周义敢、周雷编：《秦观资料汇编》，北京：中华书局，2001年。

周义敢编著：《苏门四学士》，上海：上海古籍出版社，1983年。

朱刚著：《唐宋四大家的道论与文学》，北京：东方出版社，1997年。

祝尚书著：《宋人别集叙录》，北京：中华书局，1999年。

三 论文

程杰：《宋诗平淡美的理论与实践》，《学术研究》1995年第6期。

郭英德：《中国古代文人集团论纲》，《中国文化研究》1996年第2期。

何满子:《元祐蜀洛党争和苏轼的反道学斗争》,《松辽学刊》1984年第2期。

胡晓明:《尚"意"的诗学与宋代人文精神》,《文学遗产》1991年第2期。

黄德华:《黄庭坚"文节"谥号史考》,《江西地方志》2023年第4期。

[美]姜斐德(Alfreda Murck):《烟江叠嶂图:破译山水意象的密码》(*Misty River, Layered Peaks: Decoding Landscape Imagery*),《东亚图书馆学报》1998年第2期(*The East Asian Library Journal* 8.2 (1998), pp. 17-68.)。

蒋寅:《文如其人——一个古典命题的合理内涵与适用限度》,《求是学刊》2001年第6期。

刘少雄:《晁补之年谱》,《中国文哲研究通讯》第6卷第2期。

罗根泽:《苏门弟子的事理文学说》,《中国杂志》第1卷第1期。

马东瑶:《俞清老:一个"另类"文人》,《文史知识》2003年第6期。

钱志熙:《论黄庭坚的兴寄观及黄诗的兴寄精神》,《文学遗产》1993年第5期。

秦寰明:《宋诗元祐体阐论》,《江海学刊》1990年第4期。

粟品孝:《试论"洛蜀会同"》,《西南师大学报》1997年第3期。

王钟陵:《中国文学史的原生态生长情状》,《学术研究》1994年第6期。

曾枣庄:《陈师道师承关系辨》,《文学遗产》1993年第3期。

周裕锴:《诗可以群:略谈元祐体诗歌的交际性》,《社会科学研究》2001年第5期。

崔铭:《苏门研究——苏轼与苏门四学士前期交游》,复旦大学博士论文,2000年。

周丽娟:《张耒及其诗歌创作》,北京大学硕士论文,2001年。

邹颖:《北宋时期的交流之诗与诗之交流》,北京大学硕士论文,2001年。

Peter K. Bol: *Culture and the Way in Eleventh Century China*, Ph. D. diss., Harvard University, 1971

关于"三苏研究院丛书"

三苏研究院是在四川省委宣传部指导下成立的专注于三苏文化研究阐释、传承弘扬的研究机构。2023年12月15日，三苏研究院正式揭牌成立，设址在四川师范大学。

为深入贯彻落实习近平文化思想和习近平总书记来川视察重要指示精神，推动马克思主义基本原理同中华优秀传统文化相结合，研究院于2024年推出"三苏研究院丛书"。丛书秉承开放原则，坚持学术标准，致力于提供一个坚实的学术平台，通过持续、系统地出版三苏研究精品力作，深入推进三苏研究与三苏文化传承，为中华优秀传统文化的创新性发展和创造性转化贡献一份力量。丛书第一辑有四本专著，分别是周裕锴的《苏海观澜》、蔡方鹿的《三苏与蜀学研究》、杨胜宽的《苏轼和他的朋友们》和马东瑶的《苏轼与苏门六君子》，今后将陆续推出更多作品。

三苏研究院
2024年3月